사다리 걷어차기
Kicking away the Ladder

사다리

걷어차기

장하준 지음

김희정 옮김

지은이 **장하준** 서울대 경제학과를 졸업하고 영국 케임브리지 대학교에서 경제학 석사 및 박사 학위를 받았다. 1990년 이후 케임브리지 대학교 경제학과 교수로 재직 중이다. 2003년 신고전파 경제학에 대안을 제시한 경제학자에게 주는 뮈르달 상을, 2005년 경제학의 지평을 넓힌 경제학자에게 주는 레온티예프 상을 최연소로 수상함으로써 세계적인 경제학자로 명성을 얻었다. 2014년에는 영국의 정치 평론지《프로스펙트PROSPECT》가 매년 선정하는 '올해의 사상가 50인' 중 9위에 오르기도 했다. 주요 저서로는《장하준의 경제학 강의Economics The User's Guide》,《그들이 말하지 않는 23가지23 Things They Don't Tell You About Capitalism》,《나쁜 사마리아인들Bad Samaritans》《쾌도난마 한국경제》《국가의 역할Globalization, Economic Development and the Role of the State》등이 있다.

옮긴이 **김희정** 서울대 영문학과와 한국외국어대 동시통역대학원을 졸업했다. 가족과 함께 영국에 살면서 전문 번역가로 활동하고 있다. 옮긴 책으로《돈의 정석》《진화의 배신》《랩 걸》《인간의 품격》《어떻게 죽을 것인가》《장하준의 경제학 강의》《그들이 말하지 않는 23가지》등이 있다.

사다리 걷어차기

2020년 8월 28일 개정판 1쇄 발행 | 2023년 7월 10일 개정판 3쇄 발행

지은이 장하준 | 옮긴이 김희정 | 펴낸곳 부키(주) | 펴낸이 박윤우 | 등록일 2012년 9월 27일 | 등록번호 제312-2012-000045호 | 주소 03785 서울 서대문구 신촌로3길 15 산성빌딩 6층 | 전화 02) 325-0846 | 팩스 02) 3141-4066 | 홈페이지 www.bookie.co.kr | 이메일 webmaster @bookie.co.kr | 제작대행 올인피엔비 bobys@nate.com | ISBN 978-89-6051-800-1 03320

이 도서의 국립중앙도서관 출판예정도서목록(CIP)은 서지정보유통지원시스템 홈페이지(http://seoji.nl.go.kr)와 국가자료종합목록 구축시스템(http://kolis-net.nl.go.kr)에서 이용하실 수 있습니다. (CIP제어번호 : CIP2020025831)

개정판 서문

2020년은, 필자가 영국 케임브리지 대학교 경제학부 교수로 임용되어 연구 생활을 시작한 지 30년이 되는 해이다. 지난 30년 동안 100편 이상의 논문을 쓰고 16권의 책을 출간했는데, 그중 한 획을 그은 연구 성과를 꼽으라면 2002년에 출간한 《사다리 걷어차기Kicking away the Ladder》라고 할 수 있다.

 2004년 한국어판 서문에서도 밝혔지만, 《사다리 걷어차기》는 2000년대 초반 당시 전 세계를 휩쓸고 있던 세계화 물결 속에서 개발도상국이 진정한 경제 발전을 하기 위해 사용해야 할 정책과 제도는 과연 어떤 것이 있는지, 개발도상국이 자신들에게 진정으로 필요한 정책과 제도를 쓸 수 있으려면 신자유주의적 국제 경제 질서는 어떤 식으로 바뀌어야 하는지를 모색하기 위해서 쓴 책이었다.
 자유 무역, 자본 시장 개방을 비롯한 자유방임주의 경제 정책들과 (지적 재산권의 강화, 노동권 및 환경권의 약화 등) 사유 재산권을 극대화하는 제도들에 기초한 신자유주의는, 1980년대 초반 영국, 미국, 뉴질랜드, 호주 등 영미계 선진국을 중심으로 퍼져 나가기 시작했다. 그러다가 1982년 제3세계 외채 위기가 일어나면서 선진국 특히 미국이 통제하는 국제 통화 기금IMF과 세계 은행은 자신들에게 구제 금융을 받은 개발도상국에게 그 대가로 신자유주의 정책과 제도를 도입할 것을 요구했고, 이에 대부분의 개발도상국이 신자유주의를 받아들이게 되었다.

세계적으로 퍼지기 시작한 신자유주의는 1990년대 초반 동구 사회주의의 몰락으로 더 확산되었다. 특히 1995년에는 세계 무역 기구WTO가 출범하면서 제도적으로 공고화되었고, 1990년대 후반부터는 '세계화globalization' 담론이 득세를 하면서 신자유주의는 더욱 거세어졌다. 신자유주의자들은 통신과 수송 기술의 발전으로 인해 무역, 자본 이동, 이민이 증가하고, 이를 통해 세계 경제가 하나로 묶이면서 개방과 시장 자유화를 추구하지 않는 나라는 도태될 것이라고 주장했다. 어떤 형태로든 세계화를 규제하려는 사람은 시계를 거꾸로 돌리려는 정신 나간 이들이라며 폄하하기도 했다.

《사다리 걷어차기》는 당시 이런 주류의 담론에 맞서서 선진국이 '경제 발전의 공식'이라면서 권고하는, 많은 경우 강요하는 신자유주의 정책과 제도가 개발도상국의 경제 발전을 돕기는커녕 대부분 그 나라들의 경제 발전에 해로운 것들이라고 주장했다. 무엇보다도 선진국들 스스로도 과거 자기들이 경제 발전을 할 때는 신자유주의 정책을 쓰지 않았다는 사실을 밝혀냈다. 그들은 보호 무역, 적극적 산업 정책, 외국인 투자자 차별, 외국 기술의 도용을 노골적으로 용인하는 특허법 등, 자신들이 개발도상국에게 '쓰면 망한다'고 하는 정책과 제도를 통해 발전했음을 증명한 것이다. 그런 역사적 사실에도 불구하고 지금 개발도상국들에게 신자유주의 정책을 쓰라고 설교하는 것은, 마치 사다리를 타고 꼭대기에 올라간 사람이 남들이 쫓아오지 못하도록 사다리를 걷어차는 것과 같은 행위임을 지적했다.

《사다리 걷어차기》는 이 같은 선진국의 위선을 적나라하게 드러냄으로써 세계 무역 기구 등에서 벌이는 국제 협상들과, UN 등 국제기구의 경제 개발 정책에 대한 논쟁에 상당한 영향을 미쳤다. 이후 국제 경제 협상에서 '사다리 걷어차기'는 상용구가 되었다. 많은 개발도상국은 국제무대에서 '사다리 걷어차기'의 개념으로 선진국들의 이중 잣대를 공격했고, 자신들이 처한 상황에 더 적합한 정책과 제도를 운용할 자유가 있다고 주장했다.

《사다리 걷어차기》가 영어로 처음 출간된 지 18년. 그동안 세계는 많은 변화를 겪었다.

첫째는 신자유주의의 지속적인 쇠락이다. 물론 아직도 국제 경제 질서는 1980~1990년대에 짜여진 신자유주의 질서에 기반하고 있다. 그러나 2000년대에 들어서면서 신자유주의가 불평등과 사회 갈등을 조장하는 것은 물론이고 그들이 금과옥조로 여기는 경제 성장마저 이루어 내지 못한다는 것이 점점 알려졌다. 특히 2008년 국제 금융 위기와 그 이후 10년 이상의 경제 침체는 신자유주의의 한계를 극명하게 드러냈다. 물론 2008년 금융 위기 이후 주식 시장과 부동산 시장이 호황을 누린 나라가 많았지만, 그것은 자본주의 역사상 유례없는 저금리 정책과 이른바 '양적 완화'로 엄청난 돈을 풀어서 생긴 금융 시장의 호황이지 경제 전체의 호황, 특히 보통 사람들의 호황은 아니었다. 2008년 금융 위기 이후 만들어진 많은 일자리가 비정규직, 플랫폼 노동, 생계형 자영업 등 질 낮은 것이었던 데 비해 금융이나 부동산에서 돈을 버는 상류층의 소득은 상대적으로 더 늘어나면서 많은 나라에서 불평등이 심화되었기 때문이다. 그 과정에서 사회적 불만이 커지면서 미국의 트럼프 대통령 선출, 영국의 브렉시트, 유럽 여러 나라의 인종 차별주의 우파 정당의 득세라는 현상이 나타났다.

둘째는 국제 경제 질서에서 다자주의multilateralism의 쇠퇴이다. 2차 대전 이후 세계 경제 질서는 강하거나 약하거나 모든 나라가 같이 의사결정에 참여하는 다자주의 원칙에 따라 움직여 왔다. 물론 그 원칙이 현실에 적용될 때는 대부분 강한 나라들에게 유리한 방향으로 흘러갔지만, 다자주의 덕분에 선진국이 취약한 개발도상국과 개별적으로 협상을 해서 자신들에게 일방적으로 유리한 결과를 끌어내는 데 상당한 제동이 걸렸던 것도 사실이다. 그러나 2000년대 중반부터 다자주의는 급격히 쇠퇴했다. 중국의 경제가 급부상하면서 국제 무대에서 발언권이 강화된 반면에 선진국의 목소리는 점점 약해졌다. 또 브라질, 인도, 남아프리카공화국 등 주요 개발도상국도 목소리를 높이기 시작했다. 1980~1990년대 경제 위기로 각자도생하면서 붕괴되었던 개발도상국들 간의 연대도 (1970년대 '비동맹 운동' 수준은 아니지만) 2000년대 들어 상당히 회복되면서, 선진국들이 세계 경제를 자기들 마음대로 주무를 수 있는 여지가 줄어들었다. 특히 WTO는 1국

1표 원칙으로 운영되기 때문에 개발도상국들이 뭉치기 시작한 2000년대 중반부터는 선진국들 마음대로 할 수 없게 되었다. 이에 따라 선진국은 다자주의를 버리고 '각개격파'로 개발도상국을 압박하기 시작하자 개발도상국은 선진국이 주도하는 신자유주의적 세계화에 저항하기 시작했다. 거침없이 나아가던 세계화에 점차 제동이 걸린 것이다.

　이러한 배경에서 세계 경제, 아니 전 세계의 경제 사회 모든 분야를 다시 생각하게 만드는 사건이 일어났다. 바로 2020년 세계를 휩쓸고 있는 코로나 19 위기이다.

　우리나라는 일찌감치 위기 관리 시스템을 발동하여 바이러스의 확산을 막았기에 다른 나라들과는 달리 '봉쇄lockdown' 조치를 내리지 않아도 되었고, 그로 인한 경제적 충격을 최소화할 수 있었다. 하지만 세계 경제는 1929년 대공황 이래 최대 위기를 맞고 있다. 이 글을 쓰고 있는 5월 하순을 기준으로 세계 경제는 2020년에 최소한 3퍼센트 하락할 것으로 예상되며, 5~6퍼센트 정도 하락할 것으로 보는 예측이 지배적이다. 유럽 나라들은 실업을 최소화하기 위한 고용 보조금을 지급하고 있어서 현재는 실업률이 급격히 높아지지는 않았다. 하지만 미국의 경우는 실업이 이미 대공황 당시 수준에 이르렀다. 5월 28일 발표를 기준으로 미국이 3월 중순에 봉쇄 조치를 내린 이후 나온 신규 실업자만 4100만 명인데, 이 수치는 미국 노동 인구 1억 5600만 명의 26.2퍼센트에 해당한다. 봉쇄 조치 직전 미국의 실업률이 4퍼센트를 조금 밑돌았으니 현재 실업률이 30퍼센트에 달한다는 계산이 나온다.[1] 대공황 당시 기록했던 최고 실업률(1933년) 25퍼센트를 훌쩍 넘어선 것이다.

코로나 19 위기가 언제까지 갈지, 그 위기 이후 각 나라가 어떻게 경제와 사회를 재조직할지는 아직 예측하기 힘들다. 하지만 이번 위기 이후 많은 것이 변하리라는 점은 분명하다.

우선, 이번 위기는 잘 조직되고 투명한 정부의 개입이 얼마나 중요한가를 보여 주었다. 조기에 검사, 추적, 격리를 시작해서 질병 통제를 제대로 잘 한 한국, 대만, 뉴질랜드, 덴마크, 노르웨이, 핀란드 등의 나라는 감염자와 사망자를 최소화하였고 경제를 완전히 동면 상태에 집어넣지 않을 수 있었다. 하지만 신자유주의적 사고에서 뭐든지 자율과 시장에 맡겨야 한다면서 정부 개입을 늦춘 나라들은 결국 극단적인 봉쇄 조치를 취했음에도 불구하고 엄청난 감염자와 사망자를 낳는 지경에 이르렀다. 이로 인해 무조건 '정부는 비효율적이고 시장은 효율적'이라고 하는 신자유주의의 신화가 깨졌다. 이 경험은 이번 위기 이후 경제와 사회를 어떻게 재조직해야 하는가 하는 논쟁에 큰 영향을 미칠 것이다.

둘째, 이번 위기에 대응하면서 국가의 역할에 대한 고정 관념이 많

[1] 경제가 제대로 돌아가는 상황이면 일정 기간 동안(이 경우에는 3월 중순에서 5월 말) 신규 실업자 수를 누적한 것이 그 기간이 끝났을 때(5월 말) 실업자의 수와 같지 않다. 그 기간의 초기(예를 들어 3월 중순)에 실직한 사람들의 상당수가 그 기간 동안 재취업을 하기 때문이다. 그러나 지금 상황에서는 대부분의 신규 실업자는 재취업을 하지 못했기 때문에, 3월 중순부터 5월 말까지 누적된 신규 실업자 숫자와 5월 말 현재 실업자 수는 거의 동일하다고 보아도 된다.

이 깨졌다. 가난한 사람들에게 돈을 주는 것을 거의 죄악시하는 미국 공화당 정부가 대부분의 국민에게 재난보조금을 주었다. 시장주의의 원조격인 영국에서는 정부가 6개월 동안 수백만 명의 노동자 월급을 80퍼센트까지 대주고 있다(액수는 2500파운드로 약 370만 원 가량으로 제한했다). 보수적인 재정 운영을 하는 것으로 유명한 독일 정부는 위기 관리에 필요한 재정 확대를 위해서 정부 부채의 한계를 정해 놓은 법을 폐기해 버렸다. 일부 나라의 정부는 마이너스 이자를 지급하는 국채를 발행할 계획이라고 한다. 이처럼 과거에는 생각도 할 수 없었던 정책이 실행되면서 건전한 재정 속에서 법질서를 유지하고 사회 간접 자본에 투자하는 것만이 정부의 정당한 역할이라는 신자유주의적 고정 관념들이 산산조각 났다.

셋째, 이번 위기는 인간 사회에서 정말 중요한 것이 무엇인가를 다시 생각하게 해 주었다. 자본주의, 특히 신자유주의 하에서 노동의 가치와 사회적 공헌은 그들이 노동 시장에서 받는 보수에 비례한다는 것이 당연시되었다. 그러나 이번 위기를 통해 우리는 시장에서 거래되지 않기에 전혀 보수를 받지 않는 (거의 대부분 여성들이 행하는) 가사 및 육아 노동, 의료(의사는 제외), 교육, 식자재 생산과 판매, 배달 등, 임금이 그리 높지 않은 분야에서 행해지는 노동이 사회의 유지와 재생산을 위해 얼마나 필수 불가결한 것인가를 보았다. 요즈음 이런 분야에 종사하는 노동자들을 영국에서는 주축 노동자key workers, 미국에서는 필수 직원essential employees이라고 부르면서 대우를 하고 있는데, 이는 시장주의 경제학의 시각에서는 말도 안 되는 개념들이다.

넷째, 이번 위기를 통해 우리는 사회의 모든 구성원이 공동 운명체라는 것을 다시 한 번 확인했다. 코로나 19와 같은 전염병이 돌았을 때, 모든 사회 성원들의 기본 생활과 기초 건강을 보호하지 않으면 아무도 건강할 수 없다는 것을 확인했다. 미국같이 복지가 잘 되어 있지 않고 노동권이 약한 나라에서 유급 병가를 낼 수 없는 하층 노동자들이나 매일 일하지 않으면 생계를 꾸리기 힘든 플랫폼 노동자들이 아파도 일을 나가면서 코로나 19를 많이 퍼뜨렸다는 것은 잘 알려진 사실이다. 이번 위기는 모든 사람이 안전하지 않으면 아무도 안전하지 않음을 보여 주었고, 따라서 전 국민의 복지, 의료, 노동권 등이 강화될 필요가 있다는 공감대를 형성해 가고 있다. 인류의 공동 운명에 대한 인식이 강화되면서 코로나 19 위기가 끝나면 '녹색 뉴딜' 등을 통해 기후 변화 등 인류가 공동으로 풀어야 할 환경 문제에 더 적극적으로 대응해야 한다는 생각도 번져 가고 있다.

코로나 19 위기의 충격은 각 나라의 경제 정치 질서뿐 아니라, 《사다리 걷어차기》의 주제인 국제 경제 질서의 앞날에도 커다란 영향을 미칠 것이다.

우선, 앞에서도 지적했지만 점점 약화되어 가고 있던 신자유주의의 이념적 패권이 이번 위기로 인해 크게 손상되었다. "신자유주의만이 살 길"이라고 설교하던 선진국이 이번 위기에 대처하기 위해 신자유주의에 정면으로 배치되는 정책들을 노골적으로 쓰면서, 개발도상국은 선진국의 이중 잣대를 다시 한 번 확인했다. 많은 개발도상국이 지금은 경제 위기로 숨을 죽이고 있지만, 이번 위기가 끝나고 나면 더 강력하게 신자유주의적 세계 경제 질서의 재편을 요구하게 될 것이다.

또한 이번 위기는 개발도상국이 선진국, 특히 미국과 서구 국가들에 대해 품고 있던 열등감이 많이 사라지는 계기가 되었다. 몇 세기 동안 세계를 지배하면서 자신들의 경제 시스템, 사회 제도, 정치 문화가 세계 최고라고 힘주어 오던 영국, 미국, 프랑스 등의 나라가 코로나 19에 제대로 대처하지 못하고 쩔쩔매면서 수만 명의 목숨을 희생시키는 모습을 보면서, 개발도상국 사람들은 자신들이 지니고 있던 이 나라들에 대한 환상이 얼마나 근거 없고 허약한 것인가를 깨달았다. 오히려 베트남, 에티오피아, 인도 남부의 케랄라Kerala 주 등 일부 가난한 사회가 코로나 19에 훨씬 더 잘 대처하는 모습을 보이면서 그 나라 사람들뿐 아니라 다른 개발도상국 국민도 자긍심을 얻었다. 지난 수백 년에 걸친 침략, 노예 경제, 식민지 지배, 그리고 탈식민지화 이후에도 계속되던 경제적 군림을 통해 형성되어 온 백인에 대한 두려움과 유럽 문화에 대한 경외감이 한순간에 허물어지고 있다. 이러한 자신감 회복은 개발도상국들이 앞으로 새로운 세계 경제 정치 질서를 요구하는 데 큰 역할을 할 것이다.

《사다리 걷어차기》는 신자유주의가 영구히 지속될 것만 같았던 2000년대 초에 집필했다. 지금은 신자유주의가 뿌리째 흔들리는 상황이지만, 국제 경제 질서의 개혁에 대해 이야기하는 이 책의 주장은 코로나 19 위기 이후 새로운 세계 질서를 만드는 데에도 대부분 유효한 것들이다. 개발도상국의 경제 발전을 위해 진정으로 필요한 정책과 제도는 어떤 것이고 그런 것이 필요한 이론적 근거는 무엇인가, 선진국이 자신들이 개발도상국이었을 때 썼던 정책과 제도는 무엇이었고 개발도상국이 이러한 정책과 제도를 쓸 수 있으려면 국제 경제 질서는 어떻게 재편되어야 하는가 하는 질문은 코로나 19 이후 시대에도 여전히 필요하기 때문이다.

초판 서문

이 책에서 필자는 선진국들이 현재 후진국들에게 강요하는 정책과 제도가 과거 자신들이 경제 발전 과정에서 채택했던 정책이나 제도와 얼마나 거리가 먼 것인지, 따라서 후진국들에게 하는 그들의 '설교'가 얼마나 위선적인 경우가 많은지를 보여 주고자 했다.

선진국들은 자신들이 경제 발전을 도모하던 시기에는 보호 관세와 정부 보조금을 통해 산업을 발전시켜 놓고 정작 지금에 와서는 후진국들에게 자유 무역을 채택하고 보조금을 철폐하라고 강요한다. 과거 자신들은 여성, 빈민, 저학력자, 유색 인종에게는 투표권조차 주지 않았으면서 지금은 후진국들에게 민주주의가 제대로 자리 잡지 못하면 경제 발전도 되지 않는다고 주장한다. 자신들은 다른 나라의 특허권과 상표권을 밥 먹듯이 침해했으면서도 이제는 후진국들에게 지적 재산권을 선진국 수준으로 보호하라고 압력을 넣는다.

지난 십 수 년간 경제 발전론을 공부하고 가르치는 과정에서 이러한 역사적 사실을 접하게 될 때마다 언젠가는 이런 것들을 체계적으로 정리해야 할 필요가 있지 않을까 생각해 왔다. 그러나 다른 일에 쫓겨 미처 손을 대지 못하고 있다가 2000년 가을에야 집필에 착수할 수 있었다.

2001년 여름 원고를 탈고한 데 이어 2002년 6월 영국에서 출간한 후 이 책에 대해 세계 각지의 독자들이 보여 준 호의적 반응에 감사할 뿐이다. 많은 독자들이 편지나 이메일을 통해 잘 읽었다는 말을 건네 주었고 영국, 프랑스, 네덜란드, 미국, 캐나다, 브라질, 멕시코, 아르헨티나, 페루, 터키, 이란, 홍콩 등지에서는 신문, 잡지, 방송을 통해 소개되는 영광을 누렸다. 특히 이 책을 바탕으로 필자가 프랑스의《르몽드 디플로마티크Le Monde Diplomatique》에 기고한 글은 불어에서 영어, 중국어, 일본어, 스페인어, 아랍어를 비롯해 10개가 넘는 언어로 번역되기까지 했다.

《사다리 걷어차기》는 지난 2003년 10월에 이스탄불에서 터키어로 출간되었고, 앞으로 1년 내에 프랑스, 스페인, 브라질에서 프랑스어, 스페인어, 포르투갈어로 출간될 예정이다. 또 최근 한 이란 출판사가 페르시아어판으로 출간을 결정했으며, 아르헨티나의 한 출판사는 남미용 스페인어판을 내고 싶다는 의사를 비쳤다고 한다. 시사성이 강하고 평이하게 썼다고는 하지만, 학술서로서는 분에 넘치는 호응을 얻는 것 같아 부담스럽기까지 하다.

그런데 이제 우리나라에서 한국어판으로 나온다고 하니 감회가 복잡하지 않을 수 없다.

처음에는 시기적으로 좀 늦은 것이 아닌가 싶었다. 영국에서 출간된 지 거의 2년이 지난 지금에서야 한국어판이 나오는 것이기 때문이다. 하지만 어떻게 보면 지금이 오히려 이 책을 내기에 적당한 시기라는 생각도 든다. 우리나라의 경우 1997년 경제 위기 이후 자괴감에 빠져 우리 것은 무조건 틀렸고 선진국 특히 미국의 제도를 그대로 답습해야 한다는 강박관념에 휩싸였는데, 이제 점차 냉정을 되찾아 지난 5~6년간 우리가 걸어 온 길에 대해 다시 생각하는 분위기가 일고 있는 것으로 보이기 때문이다.

1970년대까지만 해도 우리나라의 선진국 숭배는 거의 절대적이었다. 당시만 해도 우선 선진국과의 생활수준 격차가 엄청났고, 다른 여러 가지 면에서 우리나라가 매우 후진적인 모습을 보였기 때문에 선진국은 무조건적인 동경의 대상이 아닐 수 없었다. 사십 대 이상의 사람들이 아직도 고급스러운 곳에 가면 "야, 여기 꼭 외국 같다"고 말하는 경우가 많은 것도 '외국 = 선진국 = 좋은 곳'이라는 이들 세대의 고정 관념을 반영하는 것이다.

물론 우리의 경우 1980년 광주사태를 일으킨 군부를 미국이 지원하는 것을 보면서 선진국이라고 꼭 올바르게 행동하는 것은 아니라는 사실을 깨달을 수 있었고, 그것을 계기로 우리나라에서의 무조건적인 선진국 숭배는 끝이 났다고 할 수 있다. 1990년대 들어 우리나라가 어느 정도 잘 살게 되고, 세계 시장에서 선진국의 유수 기업들과 경쟁할 수 있게 된 것도 선진국에 대한 우리의 열등감을 해소하는 데 적지 않게 공헌했다고 하겠다.

그러나 1997년 경제 위기 이후 우리의 선진국 콤플렉스는 어떤 면에서 예전보다도 더 강력한 형태로 우리 사회를 휩쓸고 있다. 경제 위기가 우리의 '잘못된 시스템' 때문에 일어났다는 인식이 퍼지면서 이제 잘못된 과거를 청산하고, 소위 '글로벌 스탠더드'라 할 수 있는 선진국의 제도를 받아들여야 한다는 것이 우리의 절대 명제가 되었다.

그 과정에서 우리 것은 무조건 나쁘다는 의식이 지배하게 되었고, 그 결과 내국인이 외국인에 비해 역차별을 받는 사례가 사회 문제가 될 지경에 이르렀다. 가령 경제 위기 과정에서 공적 자금을 투입해 국유화된 기업을 파는데, 국내 자본에 팔았으면 정경유착에 의한 부정부패를 의심할 만한 가격으로 외국인에게 파는데도 별 말이 없다. 또 국내 기업에게는 고도의 투명성을 요구하면서도 투명성이라고는 전혀 없는 외국계 펀드가 들어와 국내 기업을 위협하는데도 잘 된 일이라고 하는 사람이 많다. 심지어는 미국에서 엔론과 같은 대규모 기업 회계 부정 사건이 벌어져도 미국 시스템의 문제점으로 인식하기보다는 오히려 그런 부정을 제때 잡아낼 수 있는 미국 시스템이 부럽다고 말하는 사람이 적지 않다.

이러다 보니 조금이라도 우리나라 구체제의 긍정적인 면을 이야기하고자 하는 사람들은 극좌 민족주의자 아니면 수구반동으로 몰리기 십상이다. 특히 자본의 국적성을 말하는 것은 '적절치 못하다'고 일축하기까지 한다. 상대편의 주장이 옳지 않다고 말하는 것은 당연히 할 수 있는 말이지만 논의 자체가 적절치 않다니, 이 무슨 전체주의적 사고인가. 후진국으로서 식민지 경험까지 한 우리나라가 이같이 선진국 콤플렉스에 시달리는 것은 당연한 일이고, 특히 경제 위기를 겪으면서 강화된 자괴감을 감안하면 이해되지 않는 바는 아니지만, 이쯤 되면 문제가 심각하다고 하지 않을 수 없다.

물론 필자가 이 책을 집필할 때 특별히 우리나라를 마음에 두고 쓴 것은 아니다. 그러나 이 같은 상황을 고려한다면 이 책이 우리가 지금 겪고 있는 지나친 열등감과 자괴감을 극복하는 데 조금이라도 도움이 되었으면 하는 심정이 간절하다.

이 책이 선진국의 위선을 지적한다고 해서 선진국에서 배우지 말자거나, 우리는 위선이 없는 훌륭한 민족이라고 주장하는 것은 아니다.

선진국에서는 배워야 한다. 이 책에서도 누누이 지적하지만, 지금의 선진국들도 자기보다 더 발전한 나라들에게 의식적으로 배웠기에 성공한 것이다. 다만 필자가 주장하고자 하는 것은, 아직 완전히 선진국이 되지 않은 우리 입장에서는 (그리고 다른 후진국들의 입장에서도) 지금 선진국들이 이른바 글로벌 스탠더드를 내세우며 우리에게 하라고 강요하는 것을 그대로 따르기보다는, 그들이 우리와 비슷한 단계에서는 어떤 정책과 제도를 썼는지를 잘 살펴보고 우리가 취해야 할 행동을 결정해야 한다는 말이다.

또 우리 역시 위선적인 행동을 피해야 한다. 우리는 과거 둘째가라면 서러울 정도로 강력하게 보호 무역을 하고 외국인 투자를 규제했다. 그런데 이제는 WTO 협상에서 앞장서서 후진국들에게 관세 장벽을 낮추고 외국인 투자 규제를 풀라고 떠들고 다닌다. 신병 시절 구타를 당하던 기억이 아직도 생생한 일등병이 후임을 구타하는 것과 유사한 상황이 연출되는 셈이다. 여기서 끝나면 그래도 낫다. 공산물 관세나 외국인 투자 문제가 나오면 개방의 목소리를 높이다가, 정작 우리에게 불리한 농산물 보호 문제가 나오면 우리는 아직도 후진국이

라며 '개발도상국 지위 유지'를 협상의 목표로 삼는다. 자기 편한 대로 이편에 붙었다가 저편에 붙었다가 하는 '박쥐 외교'나 다름없다.

많은 사람은 이런 식의 '박쥐 외교'가 우리가 강한 (공업) 분야에서는 이득을 최대화하고, 우리가 약한 (농업) 분야에서는 손해를 최소화하는, 선진국과 후진국의 중간에 낀 우리나라 같은 처지에서는 국익을 증진시키는 가장 좋은 방법이라고 변호한다. 그러나 이것은 지극히 근시안적인 관점이다. 이렇게 '소승적'으로 행동하다가는 국제 사회에서 믿을 수 없는 나라, 말 바꾸는 나라로 낙인 찍혀 고립되기 쉽고, 그렇게 되면 장기적으로는 국익을 해치게 된다.

차라리 우리의 중간자적 위치를 이용해 국제 사회에서 중재자 역할을 하면서 영향력을 높이려 하는 '대승적' 민족주의를 추구하는 것이 장기적으로는 국익을 위하는 길이다. 선진국에게는 얼마 전까지 후진국이었던 우리의 경험을 바탕으로 후진국의 어려움을 알려 줌으로써 지금도 후진국에게는 불리하고 점점 이들에게 불리하게 되어 가는 국제 경제 질서를 개선하는 데 촉매 역할을 할 수 있다. 또 후진국에게는 세계 시장을 적극적으로 이용해 경제 성장을 이루어 낸 우리의 경험을 들려주면서 개방을 무조건 두려워하지만 말고 세계화에 동참하되 같이 힘을 합하여 부당한 국제 경제 질서를 차근차근 바꾸어 나아가자고 권할 수 있다.

우리 속에 있는 선진국에 대한 지나친 열등감을 극복하고, 동시에 우리의 민족주의를 대승적으로 승화하는 데에 이 책이 조금이라도 도움이 되었으면 하는 것이 한국어판 출간을 앞둔 필자의 간절한 바람이다.

영어판 서문

　다음 세 사람의 이름만큼은 특별히 거론해야 할 것 같다. 이 책을 쓰게 되는 데 핵심적인 동기를 부여한 것이 바로 그들이기 때문이다. 우선 다양한 자료에 접근할 수 있도록 안내해 준 라이너트Erik Reinert 에게 감사한다. 경제사와 경제 사상사 분야에서 믿을 수 없을 만큼 해박한 지식을 지닌 그가 아니었다면 내가 사용한 역사적 자료들 중 많은 것이 있는지 없는지조차 모르고 지나갔을 것이다. 다음으로 펏첼 James Putzel에게 감사한다. 그는 이 책의 두 가지 핵심 테마 중 하나인 제도 발전의 역사에 대한 연구 프로젝트를 적극 지원해 줌으로써 이 책을 쓸 수 있는 결정적 계기를 마련해 주었다. 마지막으로 강조하고 싶은 이름이 킨들버거Charles Kindleberger이다. 의견 차이가 있음에도 불구하고 그는 이 책의 초고에 대해 아주 구체적이면서도 날카로운 코멘트를 해 주었을 뿐 아니라, 이 책의 제목을 따 온 리스트Friedrich List의 인용문에 대해 내게 주의를 환기시켜 주었다.

　그와 함께 드렉슬러Wolfgang Drechsler, 엘먼Michael Ellman, 엥거

먼Stanley Engerman, 에반스Peter Evans, 파인Ben Fine, 밀버그William Milberg, 외즈베렌Eyüp Özveren, 놀란Peter Nolan, 슈타인Howard Stein, 테일러Lance Taylor와 웨스트팔Larry Westphal에게도 감사드린다. 이들은 초고를 주의 깊게 검토한 다음 여러 가지 중요한 사항을 지적해 주었는데, 그 모두를 수용하지 못해 유감스럽다. 또 아난타 나게스와란Van Anantha-Nageswaran, 데쉬판데Ashwini Deshpande, 굴먼Jacob Gulman, 하선목Sun-Mok Ha, 하크Irfan ul Haque, 스미스John Grieve Smith, 칸Haider Khan, 밀러Tony Miller, 몬테스Leon Montes, 팔마Gabriel Palma, 센더John Sender, 신장섭Jang-Sup Shin, 텐들러Judith Tendler, 토이John Toye와 주Tianbiao Zhu 등은 유용한 조언을 아끼지 않았으며, 핑커스Johnathan Pincus는 이 책의 내용에 대한 코멘트와 더불어 편집상의 조언까지 곁들여 주었다. 반면에 그린Duncan Green, 디존Jonathan di John, 코줄 라이트Richard Kozul-Wright, 페페라Sandra Pepera, 로손Bob Rowthorn, 테민Peter Temin과 윌슨Roger Wilson 등은 결국 이 책의 2부 '제도와 경제 발전: 역사적 관점에서 본 바람직한 통치 체제'로 발전된 논문에 관해 유용한 논평을 해 주었고, 영국 정부의 해외개발부는 그 준비에 필요한 조사 작업을 재정적으로 지원해 주었다. 이 자리를 빌려 모두에게 감사드린다.

아울러 대단히 유능하고 헌신적인 탄Elaine Tan, 몰레나르Bente Molenaar, 아멘다리츠Edna Amendariz의 도움이 없었더라면 이 책을 쓰는 데 필요한 자료 조사가 제대로 이루어지지 않았을 것이다. 탄은 이 책 2부에 관한 자료 조사를 훌륭하게 마쳤을 뿐 아니라 초고에 대해 여러 가지로 유용한 의견을 주었다. 몰레나르는 이 책 전반에 걸처 창의적이면서도 꼼꼼한 보조자이자 스칸디나비아 어권 자료의 번역자로서 활약했으며, 아멘다리츠는 스페인과 포르투갈, 프랑스 어권 자료의 번역자로서의 역할을 충실히 해 내었다. 이들과 더불어 한 Daniel Hahn에게도 감사해야 할 것 같다. 필자의 개인 편집자인 그는 편집 작업을 멋지게 마무리해 주었다.

앤섬Anthem 출판사의 수드Kamaljit Sood와 맥퍼슨Noel McPherson이 이끄는 팀은 오늘날의 출판계가 경직되고 비인간적인 곳이라는 나의 섣부른 예단이 완전히 깨지는 경험을 맛보게 해 주었다. 특히 이 책 담당 편집자인 펜Tom Penn은 편집에 큰 노력을 기울여 준 것은 물론이고, 특히 튜더 왕조에 관한 부분에서는 실질적인 내용에 대해서도 조언해 주었다.

이 모든 것에도 불구하고 만일 안락하면서도 사랑이 넘치는 가정이 없었다면 이 책을 쓰는 데 필요한 노력을 집중하기 어려웠을 것이다. 부모님, 장인어른과 장모님은 우리 가족이 영국이라는 낯선 객지에서 살아가는 데 늘 커다란 의지가 되어 주셨다. 또 아내 희정과 딸 유나, 아들 진규는 불규칙하게 발작적으로 진행되는 집필 버릇과 집안일에 대한 소홀함을 기꺼이 감내해 준 것은 물론 끊임없이 사랑을 보내 주어 큰 힘이 되었다. 이제나마 진심으로 고마움을 전한다.

차례

3부 현대를 사는 우리가 얻을 수 있는 교훈

표 차례

서론

부자 나라들은 실제로 어떻게 부자가 되었을까?

개발도상국들은 현재 선진국과 선진국들이 주도하는 국제 개발 정책 주도 세력IDPE(international development policy establishment)들로부터 '바람직한 정책good policies'과 '바람직한 제도good institutions'를 받아들여서 경제 발전에 유리한 환경을 조성하라는 압력을 받고 있다.[1] 이러한 압력은 주로 워싱턴 합의Washington Consensus라고 부르는 지침에 기반을 둔 것으로, 긴축적 거시 경제 정책과 무역과 투자의 자유화및 민영화, 규제 완화 등을 추진하는 것을 골자로 한다.[2] 그들이 말하는 '바람직한 제도'란 선진국들, 특히 영미 국가에 이미 존재하는 것으로 민주주의, '건전한good' 관료 제도, 독립적 사법부, 강력한 재산권 보호(지적 재산권 포함), 그리고 투명하고 시장 지향적인 기업 지배

---

[1] 다자간 혹은 양자간 금융 지원에 따라붙는 전통적인 '경제 조건들' 외에도 이제는 '통치 제도와 관련된 조건들'까지 요구받고 있다. Kapur and Webber (2000) 참조.
[2] 이와 관련된 대표적 비평은 Williamson (1990), 더 최근의 비평은 Stiglitz (2001a), Ocampo (2001) 참조.

구조 및 금융 기관(정치적으로 독립적인 중앙은행 포함) 등이 그 핵심 요소이다.

이후에 살펴보겠지만 이런 정책과 제도가 현 개발도상국들에게 실제로 적합한지에 대해 열띤 논쟁이 벌어져 왔다. 그러나 신기하게도 이 추천 사항들의 적용 가능성에 비판적인 사람들마저 현 선진국이 과거 경제 개발 과정에서 이런 '바람직한' 정책과 제도를 채택했으리라는 것은 당연한 사실로 받아들이는 경우가 많다.

예를 들어 영국이 세계 최초로 산업 강대국의 자리에 오른 것은 자유방임주의적laissez-faire 정책을 취한 덕이고, 프랑스는 개입주의적 정책을 채택한 탓에 뒤처졌다는 것이 통설로 받아들여진다. 이와 비슷한 또 하나의 예는 대공황(1930년) 초기에 미국이 그때까지 줄곧 고수해 오던 자유 무역 정책을 버리고 스무트 홀리 관세 법안Smoot-Hawley Tariff 제정과 함께 보호주의 정책으로 돌아선 것이 경제에 치명적이었다는 믿음이 대세를 이룬다. 자유 무역을 옹호하는 유명한 경제학자 바그와티Bhagwati는 이를 "어리석은 반反무역 행위 중에서도 가장 눈에 띄고 극적인" 예라고 일갈했다.[3] 선진국들이 '바람직한' 제도와 정책을 바탕으로 현재의 경제적 위치에 도달했다는 믿음을 뒷받침하기 위해 자주 쓰이는 또 다른 예는 특허법과 개인의 지적 재산권 보호법이다. 이런 제도가 없었다면 현 선진국들은 현재의 번영을 이루는 기술을 발전시키지 못했을 것이라는 논리이다. 미국에 본부를 둔 '미주 자유 무역 법률 센터National Law Center for Inter-American Free Trade'는 "개발도상국으로 시작해 선진국 반열에 오른

3 Bhagwati 1985, p.22, n.10.

나라들의 역사를 살펴보면 지적 재산권의 보호야말로 경제 발전, 수출 신장, 새로운 기술 및 예술과 문화의 확산에 가장 큰 기여를 한 것을 알 수 있다"라고 주장한다.[4] 이런 예는 수없이 많다.

그러나 선진국이 현재 권유하는 정책과 제도가 정작 자신들이 개발도상국이었을 때 실제로 사용한 것들일까? 사실 슬쩍 둘러보기만 해도 그렇지 않다는 역사적 증거들이 여기저기 널려 있다. 아는 사람들도 있겠지만 19세기 프랑스 정부는 18세기나 20세기와는 반대로 상당히 보수적이고 비개입주의적인 정책을 사용했었다. 그리고 미국, 적어도 남북 전쟁 후 미국은 높은 관세를 부과했었다는 사실을 역사책에서 읽은 사람들도 있을 것이다. 연방 준비 제도 이사회Federal Reserve Board라고 부르는 미국의 중앙은행이 1913년에 이르러서야 설립되었다는 것을 들은 독자들도 있으리라 믿는다. 독자들 중 소수는 스위스가 특허법 없이 19세기에 기술 선진국의 반열에 올랐다는 것까지도 알 것이다.

자본주의의 역사에 대한 통설과 정면으로 어긋나는 이런 사례들을 고려할 때, 선진국이 '자신들의 성공 비결'을 숨기려는 의도가 있는 것은 아닌가 하는 의문을 품게 되는 것도 무리가 아니다. 이 책에서는 흔히 받아들이는 자본주의의 역사에 반하는 다양한 역사적 사실을 모아서 선진국이 개발도상국이었을 때 사용했던 정책과 제도에 대한 포괄적이면서도 명확한 그림을 그려 보고자 한다. 다시 말해 이 책에서 하려는 질문은 '부자 나라들은 실제로 어떻게 부자가 되었을까?'

4 National Law Center for Inter-American Free Trade 1997, p.1.

라고 할 수 있겠다.

이 질문에 대한 짧은 대답은 '선진국은 현재 그들이 개발도상국에게 권하는 정책과 제도를 통해 부자가 된 것이 아니다'이다. 그들 대부분은 유치산업 보호나 수출 보조금 등 '바람직하지 않은bad' 무역 및 산업 정책을 사용했다. 이 정책은 요즘에는 세계 무역 기구 WTO(World Trade Organization)에 의해 금지되거나 국제 사회에서 비난받는 관행이다. 선진국들은 상당히 발전했을 때까지도, 다시 말해 19세기 말에서 20세기 초까지도 중앙은행이나 유한 책임 회사 등 현재의 개발도상국이 필수적으로 갖춰야 한다고 간주되는 '기본적'인 제도도 거의 갖추고 있지 않았다.

사실이 이렇다면, 선진국들은 '바람직'한 정책과 제도를 권고하는 척하면서 실제로는 그들 자신이 예전에 경제 개발을 할 때 사용했던 정책과 제도를 개발도상국이 쓰지 못하도록 만들려는 것은 아닐까? 이 책을 통해 바로 이런 의혹을 해소해 보고자 한다.

1 역사에서 배우다: 몇 가지 방법론적 문제

19세기 독일 경제학자 프리드리히 리스트Friedrich List(1789~1846)는 유치산업 보호론의 아버지로 알려져 있다. 개발이 더 진행된 나라들이 존재하는 환경에서 후발 주자는 정부의 개입, 특히 관세를 통한 보호 없이는 새로운 산업을 개발할 수 없다는 주장을 펼친 그의 명저 《정치경제학의 민족적 체계The National System of Political Economy》는

1841년에 초판이 출간되었다.[5]

리스트는 상당히 긴 역사적 고찰로 책을 시작한다. 실제로 435쪽 중 115쪽이 그때까지 서구 주요 국가들이 거쳐 간 무역 및 산업 정책의 역사를 검토하는 데 할애되었다. 그는 베니스를 비롯한 이탈리아 도시국가들, 함부르크와 뤼벡이 이끄는 한자동맹 도시들, 네덜란드, 영국, 스페인, 포르투갈, 프랑스, 독일, 미국 등의 경험을 두루 살펴본다.

그런데 리스트가 보여 주는 역사는 대부분이 알고 있는, 혹은 안다고 생각하는 것과 정반대의 모습을 하고 있었다.[6] 현대의 독자들에게 특히 충격적인 부분은 소위 자유주의 경제 정책의 본산지로 알려진 영국과 미국에 대한 리스트의 분석이다.

리스트는 유치산업을 보호하는 여러 장치를 최초로 완벽하게 활용한 나라는 사실상 영국이라고 주장한다. 그는 이 정책이야말로 대부분의 선진국이 지금의 번영을 이룬 기초를 제공했다는 견해를 피력한다. 그래서 (유치산업 보호 논리에 설득되지 않은 사람이라면 누구나) "영국

5 이 책은 이미 1856년에 미국에서 번역 출간되었다 (Henderson 1983, p.214). 이는 당시 '민족주의적' 경제학의 두 기둥이었던 미국과 독일의 밀접한 지적 관계를 반영하는 것이기도 하다 (Dorfman 1955; Balabkins 1988; Hodgson 2001 등도 참조). 그러나 이 책을 집필하기 위해 사용한 영국 번역판은 1885년까지 나오지 않아서 19세기 중반 영국에서 위세를 떨치던 자유 무역주의의 영향을 반영하고 있다.

6 리스트의 저서는 경제 발전에서 공공 제도와 정책이 하는 역할에 대한 놀라울 정도의 깊은 이해를 바탕으로 하고 있다는 점도 매우 흥미롭다. 예를 들어 리스트는 "시민 개개인이 아무리 부지런하고 검소하고 창의적이고 지적이라 하더라도 그들이 무상으로 제공되는 제도의 부재를 벌충할 수는 없다. 개인의 생산력은 그들이 처한 사회의 제도와 그들이 처한 조건에 크게 의존한다는 사실을 역사적 고찰을 통해 배울 수 있다" (p.107)라고 기술했다.

산업사를 먼저 공부해 봐야 한다"라고까지 말했다.[7] 리스트가 산업 강국으로 성공한 영국의 여정을 요약해 놓은 부분은 다소 길지만 충분히 인용할 가치가 있다.

자유 무역으로 어느 정도 발전을 이룬 다음 [영국의] 위대한 왕들은 높은 수준의 문명과 힘, 부를 창출하기 위해서는 농업과 제조업, 상업을 함께 발전시켜야 한다는 사실을 깨달았다. 이와 함께 이제 막 형태를 잡아 가는 자국의 제조업이 이미 탄탄한 기반을 갖추고 성숙한 (이탈리아, 한자동맹국, 벨기에, 네덜란드 등) 외국과의 경쟁에서 성공할 희망이 전혀 없다는 사실도 이해했다…. 따라서 그들은 규제, 특권, 장려 정책을 써서 외국의 부와 재능과 기업가 정신을 자국의 토양에 이식하고자 했다.[8]

영국의 산업화 과정에 대한 이 같은 기술은 자유 무역과 자유 시장 경제의 용맹한 선봉장으로 통제 정책을 사용하는 동시대의 유럽 대륙 국가들과 맞서 싸우고, 결국 인류 역사에 선례 없는 성공적 산업 경제를 이루어 내는 쾌거를 거두어 자신들의 정책이 우월하다는 것을 입증한 영국의 이미지와 근본적으로 어긋난다.

리스트는 이어서 산업 개발 정도가 비슷한 수준에 있는 나라들끼리는 자유 무역이 도움이 되지만(그가 독일 국가들의 관세 동맹Zollverein을 강력히 옹호한 것도 바로 이런 이유에서다) 개발 수준이 다른 나라들 사이

---

7 List 1885, p.39.
8 이어서 리스트는 "이 정책의 성공 정도와 속도는 당면 목적을 이루기 위해 얼마나 신중한 조처를 취하고 실행에 옮겼는지, 그리고 어느 정도의 열정과 인내를 가지고 버텨 냈는지에 정비례했다"(p.111)라고 주장한다.

에서는 그렇지 않다고 주장한다. 당시 영국을 따라잡으려는 다른 나라의 학자들과 마찬가지로 리스트도 자유 무역이 영국에게는 도움이 되지만 개발이 덜 된 나라들에게는 불리하다고 주장한다. 사실 리스트도 자유 무역이 후발 산업국 내의 농산물 수출 업계에는 도움이 된다는 사실을 인정했지만, 그 나라의 제조업자들에게는 해롭기 때문에 장기적으로는 국가 경제를 해친다고 설명한다. 따라서 리스트는 당시 영국의 정치인들과 경제학자들이 자유 무역의 덕목을 부르짖는 것은 이른바 '코스모폴리티컬 독트린cosmopolitical doctrine', 즉 '세계주의적 정신'의 외양을 띠고는 있으나 사실은 영국의 이익을 위한 것이라고 여겼다. 이 부분도 다시 한 번 리스트의 말을 직접 들어보자.

정상에 오른 후 자기가 사용한 *사다리를 걷어차서* 다른 사람이 뒤따라 오르지 못하게 막는 교활한 행동은 매우 흔하다. 애덤 스미스의 세계주의적 정신, 그와 동시대인인 윌리엄 핏William Pitt과 그의 뒤를 이어 영국 행정부를 꾸려 간 정치인들의 세계주의적 성향 뒤에는 이런 비밀이 숨어 있었다.

보호 관세와 항해 규제를 통해 제조업과 운송업을 성장시켜 다른 어떤 나라도 자유로운 경쟁으로는 넘볼 수 없는 수준에 도달하고 나면, 거기에 이르는 데 사용한 *사다리를 치워 버리고* 다른 나라들에게는 자유 무역의 혜택을 설파하면서, 뉘우치는 말투로 지금까지는 잘못된 길을 걸으며 헤매었지만 마침내 처음으로 진리를 발견했다고 선언하는 것만큼 현명한 행동은 없을 것이다. [이탤릭체 추가][9]

[9] List 1885, pp.295-296.

미국을 거론하면서, 리스트는 애덤 스미스Adam Smith와 장 바티스트 세Jean Baptiste Say 같은 위대한 경제 이론가들이 미국을 '폴란드 같은' 나라, 즉 농업에 의존할 수밖에 없는 나라로 오판했다고 지적한다.[10] 실제로 애덤 스미스의 《국부론Wealth of Nations》에는 미국이 유치산업을 장려하는 어떤 시도도 해서는 안 된다는 엄중한 경고가 담겨 있다.

만일 미국이 담합 혹은 기타 폭력적인 수단으로 유럽의 공산품 수입을 막고, 그에 해당하는 상품을 자국의 생산자들이 만들어 낼 수 있도록 독점권을 주거나 그런 산업에 상당량의 자본을 배분하면, 연간 생산량의 가치가 늘어나는 속도를 가속화하는 대신 미국이 진정한 부를 가진 강국으로 향하는 길을 막는 결과에 이를 것이다.[11]

그로부터 두 세대가 지난 후 리스트가 자신의 저서를 집필할 당시까지도 애덤 스미스의 견해에 동조하는 유럽의 학자들이 많았다. 리스트는, 미국이 다행히도 스미스의 분석을 단호히 거부하고 1816년 이후 '상식'과 '나라에 무엇이 필요한지를 감지한 본능'에 따라 유치산업 보호 정책을 운용했고, 그 결과 큰 성공을 거두었다고 전한다.[12]

결국 리스트의 견해가 옳았다는 것이 입증이 되었다. 그가 저서를 집필한 후 1세기 동안 내내 미국은 보호주의의 지적 본산이자 가장 열렬한 실천가가 되었을 뿐 아니라, 그 세기가 끝날 무렵에는 세계 최

10 List 1885, p.99.
11 Smith 1937 (1776), pp.347-348.
12 List 1885, pp.99-100.

강의 산업 국가로 등극할 수 있었기 때문이다(1부 1장 '2 미국의 따라잡기 전략' 참조). 리스트가 '사다리 걷어차기'라고 묘사했던 부분 또한 옳았다는 것이 입증되었다. 2차 대전 후 미국은 산업력이 절대 우위에 있는 것이 확실해지자, 강력한 보호주의로 자국의 산업을 보호해 그 자리에 올랐음에도 자유 무역을 부르짖었던 19세기의 영국과 전혀 다르지 않은 행동을 하기 시작했기 때문이다.

다음 장에서는 이 역사적 사실들을 더 깊이 다룰 것이다. 그러나 그 전에 리스트의 방법론 즉 경제학을 역사적으로 접근하는 방법을 좀 더 살펴보자.

이 방법을 올바로 적용한다는 것은 단순히 역사적 사실을 모으고 분류해서 모종의 패턴이 저절로 보이기를 기다리는 데 그치지 않고, 계속 반복되는 역사적 패턴을 찾고 그런 현상을 설명할 수 있는 이론을 정립해서 그 이론을 현재 우리가 당면한 문제에 그간 변화된 기술적, 제도적, 정치적 상황을 고려해서 적용하는 태도를 말한다.

구체적이고 귀납적인 이 접근법은 현재 주류를 이루고 있는 신고전주의학파에서 사용하는 추상적이고 연역적인 접근법과 크게 대비된다. 이 접근법은 2차 대전 전까지 유럽 대륙의 여러 나라에서 주류를 이루고 있던 독일 역사학파에서 가장 많이 쓰던 방법으로 폴라니Polanyi와 숀필드Shonfield 같은 저자들이 남긴 영문 저서에서도 이 방법을 채택했다.[13] 이 학파에는 빌헬름 로셔Wilhelm Roscher, 브루노

---

13 Polanyi 1957 (1944); Shonfield 1965. 이 접근법은 마르크스주의에서도 일부 볼 수 있다. 예를 들어 마르크스는 노동 가치론보다 역사론에서 이 방법을 더 사용했다.

힐데브란트Bruno Hilderbrand, 칼 크니스 Karl Knies, 바그너 법칙[14]으로 이름을 날린 아돌프 바그너Adolph Wagner, 구스타프 슈몰러Gustav Schmoller, 베르너 좀바르트Werner Sombart 등이 속해 있고, 논쟁의 여지가 있기는 하지만 막스 베버Max Weber도 이 학파로 분류된다. 요즘 사회학자로 잘못 알려진 베버는 사실 프라이부르크 대학과 하이델베르그 대학의 경제학 교수였다.[15]

2차 대전 이전에는 독일 역사학파의 영향력이 유럽 대륙에 그치지 않고 훨씬 넓게 퍼져 있었다는 사실은 요즘 들어서는 거의 언급되지 않는다. 그럼에도 불구하고 이 학파는 신고전주의 경제학파를 확립한 주요 인물 중의 하나인 알프레드 마셜Alfred Marshall에게 강한 인상을 남겼다. 이와 관련해서 그는 "우리의 사고를 확장하고, 자신에 대한 지식을 넓히고, 세계를 움직이는 신의 섭리의 중심이 되는 계획을 이해하는 데 독일 역사학파보다 더 큰 기여를 한 예는 찾아보기 힘들다"[16]라고 말했다.

19세기 말, 20세기 초에 활동한 미국의 주요 경제학자들 중 이 학파의 직간접적인 영향을 받은 사람이 상당히 많다.[17] 미국 신고전주의 경제학자의 수호신으로 인정받고 있고, 현재 그의 이름을 딴 명망 높은 상이 젊은 미국 경제학자들에게 수여되고 있는 존 베이츠 클라크

14 정부의 크기는 사회가 발달함에 따라 상대적으로 커진다는 것이 바그너 법칙이다.
15 Balabkins 1988, chapter 6; Tribe 1995; Hodgson 2001 참조.
16 Marshall, *Principles of Economics*, 8th edition, p.768. Hutchison (1988, p.529)에서 인용한 바와 같다.
17 Balabkins 1988, chapter 6; Hodgson 2001; Dorfman 1995. 이 중에서 발랍킨스Balabkins 는 유럽에서 사회과학을 공부했던 미국인들의 반 정도가 독일에서 공부했다는 1906 년의 설문조사 내용을 인용한다(1988, p.95).

John Bates Clark는, 결국 그 학파의 영향력에서 멀어지긴 했지만 1873년에 독일로 건너가 로셔와 크니스 밑에서 공부를 한 경력이 있다.[18] 당대 최고로 꼽히는 미국 경제학자 중 하나인 리처드 일리Richard Ely 또한 크니스 밑에서 공부했다. 일리는 그 후 제자 존 커먼스John Commons를 통해 미국 제도주의학파에 영향을 끼쳤다.[19] 일리는 전미 경제학회AEA(American Economics Association)의 창립자 중 한 사람으로, 그가 누구인지 아는 회원이 거의 없어진 지금도 학회의 연례 총회에서 가장 중요한 대중 강연은 그에게 헌정된다.

2차 대전 후 새로 독립한 국가들의 발전이 큰 화두로 떠올랐을 때, '개발 경제학development economics'의 개척자들이라 할 수 있는 많은 학자가 역사적 접근법을 매우 성공적으로 활용했다.[20] 아서 루이스Arthur Lewis, 월트 로스토우Walt Rostow, 사이먼 쿠즈네츠Simon Kuznets 등은 선진국의 산업화 역사에 대한 광범위한 지식을 바탕으로 경제 발전의 '단계'에 관한 이론을 만들어 냈다.[21] 이외에도 러시아에서 태어난 미국 경제사학자 알렉산더 거쉔크론Alexander Gerschenkron의 '후발 개발론late development' 또한 큰 영향을 끼쳤다. 유럽 국가들의 산업화 경험에 대한 지식을 바탕으로 그는 기술 규모가 계속해서 확대되기 때문에 산업화의 여정을 시작하는 나라는 그

---

18 Balabkins 1988, p.95; Conkin 1980, p.311.
19 Balabkins 1988, p.95; Cochran and Miller 1942, p.260; Conkin 1980, p.311; Garraty and Carnes 2000, p.562.
20 이 분야의 초기 연구들은 Agarwala and Singh (1958)을 참조.
21 이 이론들의 적용을 확인하려면 Lewis (1955), Rostow (1960), Kuznets (1965), 동 저자 (1973) 참조.

에 필요한 재정 자원을 마련하는 데 점점 더 강력한 제도적 장치를 채택해야 한다고 주장했다. 거쉔크론의 연구는 허시먼A. Hirschman 이 개발 경제론 분야에서 이룬 선구적 업적에 중요한 밑거름이 되었다. 개발 경제학의 고전적 교과서로 받아들여지는 킨들버거C. Kindleberger의 저서에서도 선진국의 역사적 경험을 광범위하게 다루고, 거쉔크론의 이론을 수없이 인용한다.[22]

개발 경제학의 전성기였던 1960년대에는 노골적으로 선진국의 역사적 경험에서 당시의 개발도상국이 배울 수 있는 교훈을 정리한 논문집들이 나오기도 했다.[23] 1969년까지도 구스타프 라니스Gustav Ranis 같은 저명한 신고전주의 개발 경제학자(옛날 방식의 온유한 타입이기는 하지만)가 〈역사적 관점에서 본 경제 개발Economic Development in Historical Perspective〉이라는 제목의 논문을 주류 저널인《아메리컨 이코노믹 리뷰American Economic Review》에 발표하는 분위기였다.[24]

그러나 불행하게도 지난 10~20년 사이에 역사적 접근법을 가장 필요로 하는 개발 경제학과 경제사 분야마저 주류인 신고전주의 경제학에 압도되어 이런 식의 귀납적 추론 방식을 모두 거부하게 되었다. 이런 현상은 현재 벌어지는 경제 개발 정책에 관한 토론에서 역사적 시각이 완전히 부재하게 되는 부작용을 낳았다.

개발 경제학 관련 문헌들은 이론에 기초를 둔 가정(예를 들어 '자유 무역은 모든 국가에 혜택이 된다')으로 넘쳐나고, 실제 사례를 바탕으로 하

22 Gerschenkron 1962; Hirschman 1958; Kindleberger 1958.
23 Supple (1963), Falkus (1968) 예제 참조.
24 Fei and Ranis 1969.

는 것도 동시대 동아시아 국가들의 '개발 단계'에 대한 연구에 그치는 경우가 많다. 이제는 현재 선진국이 된 나라들의 역사적 경험에서 기초한 논의는 거의 찾아볼 수 없게 되었다. 엄밀히 말하자면 여기저기서 조금씩 역사적 경험이 언급되기는 하지만, 대개 극도로 정형화된 예만 등장하고 여기에 더해 영국과 미국의 사례에 국한되는 경향이 있었다. 이 나라들이 자유 무역, 자유 시장을 시행했다고 추정하고, 그것을 개발도상국들이 따라야 하는 모범으로 제시하는 경우이다. 그러나 이렇게 논의되는 영국과 미국의 경험은 매우 자의적으로 선택된 것이고, 따라서 이 책을 읽다 보면 그 이유가 더 명확해지겠지만 오해의 소지가 다분하다.

결론적으로, 불행하게도 몇몇 주목할 만한 예외가 있기는 하지만 최근 수십 년 동안 경제 개발을 연구하는 데 역사적 접근법을 채택한 진지한 연구가 거의 없었다고 할 수 있겠다.[25] 이 책에서 이루고자 하는 목표 중 하나가 바로 근래에 널리 논의되는 '바람직한 정책'과 '바람직한 통치 체제'에 관해 역사적 접근법으로 비평을 시도해서 이 방법의 유용함을 재입증하려는 것도 그런 맥락에서이다. 그러나 이렇

---

25 Senghaas (1985), Bairoch (1993), Weiss and Hobson (1995), Amsden (2001) 등이 그 예다. 그러나 암스덴Amsden을 제외한 논문들은 이 책만큼 종합적이지 않다. 베어록 Bairoch은 더 많은 나라를 다루고 있기는 하지만 주로 무역 정책에 초점을 맞췄다. 센가스Senghaas는 심지어 그보다 더 많은 나라를 살펴보지만 북구 국가들을 제외하고 각 나라에 대해 상당히 짧게 언급만 하고 넘어간다. 웨이스Weiss와 홉슨Hobson은 산업, 무역, 재정 등 다양한 정책들을 포괄하지만 영국, 프랑스, 프로이센, 일본, 러시아, 미국 등 상대적으로 제한된 나라만 다룬다. 암스덴의 연구에는 선진국들의 역사적 경험을 매우 많이 언급하지만, 논문의 주된 초점은 개발도상국들의 역사적 경험에 관한 것이다.

게 말하면 이 책이 정책 문제를 활용해 특정 방법의 타당성을 입증하기 위한 것이라는 잘못된 인상을 독자들에게 줄 수도 있을 것이다. 그보다는 오히려 역사의 도움을 받아서 현재 우리가 직면한 문제를 논의하자는 것이 이 책의 주목적이다. '바람직한' 정책과 제도에 대한 현재의 토론 환경을 생각할 때, 이 접근법이 특히 유용하다는 주장이 책 전체에서 펼쳐질 것이다.

이 책에서는 주로 19세기와 20세기 초의 역사를 집중적으로 다룰 것이다. 대략 나폴레옹 전쟁이 끝날 무렵(1815년)부터 1차 대전이 시작될 무렵(1914년)까지인 이 시기는 현 선진국들이 산업 혁명을 한창 경험한 시기이기 때문이다. 그러나 경우에 따라서는 그 이전의 역사적 상황까지도 들여다볼 것이다. 예를 들어 다양한 경제 정책과 제도의 발전에서 선구자적 역할을 한 영국은 14세기 이후부터 쭉 살펴볼 필요가 있다. 관료 체계의 개혁과 새로운 정부 주도 산업 진흥책을 개발한 주역인 18세기 프로이센도 주의를 기울여야 할 특별한 사례이다. 또 다른 예외로 일본과 프랑스처럼 2차 대전 후 급진적인 제도 변혁을 통해 인상적인 경제 발전을 이루어 낸 나라들도 주목해야 할 가치가 있다.

이 책에서는 가능한 한 많은 나라를 살펴보려는 노력을 기울였다. 이러한 시도는 이 책의 주된 결론을 강화하는 광범위한 증거가 되기는 하지만, 특정 국가의 경제사를 연구한 전문가들의 비판을 받을 근거가 되기도 할 것이다. 그런 비판은 각오하고 있고 언제든 환영한다. 다만 그 과정에서 개발 경제학자들이 자신들의 주장을 역사학적 관점에서 재고할 기회를 갖고, 경제학사를 연구하는 학자들도 자신들의 연구가 어떤 이론적 의미를 지니는지를 더 광범위하게 인식할 수 있기를 희망한다. 이 책에서 다루는 일반적, 세부적 논의들이 광범위한 토론을 일으키는 데 성공한다면 이 책의 목적은 다하는 셈이다.

이 책에서는 더 '중요'하다고 간주되는 잘 알려진 나라들 즉 영국, 미국, 독일, 프랑스, 일본 이외의 사례를 포함해 더 일반적인 교훈을 얻으려고 특별한 노력을 기울였다. 그러나 영문으로 작성된 연구 자료가 극도로 빈약해서 그런 나라들을 다루는 범위는 상대적으로 좁을 수밖에 없었다. 부분적으로는 다른 언어를 하는 연구원들의 도움을 받아 이 문제를 극복해 보려 했지만 그런 방법에 한계가 있는 것은 명백하다. 그러나 동시에 더 잘 알려진 국가들의 경험을 살펴보는 것은 여전히 크게 가치 있는 일이라는 점을 잊어서는 안 된다. 특히 그들의 역사에 관해 수많은 오해와 신화가 존재하기 때문이다.

이 책에서 정책과 제도를 구분한 방법은 다분히 자의적이다. 상식적인 선에서 보면 제도는 좀 더 영구적인 것이고, 정책은 더 쉽게 바꿀 수 있는 것을 말한다. 이를테면 특정 산업의 관세를 올리는 것은 '정책'인 데 반해, 관세 자체는 '제도'로 간주할 수 있다. 그러나 그런 구분은 너무 쉽게 무너지고 만다. 예를 들어 특허법은 '제도'로 구분할 수 있지만, 나라에 따라서 특허권을 인정하지 않는 '정책'을 취할 수도 있다. 20세기 초까지 스위스와 네덜란드가 바로 이런 '정책'을 채택한 나라들이다. 이와 비슷하게 이 책에서 공정 경쟁법에 대한 검토는 기업 지배 구조의 맥락에서 이루어지겠지만, 부분적으로는 산업 정책의 일부로 논의되기도 할 것이다.

2 이 책의 구성과 내용에 관해

1부는 요즘 산업 무역 기술 정책industrial, trade, technology policies(줄여서 ITT 정책)이라고 부르는 것을 주로 다룰 예정이다. 각국 정부가 어떤 정책을 썼는지에 따라 경제 성장과 구조 변화를 이루어 낸 정도가 달라졌다고 생각하기 때문이다. 산업 무역 기술 정책은 경제 개발 이론에서 몇백 년에 걸쳐 벌어진 논쟁의 중심에 자리해 왔다. 물론 그렇다고 해서 다른 정책이 경제 개발에 덜 중요하다는 의미는 아니다.[26] 그리고 경제 성장, 특히 산업의 성장이 다른 무엇보다도 더 중요하다는 의미는 더욱 아니다. 비록 필자는 성장이 더 넓은 의미의 경제 발전에 핵심적인 요소라고 생각하기는 하지만 말이다.

1부에서는 제도를 다루는 2부보다 상대적으로 더 적은 수의 나라들을 집중적으로 살펴볼 것이다. 앞에서 잠깐 언급했듯이 그 이유는 다른 무엇보다도 정책이 제도보다 더 다양하고 변화의 가능성이 높아 그 성격을 간단히 규정하기가 힘들기 때문이다. 예를 들어 유한 책임 회사나 중앙은행 설립에 관한 공식적인 법 제정 등은 (비록 그런 제도의 유용성이 광범위하게 받아들여진 시기를 정의하기가 더 힘들기는 하지만) 쉽게 그 날짜까지도 추적할 수 있지만, 가령 프랑스가 19세기 말에 자유 무역 정책을 운용했다는 사실을 확실히 입증하기는 훨씬 힘들다.

---

26 예를 들어 적절한 예산 및 통화 정책을 통해 거시 경제를 안정시키는 것이 발전의 전제 조건이라는 데 동의하지 않을 사람은 없을 것이다. 그러나 현재 통념으로 여기는 것처럼 그저 물가 상승률을 매우 낮게 유지하는 것으로 거시 경제의 안정을 좁게 정의하는 데는 반대한다.

특정 정책이 존재했다는 사실 자체와 그 정책의 시행 강도를 명확하게 식별하는 것이 어렵기 때문에 필자는 그 나라의 상황을 자세히 서술하는 것이 필요하다고 생각했고, 따라서 제도를 다룬 부분(2부)에 비해 더 작은 수의 나라를 논의할 수밖에 없었다.

2부는 지리적으로나 개념적으로나 더 넓은 범위를 아우른다. 부분적으로는 현대 사회의 제도가 복잡해서이기도 하지만, 경제 발전에 어떤 제도가 진정으로 중요한지에 대한 이해가 제한적이기 때문에 상대적으로 많은 사례의 제도를 살펴보아야 할 필요가 있었다. 거기에는 민주주의, 관료 제도, 사법권, 재산권(특히 지적 재산권), 기업 지배 구조 관련 제도(유한 책임 회사, 파산법, 감사/공시 의무사항, 공정 경쟁법), 금융 제도(은행, 중앙은행, 증권 거래 규정, 국가 재정 제도), 사회 복지와 노동 관련 제도(아동 노동법, 성인 노동 시간과 근무 환경에 관한 제도) 등이 포함되어 있다. 이처럼 다수 국가에서 사용된 폭넓은 제도에 대한 정보를 담은 것도 이 책의 특징 중 하나일 것이다.

마지막 3부에서는 다시 한 번 처음에 제기했던 문제로 돌아간다. 즉 선진국은 자신들이 예전에 사용했던 정책과 제도를 개발도상국이 채택하는 것을 방해해서 그들이 지금의 위치에 오르는 것을 가능하도록 한 '사다리를 걷어차'는 행동을 하는 것인지를 물을 것이다.
여기서는 현재 통설로 받아들여지는 정책들은 '사다리를 걷어차'는 행위와 다르지 않다는 주장을 펼칠 것이다. 네덜란드나 스위스처럼 기술 면에서 최첨단 혹은 최첨단에 근접한 몇몇 작은 나라를 제외하고 유치산업 보호 정책(단순히 관세를 통한 보호만을 의미하지 않는다는 점을 강조하고 싶다)은 대부분의 국가가 경제 발전을 하는 데 중요한 역할을 했다. 개발도상국이 이런 정책을 채택하지 못하게 막는 것은 그 나라들이 경제 발전을 할 능력에 제동을 거는 일이다.

제도에 관한 문제는 이보다 더 복잡하다. 이 책의 주된 결론은 요즘 들어 경제 발전에 필요하다고 간주되는 제도들이 사실은 많은 부분 현 선진국들이 경제 발전을 한 원인이 아니라 결과라는 점이다. 그렇다고 해서 개발도상국이 현 선진국에서 보편화된 제도를 채택하면 안 된다는 뜻은 전혀 아니다(상반되기는 하지만 개발도상국은 현 선진국이 사용하는 산업 및 무역 정책을 채택해서는 안 된다). 이 제도들 중에는 (모든 개발도상국에게는 아닐지라도) 대부분의 개발도상국에게 유익한 것도 있지만, 정확히 어떤 형태로 그 제도들을 채택해야 할지는 논란의 여지가 있다. 예를 들어 중앙은행은 구조적 금융 리스크를 관리하는 데는 필요하지만, 현재의 주류 경제학에서 주장하듯이 거의 절대적인 정치적 독립을 유지하면서 온전히 인플레이션 관리에만 집중하는 것이 필요한지에 대해서는 논의가 필요하다. 사실, 잠재적으로 유용한 많은 제도들이 뼈아픈 경제적 경험과 정치적 투쟁을 거친 후에 발달했다는 것을 생각하면, 개발도상국이 이미 정비된 제도를 빠른 속도로 따라잡을 수 있는 '후발 주자의 이점advantage of latecomer'을 포기하는 것은 어리석은 일이 아닐 수 없다.

그러나 이런 '제도 따라잡기institutional catch-up'에서 얻는 혜택이 과장되어서는 안 될 것이다. '국제 기준'의 제도라고 해서 모두 개발도상국에게 유익하거나 필요한 것은 아니기 때문이다. 후에 더 자세히 논의할 예를 잠깐 언급하자면, 엄격한 지적 재산권 보호는 대부분의 개발도상국에게 유익하지 않다. 또 반反독점법 같은 일부 제도도 그다지 필요하지 않다. 이 말은 모든 제도는 그 제도를 확립하고 유지하는 데 필요한 자원, 특히 개발도상국에게 가뜩이나 모자라는 숙련된 인적 자원이 들어가기 때문에 결과적으로 득보다 실이 될 가능성도 있다는 뜻이다. 이에 더해 '선진적'인 제도를 준비되지 않은 나라에 도입했을 경우 정상적인 기능을 발휘하지 않을 가능성을 배제할 수 없다. 더욱이 현재의 개발도상국들은 선진국들이 그 단계에 있을 때와 비교하면 훨씬 더 높은 수준의 제도적 장치를 갖추고 있다는 사실을 잊어서는 안 된다(2부 3장 '3 과거와 현재의 개발도상국들을 비교해 보자' 참조). 정말 그렇다면 개발도상국들이 단기적으로 제도를 효과적으로 개선할 여지가 사실상 별로 없다.

이런 관점에서 개발도상국의 제도를 개선해야 한다고 주장하는 현재의 개발론에는 '사다리 걷어차기'적 요소가 가미되어 있다고 할 수 있다. 개발도상국에게 요구하는 제도들이 그들의 개발 단계에는 무용하거나 유해하고, 그 제도를 운용하는 데 드는 비용이 크기 때문이다.

3 이 책의 독자들에게

이 책에서 주장하고자 하는 내용은 많은 사람을 지적으로나 도덕적으로 불편하게 할 것이 분명하다. 이 책을 집필하기 위한 연구 과정에서 필자가 지니고 있던 고정 관념이 수없이 깨진 것처럼 독자들 또한 당연하게 받아들여 온 혹은 열정적으로 믿었던 통념이 도전 받을 것이다. 이 책에서 내리는 결론들 중 어떤 것은 일부 독자들에게는 도덕적으로 불편하게 들릴 수도 있다. 물론 필자는 이런 주장을 하면서 도덕적 우위를 내세우려는 의도는 전혀 없다. 다만 너무도 오랫동안 역사적 사실을 무시한 채 도덕성을 내세운 논쟁에 가려 문제의 본질이 흐려져 있었기 때문에, 이를 둘러싼 이슈의 복잡성을 일부나마 드러내 보고자 하는 것이 필자의 바람이다.

1부

경제 개발 정책
역사적 관점에서 본 산업 무역 기술 정책

앞에서 지적했다시피 현재 경제 개발 과정에 있는 국가들이 봉착하는 문제의 해결책을 선진국들의 역사적 경험에서 찾으려는 시도는 놀라울 정도로 드문 것이 현실이다. 거기에 더해 앞으로 더 명확해지겠지만 그런 역사적 경험을 다룬 몇 안 되는 언급마저도 현 선진국의 경제 정책의 역사에 대한 주류 경제학적 관점을 강화하는 신화로 가득하다. 이 관점은 자유 무역과 자유방임주의 산업 정책의 유용성을 강조하는 것이다. 워싱턴 합의 등의 정책 제안 모두에 기본으로 깔려 있는 이 시각은 주로 다음과 같은 식으로 흘러간다.[1]

18세기 이후 자유방임주의적 기조를 유지한 영국은 성공적인 산업 발달로 자유 시장, 자유 무역 정책의 우위를 입증했고, 이 정책들을 통해 국민이 기업가적 에너지를 발휘하도록 장려해 개입주의적 정책

---

[1] Sachs and Warner (1995)의 논문은 비교적 더 정확한 정보와 균형 잡힌 시각을 유지하고 있지만 본질적인 오류는 피하지 못했다. 아마 현재 나와 있는 문헌들의 성격을 잘 대변하는 대표적 논문은 이와 비슷하지만 균형 잡힌 시각이라는 면에서 훨씬 떨어지는 Bhagwati (1985, 1998)의 논문일 것이다. 이와 동일한 견해를 지지하는 권위 있는 국제 정책 입안자들의 문헌은 GATT 사무총장 재임 기간 동안(1986~1993) 우루과이 라운드를 관장했던 아서 던켈에게 헌정된 논문집 Bhagwati and Hirsche (1998)를 예로 들 수 있다. 뒤에 인용한 클레르크de Clercq와 루지에로Ruggiero의 논문들도 이 논문집에 실려 있다.

을 사용한 당시 주요 경쟁국 프랑스를 앞지르고 세계 최강의 경제 대국으로 입지를 굳혔다. 그 후 영국은 새로운 '자유주의'적 세계 경제 질서를 설계하고 주도하는 역할을 담당했고, 특히 1846년 지탄을 많이 받던 농업 보호 정책(곡물법)과 중상주의적 보호 조치들을 포기하면서 입지를 더욱 강화했다.

자유주의적 세계 질서를 정립하기 위해 영국이 손에 쥔 가장 강력한 무기는 자유 시장/자유 무역에 바탕을 두고 이루어 낸 경제적 성공이었다. 영국의 눈부신 예를 목격한 다른 나라들은 중상주의 정책의 한계를 깨닫고 1860년대부터 자유 (혹은 적어도 이전보다는 더 자유로운) 무역을 허용하기 시작했다. 이와 더불어 애덤 스미스, 데이비드 리카도David Ricardo 등 자유방임주의 정책, 특히 자유 무역의 우월성을 이론적으로 입증한 영국의 고전주의 경제학자들도 이 프로젝트를 성공시키는 데 큰 몫을 했다. 우루과이 라운드UR(Uruguay Round) 초기에 (1985~1989) 유럽 연합의 대외 경제 관계 위원으로 일했던 윌리 드 클레르크Willy de Clercq는 다음과 같이 평했다.

데이비드 리카도, 존 스튜어트 밀, 데이비드 흄, 애덤 스미스를 비롯한 스코틀랜드 계몽주의자들이 자유 무역의 이론적 타당성을 제공하여 당시 팽배했던 중상주의에 대항할 수 있도록 하였고, 영국이 19세기 후반 유일한 패권 국가임에도 불구하고 비교적 관대한 대외 정책을 사용해 안정감이 조성된 후에야 [19세기 후반에] 최초로 자유 무역이 융성할 수 있었다.[2]

2 De Clercq 1998, p.196.

국가 내부적으로 자유방임주의 산업 정책, 상품과 자본과 노동력의 국제적 이동을 방해하지 않는 낮은 무역 장벽, 금 본위제와 균형 예산 원칙으로 보장되는 국내외 거시 경제의 안정 등을 기초로 한 자유주의적 세계 질서는 1870년대에 완성이 되었고, 이후 선례 없는 번영이 뒤따랐다.

그러나 불행하게도 1차 대전이 발발하면서 일이 틀어지기 시작했다. 불안해지는 세계 경제와 정치에 대응하기 위해 각국 정부가 다시 무역 장벽을 쌓아올리기 시작했기 때문이다. 1930년에 미국은 자유무역을 포기하고 악명 높은 스무트 홀리 관세법을 제정했다. 드 클레르크는 이 관세가 "국제 교역에 재앙과 같은 영향을 끼쳤고 … 이 악영향은 시간이 흐르면서 미국의 경제 성장과 고용에까지도 확산되었다. 최근에는 심지어 대공황도 이 관세 때문에 촉발된 것이 아닌가 하는 추측이 경제학자들 사이에서 나오고 있다"[3]라고 말했다. 독일과 일본 같은 나라도 높은 관세 장벽을 세우는 동시에 강력한 카르텔을 조성하기 시작했는데, 바로 이 카르텔은 이 나라들이 그 후 몇십 년 동안 경험한 파시즘 및 극도의 공격성과 밀접하게 연관된 것으로 알려져 있다.[4] 그때까지도 자유 무역 시스템을 옹호하던 영국이 유혹에 무릎을 꿇고 1932년에 마침내 관세를 다시 도입하면서 세계 자유 무역 체제는 막을 내렸다. 그 결과 세계 경제가 위축되고 불안정해졌으

[3] De Clercq 1998, pp.201-202.
[4] 이 견해에 따르면 정부 개입과 독재 정치 사이의 유감스러운 관계가 막을 내리게 된 것은 2차 대전 후 미 군정이 카르텔을 파시즘의 근본 원인임을 인식하고 이를 해체한 결과라고 주장한다.

며, 급기야 2차 대전이 발발하면서 마지막으로 남아 있던 최초의 자유주의적 세계 질서마저 붕괴되고 말았다.

이야기는 계속되어서 2차 대전이 끝난 후 초기의 관세 및 무역에 관한 일반 협정GATT(General Agreement on Trade and Tariff)을 통해 무역 자유화 면에서 상당한 발전이 이루어졌다고 전한다. 그러나 통제 경제적dirigiste 태도로 정책을 수립하는 분위기가 선진국에서는 1970년대까지, 개발도상국은 1980년대 초까지 지배적이었다(공산국가들은 1989년 체제가 무너지기 전까지). 색스Sachs와 워너Warner는 개발도상국에서 보호주의와 개입주의 정책을 추구한 데는 몇 가지 요인이 작용했다고 보았다.[5] 다양한 마르크스 이론은 말할 것도 없고 유치산업론, 로젠스타인 로단Rosenstein-Rodan의 '빅 푸시big-push' 이론(1943년), 라틴아메리카의 구조주의와 같은 '잘못된wrong' 이론이 판을 쳤던 것도 부분적 원인이라는 것이 그들의 분석이다. 이에 더해 보호주의 정책은 국가 건설과 특정 이익 집단을 '설득'해야 할 필요와도 맞아떨어졌고, 그 외에도 전시에 시작된 통제적 조치들이 평화가 찾아온 후에도 계속된 것도 일부 요인이었다.

이 견해에 동의하는 사람들에게는 다행스럽게도 1980년대부터 작은 정부, 자유방임주의 정책, 국제적 개방성의 미덕을 강조하는 신자유주의가 득세를 하면서 대부분의 국가가 개입주의 정책을 중단했다. 1970년대 말에 접어들면서 이미 '바람직한' 정책들을 운용하고 있던 동아시아와 동남아시아 국가를 제외한 개발도상국 대부분의 경

---

5 Sachs and Warner 1995, pp.11-21.

제 성장이 둔화되기 시작했고, 1980년대 초의 경제 위기 등으로 성장 실패가 표면에 노출되면서 옛 스타일의 개입주의와 보호주의의 한계가 드러났다.

그에 따라 대부분의 개발도상국은 신자유주의 정책 개혁을 두 팔 벌려 받아들였다. 바그와티에 따르면 이런 전환의 가장 상징적인 사건은 1980년대까지도 대표적 종속 이론가였던 페르난도 엔리케 카르도소Fernando Henrique Cardoso 대통령의 지휘하에 브라질이 신자유주의 독트린을 수용한 것, 전통적으로 반미 성향이 강했던 멕시코가 북미 자유 무역 협정NAFTA(North American Free Trade Agreement)을 맺은 것, 한때 보호주의와 규제의 보루였던 인도가 더 개방적이고 자유주의적 경제 체제를 향해 걸음을 내딛은 것 등이다.[6] 자유주의와 개방을 향한 장정의 화룡점정은 1989년 공산주의의 패망이었다. 이로써 전후 시대 초기에 나타났던 폐쇄적 무역 체제라는 '변칙적 역사'는 종지부를 찍었다.[7]

세계 무역 기구WTO가 상징하는 새로운 국제 관리 시스템의 확립과 함께 각 나라별로 정책 변화에 박차를 가하면서 새로운 세계 경제 체제가 탄생했고, 이전에 경험했던 자유주의의 '황금기'(1870~1914)에 견줄 만한 번영의 잠재력을 갖추게 되었다.[8] 초대 WTO 사무총장 레나토 루지에로Renato Ruggiero는 이 새로운 세계 질서에 힘입어 "다음 세기(21세기) 초기까지는 세계적 빈곤을 뿌리뽑을 수 있게 되었는

---

6 Bhagwati 1998, p.37.
7 이 구절은 Sachs and Warner (1995, p.3)에서 따온 것이다.
8 Sachs and Warner (1995)는 이 '황금기'를 1850~1914년 동안의 시기로 보고 있다.

데, 불과 수십 년 전까지만 해도 유토피아적 꿈으로 여겨지던 일들이 이제는 실현 가능한 일"이 되었다고 주장했다.[9]

앞으로 더 자세히 논의하겠지만 이 이야기는 매우 설득력 있지만 근본적으로 오해의 소지가 있다. 사실 19세기 말을 자유방임주의의 시대라 부를 만한 이유는 충분하다고 인정할 필요가 있다.

표 1.1에서 볼 수 있듯이 19세기 말 아주 짧지만 세계 경제에 자유 무역 체제가 팽배했던 시기가 있었다. 1846년 영국은 곡물법Corn Laws을 폐지하면서 일방적 자유 무역 체제로 전환을 결정했다(이 체제는 1860년대에 제대로 된 형태를 갖추었다). 다만 이 결정은 당시 아무도 넘볼 수 없는 경제 강국이라는 영국의 우월성을 기반으로 하여 제국주의 정책과 복잡한 관련을 맺고 내려진 것이었다. 1860년부터 1880년 사이, 유럽 각국은 보호 관세를 상당 수준 낮추었다. 같은 시기에 유럽 이외의 지역에서 많은 나라가 식민지화(1부 2장 '1 식민지 국가들에 대한 앞서가기 전략' 참조)되었거나 중남미 국가들, 중국, 타이(당시 시암), 이란(당시 페르시아), 터키(당시 오스만 제국) 등처럼 소수 명목상의 '독립' 국가들은 불평등 조약 등을 통해 자유 무역을 강요당하고 있었다. 물론 이 기간 중에도 매우 높은 관세 장벽을 유지한 미국 같은 예외도 있었다. 그러나 그때까지도 미국이 세계 경제에서 차지하는 비중은 상대적으로 작았기 때문에 당시 상황이야말로 세계적으로 자유 무역이라는 개념에 가장 근접한 때였다고 해도 과언이 아닐 것이며, 앞으로도 이 수준의 자유 무역을 실행하기는 아마도 어려울 것이다.

9 Ruggiero 1998, p.131.

표 1.1 개발 초기 일부 선진국들이 공산품에 부과했던 평균 관세율 (가중 평균치: 퍼센트 값)[1]

	1820년[2]	1875년[2]	1913년	1925년	1931년	1950년
네덜란드[3]	6~8	3~5	4	6	n.a.	11
덴마크	25~35	15~20	14	10	n.a.	3
독일[4]	8~12	4~6	13	20	21	26
러시아	R	15~20	84	R	R	R
미국	35~45	40~50	44	37	48	14
벨기에[3]	6~8	9~10	9	15	14	11
스웨덴	R	3~5	20	16	21	9
스위스	8~12	4~6	9	14	19	n.a.
스페인	R	15~20	41	41	63	n.a.
영국	45~55	0	0	5	n.a.	23
오스트리아[5]	R	15~20	18	16	24	18
이탈리아	n.a.	8~10	18	22	46	25
일본[6]	R	5	30	n.a.	n.a.	n.a.
프랑스	R	12~15	20	21	30	18

출처: 베어록Bairoch 1993, p.40, 표 3.3.

주:

R 수입 공산품에 대한 다른 제한이 이미 많아서 평균 관세율이 의미가 없는 경우.

1. 세계 은행(World Bank 1991, p.97, 표 5.2)도 위 표의 기초가 된 베어록의 연구를 참조해서 유사한 표를 발표했다. 그러나 세계 은행의 숫자들은 대부분의 경우 베어록이 제시한 숫자들과 비슷하지만, 가중치를 두지 않은 평균치로, 가중치를 둔 베어록의 수치를 더 신뢰할 수 있다.

2. 이 관세율은 대략적인 것으로, 최고치와 최저치가 아닌 분포 범위를 보여 주는 것이다.

3. 1820년에는 벨기에와 네덜란드가 합병되어 있었다.

4. 1820년 수치는 프로이센의 통계만이다.

5. 1925년 전까지 오스트리아–헝가리 제국.

6. 1911년 전까지 일본은 유럽 각국 및 미국과 맺은 일련의 '불평등 조약' 때문에 관세율을 낮게(최고 5퍼센트) 책정하도록 강제되었다. 위에서 언급한 세계 은행 표에서는 모든 재화(공산품만이 아니라)에 대한 가중치를 두지 않은 1925년, 1930년, 1950년의 수치를 각각 13퍼센트, 19퍼센트, 4퍼센트로 제시했다.

더 중요한 사실은 1차 대전 전까지 (그리고 아마도 2차 대전 발발 시점까지도) 정부의 개입주의적 범위는 현대적 기준으로 볼 때 상당히 제한적이었다는 점이다. 예를 들어 1930년대 이전에는 균형 예산 원칙에 대한 집착과 제한적 과세(대부분의 나라에서 개인 소득세와 법인세를 부과하지 않은 것이 그 한 예이다)로 인해 예산을 이용한 적극적인 정책을 펼치는 데 심각한 한계가 있었다. 세수를 늘릴 기반이 별로 없었기 때문에 예산 규모가 제한적이었고, 정부가 그럴 의사가 있다 하더라도 경제 개발을 위한 대규모 예산 지출이 힘들었다(단, 많은 나라에서 철도는 예외였다). 또 20세기 초까지만 해도 대부분의 나라에 본격적인 기능을 하는 중앙은행이 확립되지 않은 상태였으므로 통화 정책의 범위 또한 제한적일 수밖에 없었다. 대개 은행들은 개인 소유였고 정부로부터 거의 규제를 받지 않았으므로 2차 대전 후 일본, 한국, 대만, 프랑스에서 널리 성공적으로 사용되었던 '정책 금융directed credit programmes'을 운용할 가능성도 극도로 제한적이었다. 2차 대전이 끝난 직후 다수의 유럽 국가 특히 프랑스, 오스트리아, 노르웨이 등지에서 큰 효과를 낸 산업의 국유화와 '투자 유도 계획indicative investment planning' 같은 조처는 2차 대전 전까지만 해도 전시戰時가 아니면 생각도 할 수 없는 일이라 여겨졌다. 이 모든 한계가 존재한 덕분에 역설적이게도 현재보다 19세기에 보호 관세가 더 중요한 정책 도구로 사용될 수밖에 없었다.

이런 제한이 있었음에도 불구하고 서론에서 이미 지적했고 앞으로도 더 자세히 설명하겠지만, 거의 대부분의 선진국은 선발 주자 '따라잡기' 시기에 유치산업 보호를 목적으로 한 개입주의적 산업 무역 기술ITT 정책을 운용했다.[10] 이후 언급할 예정이지만 스위스나 네덜

10 따라잡기에 관한 고전적 문헌은 Abramovitz (1986), id. (1989) 참조.

란드와 같은 예외적인 경우도 있었다. 그러나 이 나라들의 기술력은 최첨단이거나 그에 아주 근접한 경우여서 유치산업 보호 정책이 따로 필요하지 않았다. 어떤 나라들은 따라잡기를 성공적으로 완수한 다음에도 활발한 산업 무역 기술 정책을 계속 유지했다(19세기 초 영국, 20세기 초 미국이 그 예이다). 물론 선진국들은 모두 보호 관세를 산업 무역 기술 정책의 매우 중요한 도구로 사용했다. 그러나 앞으로 분명해지겠지만 관세는 유일하지도 않고 또 가장 중요하지도 않은 도구였다.

무역 부문에서는 수출을 장려하기 위해 보조금이나 수출 원자재에 대한 관세 환급 같은 방법이 자주 쓰였다. 각국 정부는 산업 보조금과 공공 투자 프로그램을 활용해서 사회 간접 자본을 확충하는 데 특히 힘썼지만 이런 조치는 제조업 발전에도 자주 사용되었다. 외국 기술을 확보하는 데에도 연수 및 실습 비용을 대는 등의 합법적인 방법뿐 아니라 때로는 산업 스파이, 기계류 밀반입, 외국 특허 인정 거부와 같은 불법적인 방법도 가리지 않았다. 이와 함께 연구 개발R&D, 교육, 훈련 등에 필요한 재정 지원을 통해 국내 기술력 향상에도 힘썼다. 앞서가는 기술을 더 활발히 받아들일 수 있도록 선진 기술에 대한 인식을 높이는 조치도 취했다(시범 공장을 세우고, 박람회나 전시회를 개최하고, 민간 기업의 기계 수입을 허락하는 등이다). 이에 더해 나라에 따라서는 공적 부문과 민간 부문의 협력을 장려하는 제도적 장치를 마련하기도 했다(공사 합자 사업, 정부와 밀접하게 협력하는 산업 협회 등이다). 비록 이런 정책들이 양자간 또는 다자간 협정을 통해 비합법적 정책으로 확실하게 규정된 것은 아니지만, 근래에는 많은 나라가 이 정책들에 대해 난색을 표하고 있다는 것은 주목할 만한 사실이다.

선진국들은 일단 최첨단 기술 국가가 되고 나면 기존의 경쟁자나 잠재적 경쟁자와 격차를 벌이기 위해 다양한 정책을 활용했다. 이런 면에서 가장 눈에 띄는 나라는 바로 '선두 경제frontier economy'를 가장 오랫동안 유지한 영국일 것이다. 영국은 잠재적 경쟁자에게 기술이 유출되는 것을 규제했고(숙련공의 외국 이주, 기계류 수출 등에 대한 규제 등이 그 예이다), 발전 정도가 낮은 나라들에게는 시장을 개방하도록 압력을 가하면서 필요하면 무력도 사용했다. 그러나 공식적이거나 비공식적 식민지가 아닌 이상 '따라잡기 단계'의 국가들도 그냥 팔짱 끼고 앉아서 이런 제한적 조처를 받아들인 것은 아니었다. 그들도 이런 제한으로 인한 장애를 극복하려고 다양한 조처를 취했고, 심지어 숙련공을 몰래 포섭하고 기계를 밀수하는 등의 '불법적'인 수단도 동원했다.[11]

---

11 '불법적'이라는 말은, 이 문제를 불법으로 규정한 것이 영국법인데 그 영국법을 합당하다고 받아들일지 여부는 각국 정부가 결정할 일이기 때문에 강조 표시를 했고, 실제로 그렇게 받아들이지 않았다.

1장

개발도상국 시절 현 선진국들의 따라잡기 전략

Kicking away the Ladder

이 장에서는 현재 선진국이 된 여러 나라들—영국, 미국, 독일, 프랑스, 스웨덴, 벨기에, 네덜란드, 스위스, 일본, 한국, 대만—의 경험을 들여다보고 그들이 개발도상국이었던 당시에 어떤 종류의 산업 무역 기술ITT 정책을 사용했는지를 살펴볼 것이다. 이 과정에서 이 나라들 대부분이 실제로 사용했던 정책은 그들이 예전에 사용했다고 통설로 받아들여지고, 또 현재의 개발도상국에게 권고되는 정책과 거의 정반대라는 사실이 드러난다.

1 영국의 따라잡기 전략

현대 자유방임주의 사상의 원천이자 역사상 완전한 자유 무역을 실행해 본 경력이 있는 유일한 나라인 영국은 정부 개입이 거의 없이 경제 발전을 한 예로 널리 알려져 있다. 그러나 이보다 더 진실에서 동떨어진 주장을 찾기도 힘들 것이다.

봉건 제도가 무너질 무렵(13~14세기) 영국은 상대적으로 경제가 뒤처져 있었고, 1600년 전까지도 유럽 대륙에서 기술을 수입하는 처지였다.[12] 영국은 당시 더 발전된 저지대 국가Low Countries 지역, 특히 지금의 벨기에에 위치한 브뤼지, 겐트, 플랑드르의 이프레 등지에 주로 가공하지 않은 양모와 그보다는 적은 양이지만 저부가가치의 모직물(당시 숏클로스short cloth라고 알려진 옷감)을 수출했다.[13] 당시 영국 군주들이 이 제품에 세금을 부과한 것은 주로 돈이 필요했기 때문이지만, 원자재보다 가공된 직물에 대한 세금이 더 낮아서 미약하나마 모직 옷감의 수입 대체 효과가 생겼고 수출 촉진에도 어느 정도 기여를 했다.[14] 에드워드 3세Edward Ⅲ(1327~1377)는 영국의 모직 제조업을 발전시키려고 의도적으로 노력을 기울인 첫 번째 군주로 여겨진다. 그는 국민에게 모범을 보이기 위해 영국제 옷만 입었고[15], 플랑드르 지방에서 직조공들을 데리고 오는 한편 양 원모 거래를 정부 통제하에 두고 모직 옷감의 수입을 금지했다.[16]

튜더 왕조는 의도적인 유치산업 보호 정책이라고밖에 부를 수 없는 조처들을 취해 모직 제조업 발전에 더욱 박차를 가했다. 18세기 상

---

12 Kindleberger 1996, p.109.
13 Ramsay 1982, p.59; Davies 1999, p.348.
14 Ramsay 1982, p.59.
15 이 정책은 2차 대전 후 일본과 한국에서 '사치성 소비' 특히 수입 사치품의 소비를 억제하기 위해 사용되었던 방법을 떠올리게 한다.
16 Davies 1999, p.349; 또 Davis 1966, p.281 참조.

인이자 정치인, 소설가로 이름을 날린 대니얼 디포Daniel Defoe는 지금은 거의 잊힌 저서《영국 통상 계획A Plan of the English Commerce》(1728년)[17]에서 이 정책에 대해 언급했다. 그는 튜더 왕조의 왕들, 특히 헨리 7세Henry Ⅶ(1485~1509)와 엘리자베스 1세Elizabeth Ⅰ(1558~1603)가 저지대 국가들에게 양 원모 수출에 크게 의존하던 영국을 어떻게 세계에서 가장 강력한 모직 제조업 국가로 탈바꿈시켰는지를 상당히 세밀하게 묘사한다.[18]

디포에 따르면 헨리 7세는 1485년 즉위하기 전까지 "그의 숙모 부르고뉴 공작 부인의 궁정에서 일종의 망명 생활을 했다."[19] 그곳에서 그는 저지대 국가들이 모직 제조업에 바탕을 둔 번영을 누리는 것에 깊은 인상을 받았고, 즉위 후 1489년부터 영국의 모직 산업을 발전시키기 위한 계획을 마련하기 시작했다. 헨리 7세는 왕실 특사를 파견해 모직업에 적합한 장소를 물색하도록 하고[20], 저지대 국가에서 숙련된

[17] 개인적인 만남과 저서를 통해 디포의 저작에 관심을 갖게 해 준 에릭 라이너트Eric Reinert에게 감사한다.

[18] Defoe 1728, pp.81-101.

[19] Defoe 1728, p.94. 그러나 디포의 정보에 오류가 있다. 1485년 즉위 전 헨리 7세는 부르고뉴가 아니라 브르타뉴와 프랑스에서 망명 생활을 했다 (Gunn 1995, p.9). 부르고뉴는 요크가와 오래도록 가까운 관계를 유지해 오던 지방이었으므로 (Elton 1997, pp.5-6) 요크가 정권으로부터 몸을 피해 있던 젊은 랭커스터가의 계승자 헨리가 부르고뉴에서 망명 생활을 하는 것은 불가능했을 것이다. 물론 디포가 사실을 잘못 아는 실수를 했다고 해서 헨리 7세가 이끄는 영국이 부르고뉴를 포함한 저지대 국가 경제 따라잡기에 착수했다는 사실에는 변함이 없다. 이 중요한 사실을 지적해 준 톰 펜 Tom Penn에게 감사한다.

[20] 디포에 따르면 헨리 7세는 모직물 제조업자들이 국내 여러 지역, 특히 요크셔 웨스트 라이딩 지역의 웨이크필드, 리즈, 핼리팩스 등지에 정착하도록 했다. 이 지역은 모직물 제조업을 운영하는 데 필요한 수자원, 석탄 광산 등의 여건을 갖춘 곳들이었다 (Defoe 1728, p.95).

방직공을 비밀리에 포섭해 오고,[21] 가공되지 않은 양 원모 수출에 세금을 부과하거나 심지어 임시 수출 금지령을 내리기까지 했다. 램지 Ramsay도 1489년, 1512년, 1513년, 1536년에 통과된 법령에 따라 일정한 시장 가치 이하의 조악한 물건을 제외하고, 가공이 완전히 끝나지 않은 모든 직물의 수출이 금지된 사실을 입증했다. 그는 이 같은 조처가 "양 원모 상태보다 직물로 가공해서 수출하는 것이 낫다면, 같은 논리에서 반가공 상태의 '다듬고 깎지 않은' 직물보다 완전히 다듬고 염색을 마친 완제품을 수출하는 것이 더 낫다"[22]라고 보는 시각이 영국 내에서 득세한 현상을 반영하는 것이라고 분석한다.

디포는 헨리 7세가 저지대 국가들과 영국의 기술 격차를 감안할 때 영국의 상황을 변화시키는 데 오랜 시간이 걸릴 것이라 판단하고 점진적 접근 방식을 썼다고 강조한다.[23] 헨리 7세는 모직 산업이 확고히 자리 잡은 후에야 양 원모에 관한 수출 관세를 인상했다. 그러나 영국의 기술력으로 가공할 수 있는 것보다 더 많은 양 원모가 생산된다는 사실을 깨달은 그는 바로 양털에 부과했던 수출 관세를 폐지했다.[24]

---

21 디포에 따르면 헨리 7세는 "모직물 방직에 뛰어난 기술을 가진 다수의 외국인을 비밀리에 영국으로 불러들여 이 일을 처음 시작한 영국인들을 가르치도록 했다"(Defoe 1728, p.96).

22 Ramsay 1982, p.61.

23 헨리 7세는 "플랑드르의 모직물 제조업은 오랜 전통과 경험을 보유하고 있어서 이런저런 방법으로 새로운 종류의 상품을 개발할 능력이 있지만, 영국은 그런 것을 알 수 있는 능력이 없고, 안다 하더라도 그런 상품을 모방해 낼 기술이 없기 때문에 천천히 일을 추진해야 한다는 사실을 깨달았다"(Defoe 1728, p.96). 따라서 그는 "그런 엄청난 규모의 시도를 하기 위해서는 성급한 접근을 배제하고 극도로 신중하게 행동함으로써 너무 가열차게 밀어붙이는 일을 삼가해야 한다는 것을 … 알고 있었다"(같은 책 p.96).

디포에 따르면 영국이 가공하지 않은 양모의 수출을 전면적으로 금지할 정도로 자국의 모직 제조 산업에 대해 확신하게 된 것은 헨리 7세가 수입 대체 정책(1489년)을 쓴 지 거의 100년이 지난 후인 엘리자베스 1세(1587년) 때였고[25], 영국의 이러한 조치는 저지대 국가의 모직 산업 붕괴로 이어졌다.

디포는 엘리자베스 1세 때 영국이 모직 산업의 승자로 부상한 데는 이 수입 대체 정책 말고도 다른 요인들이 있었다고 분석한다. 그 중에는 플랑드르 지방이 1567년 스페인과 벌인 독립 전쟁 후 그 지역의 개신교 방직공들이 영국으로 이주한 것과 같은 우연한 행운도 있었다. 그러나 대부분은 정부가 치밀하게 계획한 것들이었다. 엘리자베스 1세는 바티칸, 러시아, 무굴 제국, 페르시아에 사절단을 파견했다. 동시에 해군력에 집중적으로 투자해 해상권을 강화함으로써 새로운 시장을 개척하고, 많은 경우 그곳을 식민지화해서 시장을 독점했다.[26]

모직 산업 부문에서 영국이 거둔 성공을 설명할 때 위에 언급한 요소들 중 어느 것이 더 중요했다고 단정하는 것은 쉬운 일이 아니다. 그러나 16세기식 유치산업 보호 전략이라고밖에 부를 수 없는 조처

---

24 헨리 7세는 "플랑드르 지방으로 양모 수출을 즉시 금지하지 않았고, 몇 년이 지난 후에도 양모에 수출 관세를 더 부가하지 않았다" (Defoe 1728, p.96). 디포는 또 양 원모의 수출 금지에 대해서는 "헨리 7세가 원하는 목표를 성취하기까지는 요원했기 때문에 그의 통치 기간 중에는 양모 수출을 완전히 금지할 수 있는 상황이 아니었다"라고 전한다 (같은 책 p.96). 따라서 헨리 7세가 "한때 양모의 수출을 금지하는 시늉을 하긴 했지만, 그 칙령을 위반하는 것을 방조했고 결국 시간이 흐른 후에는 금지령을 완전히 거두어들였다" (같은 책 p.97).

25 Defoe 1728, pp.97-98.

26 Defoe 1728, pp.97-101.

들을 헨리 7세가 시작하고 그의 후계자들이 이를 계속 추진하지 않았으면, 영국이 산업화 초기에 이런 성공을 거두는 것은 불가능하다고까지 할 수는 없을지 몰라도 분명 매우 어려웠을 것이다. 18세기 영국 수출 소득의 절반 이상을 벌어들이는 기간 산업 역할을 한 모직업이 없었다면 산업 혁명은 매우 어려웠을 것이라 해도 과언이 아니다.[27]

조지 1세George I (1714~1727) 때 영국의 초대 총리로 재임한 로버트 월폴Robert Walpole이 발의한 1721년 상법 개정에 따라 영국의 산업과 무역 정책의 초점에 극적인 변화가 왔다.

그 이전까지의 영국 정부 정책은 대체로 교역 시장을 확보하고(식민지와 영국과 이루어지는 모든 교역은 영국 배 위에서 행해져야 한다고 규정한 항해 조례[28]가 가장 중요한 도구였다) 정부가 수입을 거두는 것에 초점이 맞추어져 있었다. 앞에서 논의했던 모직 제조 산업의 육성은 이 정책의 가장 눈에 띄는 예외였지만, 이것마저도 부분적으로는 정부 수입을 늘리기 위한 목적이 있었다. 그에 반해 1721년 이후에 채택된 정책들은 의도적으로 제조업 장려를 목표로 치밀하게 계획되었다. 새로운 법을 발의한 월폴은 의회에서 행한 왕의 연설을 통해 다음과 같이 선언한다. "공산품을 수출하고 외국에서 원자재를 수입하는 것이야말로 국민 복지 향상을 위한 최선의 길이라는 사실은 자명하다."[29]

1721년 법 개정과 그 뒤를 이은 추가적 정책 변화에는 다음과 같은

---

27 옷감(대부분이 모직)은 1700년대 영국 수출의 70퍼센트 정도를 차지했고, 1770년대까지도 총 수출의 50퍼센트를 넘었다 (Musson 1978, p.85).
28 초기 항해 조례의 발달사는 Wilson (1984, pp.164-165) 참조.

조처들이 포함되어 있다.[30] 첫째, 공산품 생산에 필요한 원자재의 수입 관세를 낮추거나 완전히 폐지했다.[31] 둘째, 수출용 공산품을 생산하기 위한 수입 원자재의 관세 환급 ─ 윌리엄 3세와 메리 2세 여왕 때 확립된 정책 ─ 범위를 늘렸다.[32] 이를테면 비버 가죽의 수입 관세는 인하되고, 그 가공품을 수출할 경우에는 지불한 관세의 절반이 환급되도록 한 것이다.[33] 셋째, 대부분의 공산품에 대한 수출 관세를 폐지했다.[34] 넷째, 수입된 외국산 공산품의 관세가 크게 올랐다. 다섯째, 수출 보조금(장려금)을 실크 제품(1722년)과 화약(1731년)과 같은 새로운 상품에도 지급하고, 범포(1731년)와 정제 설탕(1733년)에 대한 기존의 보조금도 늘렸다(각각 1731년, 1733년).[35] 여섯째, 공산품 특히 섬

29 List (1885, p.40)에서 인용함. 리스트는 월폴의 이 발언이야말로 "과거 베니스 공화국의 통상 정책의 골자였던 것처럼 수 세기 동안 영국 통상 정책을 지배하는 정신을 요약한 것이다"라고 생각했다.
30 자세한 내용은 Brisco (1907, pp.131-133, 148-155, 169-171), McCusker (1996, p.358), Davis (1966, pp.313-314), Wilson (1984, p.267) 참조.
31 흥미롭게도 염색 약품의 수입 관세는 폐지해서 국내 염색 산업에 도움이 되도록 했지만, "외국 제조업자들에게 도움이 되는 것을 방지하기 위해" 염색 약품에 대한 수출 관세가 도입되었다 (Brisco 1907, p.139).
32 브리스코Brisco는 최초의 관세 환급이 윌리엄과 메리 재위 때 맥주, 에일ale, 멈mum, 사이더cider, 페리perry에 대해 적용됐다고 지적한다 (1907, p.153). 이 정책은 2차 대전 후 동아시아 국가들이 성공적으로 운용해서 유명해졌다 (1부 1장 7 참조).
33 Brisco 1907, p.132.
34 17세기 후반까지 대부분의 수출에는 수입과 마찬가지로 5퍼센트의 세금이 부과되었다. 윌리엄 3세는 수입 관세를 15~25퍼센트까지 올렸지만 수출 관세는 대부분의 상품에 대해 5퍼센트를 유지했다 (Davis 1966, pp.310-311). 월폴 재임 시 수출 관세 폐지에서 제외된 품목은 명반, 납, 납광석, 주석, 무두질한 가죽, 석탄, 흰색의 무직 옷감, 가죽, 털 등이었다 (더 자세한 사항은 Brisco 1907, p.131, n.1 참조).
35 브리스코는 월폴 재임기에는 수출 보조금이 유치산업 부문에 지급되지 않았고, 이미 확립된 산업 부문에 지급되었다고 지적한다 (1907, p.152).

유의 품질을 관리할 수 있는 규제 조항을 만들어서 양심 없는 업자들이 외국 시장에서 영국 상품의 평판에 해를 끼치지 않도록 했다.[36]

브리스코Brisco는 이 새 법안에 깔린 원칙을 다음과 같이 요약한다. "국내 시장에서라도 [제조업자들이] 외국 완제품과의 경쟁에서 보호받도록 한다. 완제품 수출에 대한 세금이 없어야 하고, 가능하면 장려금이나 보조금 등의 지원으로 제조업을 육성해야 한다."[37] 여기서 주목해야 할 흥미로운 점은 1721년 개정을 통해 도입된 정책과 그 저변에 깔린 원칙들은 앞으로도 언급하겠지만(1부 1장 '7 일본과 동아시아 신흥공업국들의 따라잡기 전략' 참조) 2차 대전이 끝난 후 일본, 한국, 대만이 시행한 것들과 구분하기 힘들 정도로 유사하다는 사실이다.

18세기 후반에 산업 혁명을 거친 영국은 다른 나라와 기술 격차를 크게 벌리면서 앞서가기 시작했다. 하지만 그렇게 앞서가는 동안에도 다른 나라가 영국의 앞선 기술을 넘볼 수조차 없게 된 19세기 중반까지는 산업 장려 정책이 지속되었다.[38]

이를 위해 무엇보다도 가장 중요하게 사용된 도구는 보호 관세였다. 표 1.1에서 볼 수 있듯이 영국은 1820년대까지도 공산품에 매우

---

36 브리스코의 말을 빌리자면, "월폴은 경쟁이 심한 시장에서 성공적으로 영국 상품을 팔기 위해서는 제품의 질적 수준이 높아야 한다는 것을 이해했다. 경쟁자보다 싸게 파는 데 너무 매달리는 제조업자는 제품의 질을 낮출 것이고 결국 다른 영국산 상품의 이미지를 훼손할 수 있다. 상품의 질을 높게 유지하는 길은 단 한 가지, 즉 정부가 제조업자들을 감독하고 규제하는 방법뿐이라고 생각했다"(1907, p.185). 이 부분도 2차 대전 후 일본과 한국이 운용한 정책과 유사하다. 이 두 나라에서는 정부의 통상 기구가 정보를 제공하고 시장을 확보하는 데 도움을 줄 뿐 아니라 수출 상품의 질을 관리하는 기능을 수행했다.

37 Brisco 1907, p.129.

높은 관세를 부과하고 있었다. 이때는 산업 혁명이 시작된 지 두 세대가 지난 시점이고, 기술력도 경쟁자들보다 상당히 앞서 있던 시절이었다. 또 보호 관세 이외의 조처도 함께 활용했다.

영국은 식민지의 상품이 우월해서 자국의 산업을 위협할 소지가 있으면 그 제품의 수입을 금했다. 예를 들어 1699년 제정된 양모법 Wool Act에 따라 영국의 식민지들은 모직 제품을 수출하는 것이 금지되었고, 이로 인해 당시 영국보다 앞서 있던 아일랜드의 모직 산업이 붕괴되는 결과를 낳았다(1부 2장 '선진국의 앞서가기 전략과 따라잡기 국가들의 대응' 참조). 1700년에는 우월한 품질의 인도산 면제품(옥양목)의 수입을 금지하는 조처가 취해져서 당시 면 산업으로는 세계 최고의 효율을 자랑하던 인도의 면 제조업에 큰 타격을 가했다. 결국 영국이 인도보다 더 효율적인 면 생산 능력을 갖춘 후인 1813년 인도의 무역을 장악하고 있던 동인도 회사가 국제 무역 독점권을 포기하면서 인도 면 산업은 완전히 무너졌다(1부 2장 '선진국의 앞서가기 전략과 따라잡기 국가들의 대응' 참조). 그로부터 두 세대가 지난 후인 1873년 즈음에는 영국 면 섬유의 40~45퍼센트가 인도로 수출되고 있었던 것으로 추정된다.[39]

38 데이비스는 1966년 논문에서 1763년부터 1776년 사이 기간에 보호주의적 조치들이 특히 활발했고, 이런 분위기는 1776년에 출간된 애덤 스미스의《국부론》에 실린 중상주의 사상에 영향을 주었다고 주장한다.
39 동인도 회사에 대한 영국 면제품 수출은 대부분 인도로 향했다. 나폴레옹 전쟁 후(1815년 즈음) 영국의 전체 면제품 수출의 6퍼센트를 차지하던 동인도 회사를 통한 수출은 1840년에는 22퍼센트, 1873년에는 통계에 따라서는 거의 60퍼센트까지 급격히 증가했다 (Hobsbawm 1999, p.125 참조).

그러나 나폴레옹 전쟁이 끝난 1815년에 접어들 무렵 영국에서는 자신감이 생긴 제조업자로부터 자유 무역을 요구하는 소리가 거세지고 있었다. 벨기에와 스위스가 영국보다 기술적으로 앞선 몇몇 분야(1부 1장 '6 소규모 유럽 국가들의 따라잡기 전략' 참조)를 제외하면 영국 제조업체 대부분이 거의 모든 산업 부문에서 세계 최고의 효율을 갖추게 되었기 때문이다. 1815년에 새로 통과한 곡물법에 따라(영국은 1463년 이래 수많은 곡물법을 제정했다) 농업 보호는 더 강화되었지만 자유 무역을 촉구하는 압력은 점점 높아졌다.[40]

1833년 일련의 관세 삭감 조치가 있었지만 큰 변화가 생긴 것은 곡물법이 무효화되고 다수의 공산품에 대한 관세가 폐지된 1846년이었다.[41] 요즘 들어서 이때 곡물법을 무효화한 것은 고전적 자유주의 경제 사상이 비뚤어진 중상주의를 물리치고 궁극적인 승리를 거둔 것이라고 받아들여지고 있다. 정책 변화를 가져오는 데 경제 이론이 한 역할을 과소평가해서는 안 되지만 이 시기의 상황을 잘 아는 많은 수의 역사학자들은 이 현상을 "자유 무역 제국주의free trade imperialism" 행위로 이해하는 것이 더 적합하다는 데 의견을 같이한다.[42] 즉 "농산물과 원자재 시장을 확대해서 유럽 대륙에서 일어나는 산업화 움직임에 제동을 걸"려는 의도에서 나온 정책이라는 것이다.[43]

---

[40] 물론 대부분의 경우 자유 무역을 지지하는 제조업자들의 동기는 자유 무역의 원칙으로 지적 전향이라기보다는 이기적인 이유에서였다. 면직물 제조업자들은 곡물법 폐지를 지지하면서도 1842년에 금지령(1774년 최초로 시행)이 폐지되기 직전까지도 면방직 기계류 수출에 반대했다 (Musson 1978, p.101; 이 책의 1부 1장 3도 참조).

[41] Bairoch 1993, pp.20-21.

[42] 이 용어는 Gallagher and Robinson (1953)에서 사용되었다.

실제로 정치인 리처드 코브던Richard Cobden과 영국 상무부의 존 보우링John Bowring처럼 곡물법 폐지에 앞장섰던 사람들 중 많은 수가 그런 생각을 가지고 캠페인을 했다.[44] 이 문제에 대한 코브던의 시각은 다음 글에 명확히 드러나 있다.

십중팔구 미국과 독일에서는 공장 체제가 시작되지도 않았을 것이다. 그리고 영국의 기술자들이 높은 식비를 지불함으로써 훨씬 식비가 싼 나라의 제조업자들에게 보조금을 지불하는 것이나 다름없는 상황이 아니었으면 앞에서 언급한 두 나라는 물론이고 프랑스, 벨기에, 스위스에서도 공장 체제가 융성하지 못했을 것이 분명하다.[45]

곡물법 폐지가 상징적 의미를 지니기는 하지만 자유 무역에 진정한 변화가 온 것은 1850년대였다. 1850년대의 글래드스톤William Gladstone 정권의 예산안, 특히 1860년 예산안이 채택되고 그와 함께 영불 자유 무역 협정(이른바 코브던 슈발리에 협정)이 체결되면서 같은 해에 대부분의 관세가 폐지되었기 때문이다. 다음 글은 1850년대에 영국에서 진행된 무역 자유화의 강도를 간명하게 보여 준다. "1848년, 영국의 관세 부과 품목은 1146개였다. 1860년에 이 숫자는 48로

---

43 Kindleberger 1978, p.196. 1750년부터 1850년 사이 영국 무역 정책의 발전에 경제학 이론이 한 역할에 대한 고전적 연구는 Semmel (1970) 참조.
44 Kindleberger 1975; Reinhert 1998. 1840년 보우링은 독일 관세 동맹 회원국들에게 밀을 재배하고 판매한 수익금으로 영국 제조품을 구입하라는 조언을 했다 (Landes 1998, p.521).
45 높은 농산물 가격으로 인한 영국의 높은 임금 비용이 경쟁에서 외국 기업들을 도와주고 있다는 뜻이다.

줄어 있었다. 그 중 열두 품목을 제외하면 모두 사치품과 준사치품에 대한 세입 관세revenue duties였다. 한때 유럽에서 가장 복잡했던 영국의 관세 조항들은 이제《휘태커 연감Whitaker's Almanack》반 페이지에 모두 들어갈 정도로 간소화되었다."[46]

이런 수준의 자유 무역 체제로 전환을 가능하게 한 영국의 기술적 우위는 "오랜 기간 높은 수준으로 유지된 보호 관세의 장벽"[47] 뒤에서 이루어졌다는 점에 주목하는 것이 중요하다. 또 한 가지 절대 잊지 말아야 할 점은 19세기 중반에 영국 경제의 전반에 자유화가 일어났고 무역 자유화는 그 큰 움직임의 일부에 불과했으며, 이 모든 과정이 정부의 엄격한 관리하에 진행되었지 절대 자유방임주의 방식으로 일어난 사건이 아니라는 사실이다.[48] 거기에 더해 영국은 "자유 무역을 엄청나게 느린 속도로 받아들였다는 사실도 짚고 넘어갈 필요가 있다. 《국부론》이 발간된 후 글래드스톤 정부의 1860년 예산이 나오기까지

---

[46] Fielden 1969, p.82.

[47] Bairoch 1993, p.46.

[48] Polanyi 1957 (1944), chapter 12-13 참조. 폴라니는 "자유방임주의라고 해서 자연스럽고 자유로운 점은 전혀 없었다. 그저 모든 일이 자연스럽게 진행되도록 두면 자유 시장은 절대 형성되지 않는다. 자유 무역을 선두에 서서 부르짖던 면직물 제조업자들이 보호 관세, 수출 보조금, 간접적인 임금 보조 정책 등의 도움으로 탄생하고 발전할 수 있었듯이 자유방임주의 또한 정부 주도로 추진되었다. 1830년대와 1840년 대에는 제한적인 규제 조치들을 폐지하는 법안이 쏟아져 나왔을 뿐 아니라 정부 행정 기능의 규모도 엄청나게 커졌다. 이제 영국 정부는 자유주의를 고수하기 위해 필요한 행정력을 구비하게 된 것이다. 전형적인 실리주의자들에게 자유방임주의란 무엇을 이루어 내기 위한 수단이 아니라 목적 자체였다"라고 주장한다 (1957 [1944], p.139). 추가로 고전주의학파 경제학자들이 시장 체제를 확립하는 데 필요한 정부의 개입, 특히 지방의 소규모 생산 업체들을 파괴해서 임금 노동자 계층을 형성하는 데 필요한 정부의 개입을 지지한 것에 대해서는 Perelman (2000) 참조.

무려 84년이 지났고, 워털루 전투에서 승리를 거둔 후 1846년 곡물법 폐지로 공식적인 승리를 거두기까지는 31년이 걸렸다."[49]

설상가상으로 자유 무역 체제는 오래 가지 않았다. 1880년대에는 이미 어려움에 처한 일부 영국 제조업자들이 보호 정책을 요구하기 시작했다. 미국과 독일의 공산품과의 경쟁에서 급속히 밀리기 시작한 20세기 초에 접어들면서 보호주의를 다시 도입하는 문제는 영국 정치권에서 가장 뜨거운 논란의 대상이 되었다. 이런 상황은 1903년 카리스마 넘치는 정치인 조지프 체임벌린Joseph Chamberlain의 주도로 결성된 '관세 개혁 연맹Tariff Reform League'이 휘두른 영향력만 봐도 잘 알 수 있다.[50] 마침내 영국이 제조업 최강국이 아님을 인정하고, 1932년 대규모로 관세를 재도입하면서 자유 무역 시대는 막을 내렸다.[51]

2 미국의 따라잡기 전략

리스트가 지적했듯이(서론 참조) 영국은 최초로 유치산업 보호 전략을 성공적으로 이끈 나라이다. 그러나 이 전략을 가장 열심히 따른 나라는 아마도 미국일 것이다. 저명한 경제사학자 폴 베어록Paul Bairoch은 미국을 가리켜 "현대적 보호주의의 탄생지이자 요새"라고 부른 적도 있다.[52]

49 Fielden 1969, p.82.
50 관세 개혁 연맹의 부침과 체임벌린의 역할에 대해서는 Clarke (1999) 참조.
51 Bairoch 1993, pp.27~28.
52 Bairoch 1993, p.30.

그러나 이 사실은 현대 문헌, 특히 미국에서 나오는 문헌에서는 거의 언급되지 않고, 다른 면에서는 아는 것이 많은 사람도 대부분 이 점을 인식하지 못하는 듯하다. 심지어 유럽 산업 혁명의 권위자인 경제사학자 클라이브 트레빌콕Clive Trevilcock도 1879년 독일이 관세를 도입한 데 대해 논평하면서 "심지어 자유 무역 국가인 미국"을 포함해 전 세계 모든 국가가 관세를 올리고 있었다고 말했다.[53]

미국의 관세가 높았었다는 사실을 인정할 때조차 그 중요성은 과도하게 폄하되는 경우가 많다. 예를 들어 최근까지도 미국 경제사 분야에서 표준적 정설로 받아들여지고 있는 논문에서 노스D. North는 관세를 딱 한 번 언급하고, 그마저도 미국의 산업 발전사를 설명하는 데 중요하지 않은 요소로 간주해 버린다. 그는 논거를 제대로 증명하지도 않고 극도로 편향된 2차 자료(고전으로 간주되는 F. 타우시그의 연구, 1892) 단 하나만을 인용하면서, "남북 전쟁 후 관세를 통한 보호주의 경향이 강해지기는 했지만 제조업의 확산에 큰 영향을 끼쳤는지는 확실치 않다"[54]라고 결론지었다.

그러나 역사를 더 주의 깊고 편중되지 않게 살펴보면 미국의 발전에 유치산업 보호가 한 역할은 아무리 강조해도 지나치지 않을 정도로 중요하다는 사실을 알 수 있다. 연방 정부가 탄생하기 전 미 대륙의 식민지화 초기부터 국내 산업 보호 문제는 논란의 대상이었다. 먼저 영국은 식민지들이 산업화되는 것을 원하지 않았기 때문에 거기에 맞는 정책을 썼다(더 자세한 내용은 1부 2장 '선진국의 앞서가기 전략과 따

53 Trebilcock 1981, p.83.
54 North 1965, p.694.

라잡기 국가들의 대응' 참조). 영국에서 독립할 즈음 농업을 위주로 하는 남부의 주는 자신들의 이익에 부합되지 않는 보호주의 정책에 반대한 반면에 미국 초대 재무부 장관(1789~1795)을 역임한 알렉산더 해밀턴Alexander Hamilton 등의 인사들이 대표하는 북부의 제조업 부문에서는 보호주의 정책을 원했다.[55]

사실 유치산업 보호론을 체계적으로 정립한 사람이 리스트가 아니라《제조업에 관한 재무부 장관의 보고서Reports of the Secretary of the Treasury on the Subject of Manufactures》(1791)의 저자인 해밀턴이라고 생각하는 사람들이 많았다.[56] 실제로 헨더슨Henderson과 라이너트Reinert에 따르면 리스트는 처음에는 자유 무역을 옹호하다가 미국에서 망명 생활을 한 후(1825~1830)에야 유치산업 보호론으로 전향했다. 미국에 사는 동안 그는 알렉산더 해밀턴과 당시 저명한 미국 경제학자이자 강력한 유치산업 보호론의 옹호자인 대니얼 레이몬드

---

[55] 물론 누군가의 '물질적' 상황과 '지적' 입장 사이의 관계를 단순히 일대일 식의 상응 관계로 규정할 수는 없다. 남부 출신의 노예 소유주였는데도 제퍼슨은 유치산업 보호를 강하게 지지했다. 반면에 북부 제조업 지역 출신이자 산업 발명가로 이름을 날린 벤자민 프랭클린은 유치산업 보호론을 지지하지 않았는데도 미국의 제조업을 보호해야 한다는 데에는 동의했다. 유럽 산업계에서는 최저 생계 임금만을 지불하고도 생산을 할 수 있는 반면에, 미국은 땅이 넓고 노동력은 부족하기 때문에 최저 임금만으로는 노동력을 확보할 수 없다는 것이 프랭클린을 설득한 이유였다 (Kaplan 1931, pp.17-27 참조).

[56] Corden 1974, chapter 8; Freeman 1989; Reinert 1996. 물론 해밀턴 전에도 유치산업 보호의 필요성을 언급한 사상가들이 있다. 이에 관해서는 Reinert (1995)를 참조할 것. Bairoch (1993)에 따르면 해밀턴의《보고서》가 나온 때와 리스트의《정치경제학의 민족적 체계》가 나온 시기 사이에 독일의 뮐러Adam Müller, 프랑스의 샤프탈Jean-Antoine Chaptal, 뒤팽Charles Dupin 등의 사상가들이 유치산업 보호론을 지지하는 논문을 발표했다 (p.17).

Daniel Raymond의 저작을 접했다.[57]

《보고서》에서 해밀턴은 단기간에 국제적인 경쟁력을 갖출 수 있는 산업(유치산업)이라도 초기의 손실분을 정부가 지원해 주지 않으면 외국으로부터 경쟁과 '타성force of habit' 때문에 미국 내에서 탄생조차 힘들 것이라고 주장했다.[58] 그는 이 정부 지원이 수입 관세의 형태를 띨 수도 있고, 혹은 드물지만 수입 금지의 형태를 띨 수도 있다고 언급했다.[59] 흥미롭게도 이 시각과 월폴의 주장이 매우 유사한데, 동시대 미국인들 특히 해밀턴의 정치적 라이벌들은 이 부분을 놓치지 않았다.[60] 이와 더불어 해밀턴과 월폴의 견해는 2차 대전 후 동아시아 국가들이 썼던 산업 정책과도 놀라울 정도로 비슷하다는 점도 주목할 만하다(1부 1장 '7 일본과 동아시아 신흥공업국들의 따라잡기 전략' 참조).

처음에는 미국도 연방 차원의 관세 체제를 갖추고 있지 않았고, 의회가 관세를 부과할 권한을 확보하려던 1781년의 시도도 실패로 끝

---

57 Henderson 1983; Reinert 1998. 리스트의 인생과 학문에 관한 자세한 사항은 Henderson (1983)을 참조. 리스트의 주장은 1841년에 발표된 《정치경제학의 민족적 체계》에 담겨 있다. 그러나 슈피겔Spiegel에 의하면 국가 '생산력'의 발전에 관한 리스트의 초기 주장은 펜실베이니아의 보호주의자들을 위해 1827년에 집필한 《미국 정치경제학의 개요Outlines of American Political Economy》에 나타난다 (Spiegel 1971, pp.362-363).

58 Bairoch (1993, p.17)은 '유치산업'이라는 용어를 해밀턴이 만들어 냈다고 기술한다.

59 Dorfman and Tugwell 1960, pp.31-32; Conkin 1980, pp.176-177.

60 엘킨스Elkins와 맥키트릭McKitrick은 "해밀턴의 계획이 진행되면서 그의 정책들—상당한 규모의 국채, 강력한 국립 은행, 소비세, 정부가 보조금을 대는 제조업, 종국에 가서는 심지어 상비군—이 모습을 드러냈는데 월폴의 원칙과 유사한 부분이 더욱 명확해졌다. 해밀턴의 이런 원칙 모두에 하나하나 반대하기 위해 만들어진 것이 '제퍼슨주의'였다" (1993, p.19).

낳다.[61] 의회는 조세 부과 권한을 확보한 다음 자유주의적 관세법을 통과시켜(1789년) 대마, 유리, 못 등 몇 가지를 제외한 모든 수입품에 일괄 5퍼센트의 관세를 부과했다. 1792년 많은 품목에 대한 관세가 인상되었지만 여전히 광범위한 유치산업 보호 정책과 보조금이 필요하다고 주장하는 해밀턴이 권고한 수준에는 못 미쳤다. 그 후 영국과 전쟁을 벌이기 전까지 관세는 평균 12.5퍼센트에 머물렀지만 전쟁 비용을 감당하기 위해 1812년에 모든 관세가 두 배로 인상되었다.[62]

1816년 새로운 법이 통과되면서 미국의 정책에 상당한 변화가 일어났다. 리스트가 지적했듯이(서론 참조) 영국과의 전쟁으로 인해 의도치 않은 '자연적' 보호를 받고 성장한 유치산업이 무시할 수 없는 정치적 영향력을 갖게 되면서 전시와 비슷한 수준의 관세를 유지할 수 있는 법이 제정된 것이다. 이는 정부가 더 이상 관세로 인한 세수를 필요로 하지 않는 데에도 취해진 조처로 특히 면, 모직, 철 제품의 보호에 초점이 맞추어졌다.[63] 1816년에 제정된 이 관세법에 따라 거의 대부분의 공산품에 약 35퍼센트의 관세가 부과되었고[64], 표 1.1을 보면 1820년에는 공산품에 대한 미국의 관세는 평균 40퍼센트 가량인 것을 알 수 있다. 처음에는 모두가 이 조처를 환영했다. 심지어 높은 관세의 보호 아래 산업을 개발해 보겠다는 희망을 가진 남부의 주들도 긍정적이었다. 그러나 얼마 가지 않아 남부의 주들은 더 우수한

---

61 Garraty and Carnes 2000, pp.139-140.
62 Garraty and Carnes 2000, pp.153-155, 210; Bairoch 1993, p.33.
63 Garraty and Carnes 2000, p.210; Cochran and Miller 1942, pp.15-16.
64 Bairoch 1993, p.33.

품질의 영국 공산품을 수입하고 싶어 했고, 기대만큼 남부의 공업이 성장해 주지 않았기 때문에 이 정책에 등을 돌렸다.[65]

남부의 농업을 대표하는 이익 집단들은 뉴잉글랜드(특히 뉴욕)의 선박업자들과 합세해서 1820년, 1821년, 1823년에 발의된 법안이 통과하지 못하도록 막는 데 성공했다.[66] 그러나 1824년에 더 높은 관세를 부과하는 새로운 법안이 제정되었다. 뒤를 이어 1828년 제정된 관세법은 '추악한 관세'라는 별명을 얻으며 나라를 더 심각하게 분열시켰다. 이번에는 북부와 서부의 농업 이익 집단들이 자기들이 생산하는 원자재와 저부가가치 공산품(예를 들어 모직, 대마, 아마, 모피, 주류)에 높은 관세를 부과해서 뉴잉글랜드의 제조업 중심 주들과 긴장 관계가 형성되었기 때문이다.[67]

거기에서 그치지 않고 1832년에 새 관세법이 또 통과되었다. 이번에는 공산품에 평균 40퍼센트의 관세를 부과하고—남부에서 원하던 감소폭에 비해 터무니없이 적은 인하폭이었다—철과 섬유 제품에 특히 강한 보호 정책이 마련되었다(모직 가공물에 대해서는 40~45퍼센트, 의류에는 50퍼센트). 결국 사우스캐롤라이나주에서 이 법을 받아들이기를 거부하면서 소위 '무효화 위기Nullification Crisis'가 촉발되었다. 1833년에 통과된 타협안에는 즉각적인 관세 축소 품목은 많지 않았지만 향후 10년에 걸쳐 점차적으로 세율을 낮춰 공산품에 25퍼센트, 모든 품목에 20퍼센트까지 관세를 떨어뜨리는 목표에 대한 합의

65 Garraty and Carnes 2000, p.210.
66 Cochran and Miller 1942, p.16.
67 Garraty and Carnes 2000, pp.219, 221.

가 이루어졌다. 그러나 1842년에 계획한 감소치에 이르자마자 새로운 관세법이 제정되어 관세는 다시 1832년 수준으로 인상되었다.[68]

1846년 관세법에서 보호의 수준을 낮추었지만, 51개의 가장 중요한 수입 품목에 대한 종가세從價稅ad valorem duty는 여전히 평균 27퍼센트 수준이었다. 1857년에 추가로 관세 삭감이 이루어졌는데, 이는 민주당원들과 양 원모를 '비관세 품목free list'에 포함시키기를 원하는 의류 제조업자들, 그리고 철강의 무관세 수입을 원하는 철도 사업자들이 연합을 해서 따낸 결과였다. 베어록은 1846년부터 1861년 사이의 기간을 "온건한 보호주의modest protectionism"의 시기로 서술했다.[69] 그러나 이런 표현은 미국이 이 방면에서 역사적으로 유지해 온 강도에 비해 '비교적 온건하다'는 것일 뿐이다(표 1.1 참조). 또 한 가지 주목할 점은 이 시기의 운송 비용이 매우 높았다는 사실이다. 1870년대까지는 계속 운송 비용이 높았기 때문에 미국의 관세는 유럽 국가들과 같은 수준이더라도 유럽의 관세에 비해 더 높은 장벽 역할을 할 수 있었을 것이다.[70]

남부와 북부 사이에 관세와 노예 문제를 둘러싸고 형성된 긴장 관계는 계속 악화되다가 결국 남북 전쟁(1851~1855)으로 폭발하기에 이르렀다. 흔히 남북 전쟁이 노예 문제만으로 벌어진 전쟁이라고 생각

---

68 Bairoch 1993, p.34; Garraty and Carnes, 2000, pp.262-263, 328; Cochran and Miller, 1942, p.18.
69 Garraty and Carnes 2000, p.335; Bairoch 1993, pp.34-35; Luthin 1994, p.611.
70 대서양을 횡단하는 증기선이 정기적으로 운행되기 시작한 것은 1838년이지만, 증기선이 범선을 제치고 주요 해상 교통 수단으로 자리 잡은 것은 1870년대에 들어서였다 (O'Rourke and Williamson 1999, pp.33-34).

들 하지만 사실은 관세도 중요한 원인이었다. 개러티Garraty와 칸스
Carnes는 "대다수의 북부인들은 노예 해방을 위해 전쟁까지 감수하려
하지는 않았을 것이다. 노예 문제는 남부가 연방을 탈퇴한 근본 원인
이었지만, 이에 대한 북부의 반발은 노예 문제보다는 남부의 연방 탈
퇴에 초점이 맞춰져 있었다. 북부 사람들은 연방의 유지에 헌신적이었
기 때문이다"[71]라고 밝혔다. 게다가 남부에서는 관세를 연방에 속함으
로써 지게 되는 주된 부담으로 간주했지만 노예 제도의 폐지는 아직
이론적 가능성일 뿐이라고 여겼다는 점을 고려해 보면 남부가 연방을
탈퇴하는 데 관세 문제의 중요성은 아무리 강조해도 지나치지 않다.

공화당이 1860년 대선에서 강화된 보호주의 정책을 계속 유지하겠
다는 공약을 내걸지 않았으면 링컨Abraham Lincoln의 승리는 불가능
하다고까지는 할 수 없을지 모르지만 매우 힘들었을 것이다.[72] 보호주
의 공약 덕분에 보호주의 진영의 대표 주인 펜실베이니아와 뉴저지
가 그때까지의 노선을 바꿔 공화당 지지로 돌아섰기 때문이다. 사실
공약(12번 강령)에는 당내의 자유 무역 지지자들을 달래기 위해 의도
적으로 애매한 문구가 사용되었다.[73] 그러나 동시에 '진정한 공화당

71 Garraty and Carnes, 2000 p.405.
72 Luthin 1944, pp.614-624. 기억해야 할 점은 보호주의자들인 휘그당과 공유 토지의
무상 분배를 주장하면서도 전반적으로 자유 무역을 원했던 서부 민주당의 연합으로
탄생한 초기 공화당은 공공연하게 보호주의 정당을 표방하지는 않았다는 사실이다.
73 강령은 "수입품에 대한 관세를 부과해 연합 정부를 운영할 자금을 마련하는 한편, 국
가의 산업을 발전시키기 위해서 수입을 조절하는 건전한 정책이 필요하다. 우리는 노
동자에게는 충분한 임금, 농산품에는 높은 가격, 기계공과 제조업자들에게는 그들의
기술, 노동, 기업가 정신에 대한 적절한 보상을 확보하고 국내 상업의 번영과 독립을
유지할 수 있는 정책을 추진할 것이다"라고 되어 있다 (Borit 1966, p.309에서 인용함).

보호주의자'라는 링컨의 이미지 덕분에 일단 선거에 승리하고 나면 공약의 정신을 제대로 구현할 수 있는 사람으로 여겨졌기 때문에 보호주의 진영의 주들도 공화당을 받아들일 수 있었다.[74]

정치가의 길에 들어선 초기에 링컨은 강경한 보호주의를 내세운 휘그당의 주요 당원으로 활동했고, 카리스마 있는 정치인 헨리 클레이Henry Clay를 열정적으로 추종했다. 클레이가 내세운 유치산업 보호(국내 산업의 보호)와 기간 산업 개발(국토 발전)을 골자로 하는 '미국식 체제'는 자유 무역을 근간으로 하는 '영국식 체제'와 정반대 개념이었고, 링컨은 그의 견해에 전적으로 동의했다.[75] 비록 선거 유세 기간 동안 다양한 의견을 지닌 당원들로 이루어진 신생 정당의 단합을 위해 링컨은 관세를 비롯해 논란이 될 만한 일부 이슈에 대해서는 침

---

74 Lutin 1944, pp.617-618; Borit 1966, pp.302, 309-331. 한 목격자는 "펜실베이니아와 뉴저지 대표단들은 관세 결의안을 큰 박수로 환영했고, 그들의 기쁨은 점점 퍼져 나가 결국 거대한 강당 전체가 열광의 도가니가 되었다"라고 전한다. 또 다른 이의 기록에 따르면 "무대에서 '자국 산업 보호' 강령이 낭독된 후 청중들이 보인 반응은 선례를 찾기 힘들 정도였다. 천 명이 내는 소리와 만 개의 모자, 손수건이 휘날리며 열정적인 지지를 보냈다. 하늘을 찌를 듯한 환희가 느껴졌다"라고 한다. 두 증언 모두 Luthin (1944, p.617)에서 인용함.

75 Luthin 1944, pp.610-611; Fraysse 1986, pp.99-100. 링컨의 경제 고문 중 하나인 헨리 케리Henry Carey는 유명한 보호주의 경제학자였다(아래 참조). 링컨은 심지어 케리와 가까운 인사를 재무부의 관세 담당으로 임명하기까지 했다. 하지만 케리는 자기가 원하는 만큼 링컨이 따라주지 않아 좌절하기도 했다. 케리가 "링컨은 보호주의 덕분에 대통령이 되었다. 그가 거둔 모든 성공은 보호주의 덕분이었다. 그럼에도 불구하고 그는 지금까지 보호주의에 한마디 감사의 말조차 해 본 적이 없다. 보호주의와 결별하면 대통령은 막다른 골목에 부딪힐 것이다"라고 말했다고도 전해진다. (이 인용문은 케리가 노아 스웨인Noah Swayne에게 보낸 서한으로, 1865년 2월 4일에 스웨인이 케리에게 보낸 답장에 포함되어 있다. Carey Papers, Box 78; Luthin 1944, p.629에서 인용함.)

묵을 지켜야만 했지만[76], 필요하다고 생각할 때는 보호주의에 대한 자신의 신념을 굽히지 않고 드러내곤 했다.[77]

그는 늘 변함없이 노예 제도에 반대했지만, 그렇다고 강하게 노예제 폐지를 옹호하지도 않았다. 링컨은 흑인이 인종적으로 열등하다고 생각했고, 그들에게 선거권을 주는 것에 반대하는 입장이었다. 이런 사실들을 고려할 때 링컨이 대통령에 당선되면 남부는 노예 제도보다 관세에 대해 더 걱정해야 할 상황이었다. 사실 남북 전쟁 초기에 링컨은 연방을 유지할 수만 있다면 남부 주들의 노예 제도를 인정할 용의가 있다는 것을 확실히 밝히기도 했다. 따라서 1862년 가을 노예 해방법을 제정한 것은 전쟁에서 이기기 위한 전략이었지 도덕적 확신에서 나온 행동이 아니었다.[78]

1862년에 새로운 관세법이 채택되었다. 이 법은 남북 전쟁 기간 동안 인상되었던 소비세와 긴급 소득세를 '메꾸기 위한 것'이라고 위장하여 도입되었지만 실제로는 이전과 비슷한 보호 수준을 유지하기 위한 조치였다. 이로 인해 관세율은 "30년 이래 최고 수준이 되었는데 많은 경우 새로운 소비세를 메꾸는 데 필요한 것보다 훨씬 더 높은

---

76 공화당은 북부 제조업자들 이익 집단과 서부의 소규모 자영농들이 연합해서 1856년에야 만들어진 당이다.

77 Luthin 1944, pp.624-625; Borit 1966, pp.310-312.

78 Garraty and Carnes 2000, pp.391-392, 414-415; Foner 1998, p.92. 즉각적인 노예 해방을 촉구하는 신문 사설에 대해 링컨은 다음과 같이 썼다. "노예를 한 명도 해방시키지 않아야 연방을 살릴 수 있다면 그렇게 할 것입니다. 노예를 모두 해방시켜야 연방을 살릴 수 있다면 그렇게 할 것입니다. 일부는 해방시키고 일부는 해방시키지 않아야 연방을 살릴 수 있다면 그렇게 할 것입니다"(Garraty and Carnes 2000, p.405).

수준이었다."[79] 1864년에는 전쟁 비용을 충당하기 위해 관세가 이보다 더 인상되어서 또다시 기록을 갱신했다. 전쟁이 끝나고 다른 내국세는 모두 폐지가 된 후에도 관세는 같은 수준으로 유지되었다.[80] 이렇게 해서 남북 전쟁에서 북부가 승리를 한 후 미국은 1차 대전 심지어 2차 대전까지 유치산업 보호를 가장 투철하게 시행한 나라가 되었다. 여기에서 눈에 띄는 예외는 20세기 초 러시아뿐이다(표 1.1 참조).[81]

선거에서 민주당이 승리한 후 다음 해인 1913년 언더우드 관세 법안Underwood Tariff bill이 통과되어 "무관세 수입이 허용되는 품목이 대폭 늘어났고 평균 수입 관세율이 상당히 인하되었다."[82] 그 결과 공산품에 대한 평균 관세율이 44퍼센트에서 25퍼센트로 낮아졌다. 그러나 1차 대전이 발발하면서 이 법은 유명무실해졌고 1921년 공화당이 정권을 되찾으면서 1922년에 새로운 긴급 관세법을 통과시켰다. 이에 따라 1861~1913년 수준까지는 아니지만 수입 공산품에 대한 세율은 사실상 30퍼센트 수준으로 다시 올랐다.[83]

바그와티가 "어리석은 반무역 행위 중에서도 가장 눈에 띄고 극적인" 예라고 비난했던 스무트 홀리 관세가 대공황의 시작과 함께 1930

---

[79] Cochran and Miller 1942, p.106.

[80] 그러나 그 인상 폭이 지나치게 높아서 1862년의 관세 법안을 발의한 인물 중 하나였던 저스틴 모릴Justin Morrill 의원조차 1870년에 "전쟁 기간 중에 부과된 지나친 관세율을 고집하는 것은 타당한 관세를 지지하는 이들에 대한 실수"라고 논평하기도 했다. [최초에 타우시그의 《미국 관세사The Tariff History of the United States》(Putnam, 1903)에서 인용; Cochran and Miller 1942, p.106.]

[81] 그리고 적어도 이 시기 이전에 유럽과의 거리와 높은 운송료 덕분에 미국 제조 업계가 누린 자연적 보호의 효과도 무시할 수 없다 (Bairoch 1993, p.35).

[82] Bairoch 1993, p.37.

[83] Bairoch 1993, pp.37-38.

년에 등장했다.[84] 그러나 이런 평가는 오해를 불러일으킬 소지가 매우 크다. 스무트 홀리 관세는 국제적 관세 전쟁을 촉발했지만 미국이 그때까지 유지해 온 무역 정책에서 크게 벗어난 것이 전혀 아니었기 때문이다. 사실 관세 전쟁의 주된 이유는 이 법이 시행된 시점이 시의적절하지 못했다는 데 있다. 특히 1차 대전 후 최대 채권국으로 부상한 미국의 위상 때문에 그 파급 효과가 더 컸을 것이다.[85] 스무트 홀리 관세는 실제로는 미국의 보호주의 수위를 아주 약간 높인 정도에 지나지 않았다. 표 1.1에서 볼 수 있듯이 이 법으로 인해 공산품의 평균 관세율은 48퍼센트가 되었는데, 이 정도면 높은 편이기는 하지만 남북 전쟁 후 미국이 내내 유지해 오던 평균 관세율 범위를 벗어나지 않는다. 단지 1913~1929년 사이에 잠시 '자유주의'를 추종했던 시기와 비교하면 1930년 법이 보호주의를 강화한 것으로 해석될 수 있지만 그것도 그다지 큰 변화는 아니다. 표 1.1을 보면 1925년 공산품 평균 관세율이 37퍼센트였던 것이 1931년에 48퍼센트로 오른 것이기 때문이다.

미국이 마침내 무역을 자유화하고 자유 무역 사상을 옹호하기 시작한 것은 2차 대전 후로, 아무도 넘볼 수 없는 산업의 우위를 확보하고 나서였다. 그러나 미국은 영국이 자유 무역을 시행했던 시기(1860~1932)의 수준으로 시장 개방을 한 적이 한 번도 없다는 사실은 짚고 넘어가야 한다. 미국은 영국처럼 관세율을 0퍼센트로 낮춘 적도 없었을뿐더러 '숨은hidden' 보호 조치를 훨씬 더 적극적으로 사용했다. 자발적 수출 억제, (다자간 섬유 협정을 통한) 섬유와 의류에 대한 쿼

84 Bhagwati 1985, p.22, n.10.
85 Kindleberger 1990a, pp.136-137.

터제, (영국의 곡물법 폐지 조치와 대비되는) 농업 보호와 보조금, (특히 반덤 핑 관세 등을 통한) 일방적 무역 제재 등이 그 예들이다.[86]

앞에서 언급한 노스의 연구가 잘 말해 주듯이 보호주의에 대해 긍정적인 발언을 극도로 아꼈던 한 세대 전의 태도와는 대조적으로 이제는 미국 경제사를 연구하는 학자들을 중심으로 보호주의의 중요성을 인정하는 움직임이 늘어나고 있다. 현재 적어도 일부 주요 산업 부문, 예를 들어 19세기 초 섬유 산업과 19세기 후반 철강 산업 등의 개발에 보호 관세가 핵심적 역할을 했다는 데 대해서는 합의가 이루어진 듯하다.[87] 비록 일부 논평가들이 보호주의가 국가 전체의 복지에 미친 영향이 긍정적이었는지에 대해 의문을 제기하기는 하지만, 보호주의 정책을 편 기간 동안 미국이 기록한 경제 성장률을 보면 이 회의적인 태도가 완전히 편향되었다고는 할 수 없을지 몰라도 과도하게 조심스러운 감은 있다.

베어록은 19세기부터 1920년대까지 미국은 가장 강력한 보호주의 정책을 썼음에도 그 기간 동안 세계에서 가장 빨리 성장하는 나라였다고 지적한다.[88] 미국 역사상 보호주의 정책이 의미 있는 정도로 약화되었던 유일한 기간인 1846년에서 1861년 사이 경제에 눈에 띄는 긍정적 변화가 있었다는 증거는 어디에서도 찾아볼 수 없다. 정말 흥미로운 사실은 1830년에서 1910년 기간 중 1인당 국내총생산GDP

86 이런 점을 제기해 준 데 대해 하크Irfan ul Haque에게 감사를 전한다.
87 Lipsey 2000, pp.726-727.
88 Bairoch 1993, pp.51-52.

성장이 가장 빨랐던 20년을 두 개 고른다면 1870~1890년(2.1퍼센트)과 1890~1910년(2퍼센트)인데, 이 두 기간 모두 강력한 보호주의 정책을 운용했던 시기였다는 점이다.[89] 이 정도 되면 보호주의 정책의 강도와 전반적 성장률 사이의 상관 관계가 완전히 우연의 일치라고만 할 수는 없을 것이다. 실제로 오루크O'Rourke는 미국을 포함한 10개의 현재 선진국들이 '자유주의의 황금기'인 1875년에서 1914년 기간에 거둔 경제 성장은 보호주의의 강도(평균 관세율로 측정)와 깊은 관련이 있다는 것을 보여 주는 통계 수치를 제시한다.[90]

물론 많은 사람이 지적하듯이 일부 산업에 대한 보호 관세가 필요 이상으로 길게 유지된 것은 사실이다. 예를 들어 아직 논쟁이 계속되고 있기는 하지만[91] 미국의 면방직 제조업, 특히 저부가가치 상품 시

[89] Bairoch 1993, pp.52-53. 베어록에 따르면 세 번째로 빠른 성장을 기록한 20년 기간은 1850~1870년(1.8퍼센트)이었다. 그러나 이 기간의 기록은 다른 두 기간에 비해 평가하기가 더 어렵다. 무엇보다도 1850~1861년은 상대적으로(어디까지나 상대적으로) 보호주의 성향이 약한 기간이었던 데 반해 1862~1870년은 보호주의가 눈에 띄게 강화되었기 때문이다. 게다가 이 기간은 남북 전쟁(1851~1855), 전후 재건 등이 벌어졌기 때문에 다른 기간과 똑같이 다룰 수가 없다.

[90] O'Rouke (2000) 참조. 그가 예로 든 10개 국가는 오스트리아, 캐나다, 덴마크, 프랑스, 독일, 이탈리아, 노르웨이, 스웨덴, 영국, 미국 등이다.

[91] 면섬유 제조업의 발달에 관세가 한 역할은 뜨거운 논쟁거리가 되어 왔다. 타우시그는 최초로 "아마도 이르게는 1824년부터, 그리고 1832년부터는 확실히 면섬유 제조업 분야는 외국 기업과 대등한 경쟁을 할 능력을 갖추고 있었을 것이다"라고 주장한 최초의 학자였다 (1892, p.136). 빌스Bils는 이에 대해 반론을 제기한 자신의 연구를 다음과 같은 결론으로 끝마쳤다. "관세를 철폐했으면 섬유 산업의 부가가치가 적어도 4분의 3이 감소했을 것이다. 이는 뉴잉글랜드 지역 산업의 절반 가량이 도산했을 것이라는 의미이다" (1984, p.1045). 어윈Irwin과 테민Temin은 타우시그 편을 들면서 미국 면섬유 제조업자들이 영국 생산자들과 다른 상품을 특화해서 생산하고 있었기 때문에 관세를 철폐했어도 살아남았을 것이라고 주장한다. 그러나 그들과 빌스

장은 1830년대 이후에는 보호 정책이 필요없어졌다는 것이 현재 학계의 지배적 견해이다.[92] 또 필요한 관세라 할지라도 이익 집단의 압력 때문에 과도하게 높게 책정되었을 가능성도 크다. 미국의 정치 역사에서 이익 집단의 활동과 복잡한 협상 과정은 이미 잘 알려져 있다. 이런 문제점을 감안한다 하더라도 유치산업 보호 정책이 없었다면 미국 경제가 따라잡기 시기에 산업화를 이루어 내고 그만큼 빠르게 성장하기는 불가능했을 것이라는 점은 부인할 수 없다.

따라잡기 기간 동안 보호 관세가 중요한 역할을 했지만 미국 정부가 경제 개발을 위해 사용한 유일한 정책은 아니었다. 모릴 법Morrill Act이 제정된 것은 1862년이지만 1830년대부터 미국 정부는 광범위한 영역에서 농업 연구를 지원했다. 정부 소유 토지를 농과 대학들이 사용하는 것을 허가하고, 동물연구국이나 농화학연구국 등 정부 출연 연구 기관을 설립하는 등의 정책을 운용한 것이다. 19세기 후반에는 공교육 투자가 확대되었다. 1840년에는 교육 분야에 대한 총 투자 중 공적 투자가 절반에도 미치지 못했지만 1900년에 접어들면서 그

사이의 차이는 겉보기만큼 심각하지 않다. 어윈과 테민은 미국 생산자들이 고부가가치 부문에서는 영국 생산자들과 경쟁할 수 없다는 빌스의 주장에 반대하지 않았다. 이들은 대부분의 미국 생산자들이 실제로 그 부문에 속하지 않았다는 점을 지적했을 뿐이다.

[92] Engerman and Sokoloff 2000, p.400; Lipsey 2000, p.726. 원자재에 대한 관세가 낮게 유지된 점을 고려해 보면 아마 이것이 남북 전쟁 발발 직전까지 뉴잉글랜드 모직 산업이 1857년의 관세법이 제공하는 온건한 보호주의 수준에 대체로 만족하고 있었던 이유였을 것이다. 이와는 반대로 펜실베이니아, 뉴저지, 메릴랜드의 일부 지역, (광산에 대한 이해가 걸린) 웨스트버지니아주와 같이 철, 석탄을 중심으로 새로운 세대의 중공업이 발전하던 지역은 보호주의를 강력히 지지했다 (Luthin 1944, pp.615-620).

수치는 80퍼센트로 늘어났고, 1900년에 측정한 문맹률은 6퍼센트로 줄어들었다. 또 교통 기간 시설 개발을 촉진하는 데 미국 정부가 한 역할, 특히 철도 회사들에게 땅과 보조금을 대준 것은 미국의 개발 과정에서 핵심적 역할을 했다.[93]

2차 대전이 끝난 후에도 산업 개발 부문에서 미국 연방 정부가 상당한 역할을 했다는 점도 간과하면 안 된다. 미국 연방 정부는 방대한 양의 군수 물품 조달과 연구 개발에 막대한 예산을 투입했고, 이는 엄청난 파급 효과를 가져왔기 때문이다.[94] 미국 내 총 연구 개발 지출에서 연방 정부가 담당하는 비율이 1930년에는 16퍼센트[95]였지만, 2차 대전 이후에는 2분의 1에서 3분의 2 정도 수준을 유지했다.[96] 미국이 전반적으로 기술력의 우위를 잃은 후에도 여전히 국제적 경쟁력을 갖추고 있는 컴퓨터, 항공, 인터넷 등의 산업 부문은 연방 정부의 국방 관련 연구 개발 기금이 없었다면 존재하지도 않았을 것이다.[97] 제약, 바이오테크 연구 개발을 지원하는 데 미국 정부 기관인 국립보건원National Institute of Health이 해낸 핵심적인 역할 또한 이 맥락에서 언급하고 넘어가야 할 것이다. 미국 제약업 협회에서 제공한 정보를 보아도 제약 연구 개발의 43퍼센트만이 제약 업계 자체적으로 조달

---

93 Kozul-Wright 1995, pp.100-102, 특히 P.101, n.37.

94 Shapiro and Taylor 1990, p.866; Owen 1966, chapter 9; Mowery and Rosenberg 1993.

95 Owen 1966, pp.149-150.

96 Mowery and Rosenberg 1993, table 2.3.

97 샤피로Shapiro와 테일러Taylor는 이 문제를 다음과 같이 명료하게 요약한다. "미 국방부와 맺은 계약과 민간 연구 지원이 없었으면 군수 부문에서건 민간 부문에서건 보잉사는 지금의 보잉사가, IBM은 지금의 IBM이 아닐 것이다."

한 것이고, 국립보건원이 29퍼센트나 담당한 것을 알 수 있다.[98]

19세기에 미국은 보호주의 정책의 가장 강력한 보루였을 뿐 아니라 지적 본산이기도 했다. 당시 미국의 지식인들 사이에서는 "새로운 나라는 구세계에 팽배했던 것과는 다른 정치 제도와 경제적 조건에 뿌리를 둔 새로운 경제학을 필요로 한다"[99]라는 신념이 널리 퍼져 있었다. 그 중 일부는 규모가 큰 유럽 기업들이 공격적 덤핑으로 미국 기업들을 고사시킨 후 독점 가격으로 돌아갈 가능성이 있으므로 국제 경쟁력을 갖춘 산업들도 높은 보호 관세가 필요하다고 주장하기까지 했다.[100]

1875년이 지나고 19세기 말로 진입할 때까지도 외부 영향을 받지 않고 사상을 발전시킨 당대의 미국 경제학자들 대부분은 유치산업 보호를 강하게 옹호했다. 잘 알려진 유치산업론자 대니얼 레이몬드(리스트에게 영향을 끼쳤다)와 매튜 케리Mathew Carey는 19세기 초 미국 경제학계를 이끈 대표적 학자였고, 19세기 중반부터 말까지는 매튜 케리의 아들 헨리 케리Henry Carey가 학계에 가장 큰 영향을 끼쳤다. 마르크스Marx와 엥겔스Engels가 1850년대 초 "미국 유일의 중요한

---

[98] http://www.phrma.org/publications.

[99] Spiegel 1971, p.364.

[100] Conkin 1980, p.188. 극단적 보호주의자의 가장 좋은 예는 윌러드 필립스Willard Philips로 그는 캘빈 콜턴Calvin Colton과 함께 19세기 초반 가장 유명했던 유치산업 보호론 캠페인의 대표적인 옹호자였다. 필립스는 미국 최초의 경제학 교과서 두세 권 중 하나로 꼽히는《정치경제학 입문A Manual of Political Economy》을 집필했다(Conkin 1980, p.178).

경제학자"[101]라고 평할 정도였던 헨리 케리는 링컨의 경제 고문[102]이 기도 했다(상당한 좌절감을 느껴야만 했겠지만 말이다). 불행히도 이 경제학 자들은 미국 경제 사상사에서 존재 자체가 지워져 버린 상태이다. 그러나 당시 지적 영향력이 더 컸던 사람들은 미국의 고전주의 경제학 자들(당시 영국 경제학계에서는 이류로 간주되었다)이 아니라 그들이었다.

이 부분에서 특히 흥미로운 사실은 미국의 따라잡기 시대에 활동 했던 지식인들과 정치인들은 영국의 고전주의 경제학자들이 펼쳤던 자유 무역 이론은 자국의 실정에 맞지 않다는 것을 명확히 이해하고 있었다는 사실이다. 라이너트는 결국 실패로 그쳤지만 토머스 제퍼 슨Thomas Jefferson이 리카도의《정치경제학과 과세의 원리에 대하여 Principles of Political Economy and Taxation》를 미국에서 출판하는 것을 막으려던 이유도 바로 여기에 있었다고 해석한다.[103] 라이너트는 리 스트와 동시대 인물이었던 한 미국 하원 의원이 영국의 무역 이론은 "대부분의 영국 공산품과 비슷해서 수출을 위한 것이지 국내 소비용 은 아니다"라고 한 발언이 실린 부분을 리스트의 저서에서 인용하기 도 한다.[104]

앞에서도 언급했지만 19세기 초 가장 권위 있는 보호주의 정치인 이며 에이브러햄 링컨의 젊은 시절 멘토였던 헨리 클레이는 자신의

---

101 케리의 삶과 저작에 대해서는 Kaplan (1931) 참조.
102 마르크스와 엥겔스의《선집: 1848~1895년 미국인들에게 보낸 편지Letters to Americans 1848~1895: A Selection》(뉴욕, 인터내셔널 퍼블리셔스, 1953) 중 1852년 3월 5일에 바 이데마이어Weydemeyer에게 보낸 서신 (Frayssé 1994, p.224, n.46에서 인용함).
103 Reinert 1996, p.5.
104 Reinert 1998, p.296. 원 출처는 리스트,《선집Gesammelte Werke》, vol. 5, p.338.

경제 정책 강령을 "미국식 체제American System"라고 불렀다. 자유 무역을 내세운 "영국식 체제British System"와 노골적으로 대비시키려는 의도가 다분하다. 세월이 조금 흐른 후 헨리 케리는 심지어 자유 무역론은 미국을 원자재 수출국의 역할에 붙잡아 두려는 영국의 제국주의적 의도에서 나온 것이라고 주장하기까지 했다.[105] 케리가 중요한 지적 기반을 제공한 1860년 선거 운동 중 일부 보호주의적 주 출신 공화당원들은 민주당원들을 "남부, 친영국, 반관세, 분리주의 정당[이탤릭체 추가]"이라고 비하하기도 했다.[106]

3 독일의 따라잡기 전략

오늘날 독일은 유치산업 보호의 지적, 정책적 발상지로 널리 알려져 있다. 그러나 역사적으로 볼 때 보호 관세는 영국이나 미국에 비해 독일의 경제 발전에 그다지 중요한 역할을 하지 않았다.

1834년 독일 관세 동맹이 체결되기 전 프로이센의 산업을 보호하기 위한 관세와 그 후 독일 산업계가 입은 관세 혜택은 전반적으로 낮은 편이었다. 이 시기 독일 산업화 연구의 권위자인 트레빌콕은 "관세 동맹이 부과한 관세는 효과적으로 '유치산업을 보호'하기에는 충분하지 못했다. 철강 제조업 분야마저 1844년까지도 관세가 전혀 없었고, 그 후로도 성공적인 보호 관세의 혜택을 보지 못했다"라고 단언

---

105 Conkin 1980, pp.287-288.
106 Luthin 1944, p.616.

한다.[107] 프로이센 정부는 관세 동맹을 맺은 다른 정부들이 가하는 관세 인상 압력에 계속 저항했다. 1844년에 철강, 1846년에 면실에 대한 관세 인상이 있었지만 상대적으로 낮은 수준이었다. 그 후 독일 관세 동맹국들의 관세는 1862년 프랑스와 양자간 자유 무역 협정, 1870년 철강 관세 삭감 조처 등을 포함해 1870년대 후반까지 계속 하향 곡선을 그렸다.[108]

그러나 1879년 독일 총리 비스마르크Otto von Bismarck는 융커들 Junker(19세기 독일 귀족, 지주)과 중공업 산업가들 사이의 연합, 즉 '철 강과 호밀의 결혼'이라는 별칭을 얻은 정치적 동맹 관계를 굳건하게 하기 위해 관세를 대거 인상했다.[109] 그러나 그렇게 인상을 한 후에도 추가로 상당한 보호를 받은 분야는 농업과 특히 철강 같은 주요 중 공업 분야뿐이었고, 전반적인 산업 보호 장벽은 낮은 상태에 머물렀 다.[110] 표 1.1에서 볼 수 있듯이 독일 제조업이 받은 보호 관세는 19세 기 전체와 20세기 전반부까지 비슷한 나라들 중 최저 수준이었다.

상대적으로 보호 관세가 낮았다고 해서 독일 정부가 경제 개발에 대해 자유방임주의적 접근을 한 것은 아니었다. 후에 독일을 통일한 프로이센은 프리드리히 빌헬름 1세Friedrich Wilhelm(1713~1740)와

107 Trebicock 1981, p.41. 추가로 Blackbourn (1997, p.117)도 참조. 그러나 틸리Tilly는 오 니시T. Ohnishi가 독일 괴팅겐 대학에 제출한 독일어로 된 박사 학위 논문에서 독일 관세 동맹의 기반이 된 프로이센 통상 연맹은 "놀라울 정도로 중요한 (그리고 점점 증 가하는) 보호주의적 효과가 있었다"라고 주장한 부분을 인용한다 (Tilly 1991, p.191).
108 Kindleberger 1978, p.196; Fielden 1969, pp.88-90.
109 Taylor (1955)는 비스마르크의 정치 사상과 행적에 대한 고전적 텍스트이다.
110 Blackbourn 1997, p.320.

프리드리히 대왕Friedrich der Grosse(1740~1786) 때 새 산업을 활성화하기 위한 정책들을 시행했다. 보호 관세(앞에서 지적했듯이 이 방법만을 단독으로 써서는 큰 의미가 없다), 독점 허용, 왕립 공장에서 싼 값에 원료를 제공하는 등의 일반적인 방법도 물론 사용했지만, 더 중요한 것은 주요 산업 분야에 정부가 직접 관여했다는 사실이다.[111]

프리드리히 대왕이 즉위했을 당시 프로이센은 실질적으로 원자재 수출국이었고, 모직과 마 의류만이 유일한 공산품 수출 품목이었다. 프리드리히 대왕은 선왕의 중상주의 정책을 이어받아 다양한 산업, 특히 섬유(주로 마직류), 금속, 무기, 도자류, 실크, 설탕 정제 산업의 육성에 나서서 독점권 부여, 보호 무역, 수출 보조금, 자본 투자, 해외 숙련공 영입 등의 정책을 추진했다.[112] 프리드리히 대왕은 또 다수의 기업에게 의뢰해 오늘날 '경영 자문'이라고 부르는 기능을 수행하도록 해서 새 산업, 특히 금속 식기류, 제당, 금속 및 군수품 산업 부문을 개척하도록 했다. 이런 '시범 공장model factories'들은 여러 면에서 온실 식물과 비슷해서 가혹한 시장 경쟁에 노출되면 살아남지 못할 확률이 컸지만 새 기술을 소개하고 '전시 효과demonstration effect'를 내는 중요한 기능을 했다.[113]

프로이센을 군사 강대국으로 변신시키고자 하는 야망을 품었던 프리드리히 대왕은 산업 지역인 실레지아를 합병하고, 그 지역을 개발하는 작업에 착수했다. 그는 특히 철강과 마섬유 산업에 집중해서 독

---

111 Trebilcock 1981, p.26.
112 Henderson 1963, pp.136-152.
113 Trebilcock 1981, pp.26-27.

일 최초의 용광로를 이 지역에 설치하고, 베틀을 1인당 한 대씩 무상 제공하는 조건으로 외국의 숙련 직조공들을 영입했다. 실레지아를 '독일의 무기고'로 개발하는 계획은 프리드리히가 사망한 후에도 역동적인 기업가적 관료들이 물려받아 계속 추진했다.[114]

아마도 그런 이들 중 가장 중요한 인물이 그라프 폰 레덴Graf von Reden일 것이다. 그는 18세기 후반부터 19세기 초에 걸쳐 정부 지원 아래 산업 스파이 활동과 숙련공들을 유인하는 전략을 써서 더 발전한 나라, 특히 영국으로부터 철 정련 기술, 코크스 용광로, 증기 기관 등의 선진 기술을 성공적으로 도입했다. 또 다른 주요 인물로는 1816년 재무부 내 통상산업 국장으로 임명된 페터 보이트Peter Beuth가 있다. 보이트는 1820년에 유명한 거베르버인스티투트Gewerbeinstitut(기술학교)를 설립해서 숙련공들을 훈련하고, 새로운 기술의 정보를 얻기 위한 외국 여행 보조금을 지급하는 한편, 외국산 기계들을 모아서 복제품을 만들고(원본은 민간 기업들에게 주고), 특히 기계, 증기 기관, 기관차 산업 부문에서 창업을 지원했다.[115]

1842년 무렵에 실레지아는 기술 면에서는 영국과 거의 동등한 수준이고, 유럽에서는 명실상부 가장 개발된 지역이었다. 실레지아에

---

114 Henderson 1963; Trebilcock 1981, pp.27-29.

115 Trebilcock 1981, pp.27-28; Kindleberger 1978, p.192; id. 1996, p.153. 특히 성공을 거둔 것은 기관차 생산 지원 사례였다. 1841년 보르지히August Borsig가 보이트의 도움으로 기관차 공장을 설립했을 당시, 독일에서 사용되고 있던 기관차 20대 모두가 수입품이었다. 1854년에 접어들 무렵 기관차는 더 이상 수입하지 않게 되었다. 보르지히는 독일에서 사들인 기관차 69대 중 67대를 생산했고, 폴란드에 6대, 덴마크에 4대를 수출했다. - "효과적으로 수입 대체를 하고 수출로까지 이어진 고전적 성공 사례이다"(Kindleberger 1996, p.155).

서 거둔 성공은 원래 의도했던 대로 아주 좁은 범위의 방위 관련 산업 분야에 국한되었고 다른 지역으로 쉽게 파급되지 않았다. 그러나 따라잡기 단계의 경제에서 부족한 기업가적 정신과 능력을 정부가 어떻게 보완할 수 있는지를 보여 준 중요한 예가 되었다.[116]

19세기 초 이후 프로이센 정부는 실레지아에서 사용했던 방법보다 덜 직접적이고 더 정교한 개입 정책들을 고안해 냈다. 그 중 중요한 사례는 루르 지방의 도로 건설에 필요한 재원을 정부가 댄 일이다.[117] 또 교육 개혁을 통해 새 학교와 대학을 짓는 것뿐 아니라 교육의 방향을 신학에서 과학과 기술로 변화시킨 것도 주목할 만한 사례이다. 당시는 영국의 옥스포드와 케임브리지 대학에서도 과학과 기술을 가르치지 않던 시절이었다. 이 시기 독일의 고등 교육이 뛰어났다는 사실은 1820년에서 1920년 사이에 약 9000명의 미국인들이 독일로 유학을 갔다는 점으로 미루어 짐작할 수 있다.[118]

19세기 초반에는 프로이센 정부의 개입 정책 중 은행업의 발전을 반대한 것과 같이 성장을 지연시키는 결과를 낳는 정책도 있기는 했다.[119] 그러나 우리는 "산업 개발을 시도하는 나라들에게 경제학자들

---

116 Trebilcock 1981, pp.28-29, 76. 민간에서 이런 정신과 동기를 찾기 힘들었던 것이 2차 대전 직후 다수의 개발도상국에서 국영 기업을 설립했던 주요 원인이었다(이 문제에 대한 더 자세한 논의는 Chang and Singh 1993 참조).

117 Milward and Saul 1979, p.417.

118 Kindleberger 1978, p.191; Balabkins 1988, p.93. 교육 방향의 전환은 1960년대에 한국에서 벌어진 현상과 유사하다. 그 시기 한국 정부는 인문 사회 과학 분야보다 자연 과학 및 기술 분야의 대학 정원을 상대적으로 대폭 늘렸다. 그 결과 이 두 분야 사이의 모집 정원 수는 1960년대에 0.6 대 1에서 1980년대 초 1 대 1로 변화했다. You and Chang (1993) 참조.

119 Kindleberger 1978, pp.199-200.

이 영국이나 프랑스에서 벌어진 일을 이상화하고, 심히 단순화시켜서 보여 주는 모델보다 19세기 초 독일 정부가 취한 태도가 경제 현실과 훨씬 맞닿아 있다"[120]라고 선언한 밀워드Milward와 솔Saul의 결론에 동의하지 않을 수 없다.

1840년대 이후 민간 부문이 성장하면서 산업 발전에 독일 정부가 가시적으로 개입하는 일은 줄어들었다. 그러나 정부가 완전히 종적을 감추었다기보다는 지시를 내리는 역할에서 안내를 하는 역할로 변신했을 뿐이다. 예를 들어 유망한 혁신가들에게 장학금을 주고, 능력 있는 기업들에게 보조금을 지급하며, 새 기계와 산업 공정을 주제로 한 전시회를 조직해 주는 것 등이 이 시기의 대표적 정책들이었다.[121]

제2제국(1870~1914) 기간 동안 민간 부문이 더욱 발전했고, 더 강해진 융커들이 산업 발전이나 관료제의 강화를 원하지 않았기 때문에 정부의 자율성과 역량이 손상되기 시작했다.[122] 트레빌콕은 산업 발전 면에서 이 기간에 독일 정부가 수행한 역할은 관세를 부과하고, 1890년대까지는 비공식적으로 1920년대 이후에는 공식적으로 카르텔을 감독하는 정도에 국한되었다고 주장한다(독일 카르텔에 관한 더 자세한 내용은 2부 1장 '4.4 경쟁법의 역사' 참조).[123]

정부의 역량과 산업 발전 과정에서 정부 개입이 상대적으로 줄었

---

[120] Milward and Saul, 1979, p.418.
[121] Trebilcock 1981, pp.77-78.
[122] 프로이센 관료 체제의 형성에 융커들이 한 역할에 대해서는 Dorwart (1953), Feuchtwanger (1970), Gothelf (2000) 참조.
[123] Trebilcock 1981, pp.79-80.

다고 할지라도 당시의 관세 정책과 카르텔 정책이 중공업의 발달에 끼친 역할을 과소평가해서는 안 된다. 틸리Tilly는 관세 덕분에 카르텔들이 중공업 부문에서 활동하기가 더 편해졌고, 그에 따라 기업들은 투자와 혁신을 더 공격적으로 할 수 있었다고 지적한다.[124] 거기에 더해 이 기간은 독일이 정치적, 종교적, 지리적으로 매우 다양하고 분열된 상태를 극복하고 통일을 한 직후라 사회의 평화를 유지하고, 그에 따라 투자를 증진할 수 있는 현대적 사회 정책을 개척해 나가던 시기이기도 했다(이에 대해서는 2부 1장 '6.1 사회 복지 제도'에서 논의한다).

4 프랑스의 따라잡기 전략

독일과 마찬가지로 프랑스의 경제 정책에 관해서도 없어지지 않는 오래된 신화가 존재한다. 이 신화는 주로 영국 자유주의자들이 퍼뜨린 것으로, 프랑스가 자유방임주의적 영국과 정반대로 항상 정부 주도형 경제 체제를 유지해 왔다는 견해이다. 이런 평가는 프랑스 혁명 이전과 2차 대전 이후 기간에서는 대체로 맞지만 프랑스 역사의 다른 기간에는 적용시킬 수 없다.

시민 혁명 이전의 프랑스 경제 정책은 주로 루이 14세 때 재무장관으로 이름을 떨친 장 바티스트 콜베르Jean-Baptiste Colbert(1619~1683)의 이름을 따서 '콜베르주의'라고 부르는데 개입주의적 성격이 무척

---

124 Tilly 1996, p.116.

강했다. 예를 들어 18세기 초 영국에 비해 기술적으로 뒤떨어져 있었던 프랑스는 정부가 나서서 영국에서 숙련 기술자들을 대규모로 빼내 오려는 시도를 했다.[125] 또 혁명이 나기 전까지 당시 다른 유럽 국가들과 마찬가지로 프랑스 정부도 목표로 하는 기술을 획득해 오는 사람에게 보상금을 주고, "외국 제조업 감찰관Inspector-General of Foreign Manufactures"이라는 허울 좋은 이름의 관리까지 임명해 외국 기술을 훔쳐 오는 일을 조직하게 하는 등 산업 스파이 활동을 장려했다(1부 2장 '3 경쟁국들에 대한 앞서가기 전략' 참조). 프랑스가 영국과의 기술 격차를 줄이고 혁명이 날 즈음까지 성공적으로 산업화를 이룰 수 있었던 것은 부분적으로 정부의 이런 노력이 낳은 결과였다.[126]

프랑스 시민 혁명은 이 흐름에 큰 변화를 가져왔다. 밀워드와 솔은 혁명을 기점으로 프랑스 정부의 경제 정책이 눈에 띄게 변화했고, "혁명 세력들의 머릿속에 절대왕정의 붕괴가 자유방임주의의 도입과 동일 선상에 있다는 인식이 자리잡은 듯하다"라고 평했다.[127] 혁명 직후 들어선 정부들은 산업, 특히 기술 산업을 장려하려는 노력을 기울였고, 그 중에서도 나폴레옹 정부는 이 부분에 특히 신경을 썼다. 산업 박람회를 개최하고 특정 기계를 발명하는 대중 참여 경연 대회를 주최하는가 하면 정부와의 협력을 원활하게 하기 위한 기업 협회

125 그러나 미시시피 컴퍼니로 유명해진 전설적 스코틀랜드인 금융가 존 로John Law가 감행한 이 시도는 실패로 끝났고, 이 사건은 영국을 자극해서 1719년 숙련 노동자들의 해외 이민, 특히 ('매수'를 통한) 해외 취업 이민을 금지하는 법을 제정하도록 만든 역효과를 낳았다(자세한 사항은 1부 2장 3 참조).
126 Milward and Saul 1979, pp.270, 284; Fohlen 1973, pp.68-69.
127 Milward and Saul 1979, p.284.

를 만드는 등의 방법을 통해 이루어졌다.[128]

그러나 나폴레옹 정부가 붕괴한 후 자유방임주의 정책을 내세운 체제가 확고하게 자리 잡아 2차 대전까지 계속되었다. 이 자유방임주의 정책이 가진 한계야말로 19세기 프랑스의 산업이 상대적으로 정체기를 겪은 주원인이라는 것이 많은 전문가들의 의견이다.[129]

이 부분을 잘 이해하려면 무역 정책을 들여다보는 것이 좋겠다. 19세기에 자유 무역주의 영국과 보호 무역주의 프랑스가 대결을 벌였다고 주장하는 통설의 진위를 밝히기 위해 나이Nye는 자세한 실증적 자료들을 검토한 다음 "19세기 대부분의 기간 동안, 심지어 [영국이 완전한 자유 무역을 시작했다고 주장하는] 1840~1860년 기간에도 프랑스의 무역 체제는 영국보다 더 자유로웠다"라고 결론지었다.[130] 나이가 작성한 표 1.2는 순수 수입 가치net import value에 대한 순수 관세 소득 net customs revenue을 백분율(퍼센트)로 나타낸 것이다(이 방법은 특히 역사학자들 사이에서 보호주의의 강도를 측정하는 데 표준적으로 사용된다). 표에 따르면 1821년부터 1875년 사이, 특히 1860년대 초반까지 프랑스가 영국보다 더 보호주의적 경향을 보인 적은 한 번도 없었다.[131] 이 두 국가가 실행한 보호주의의 수위는 초기에 훨씬 더 큰 차이를 보이

---

[128] Milward and Saul 1979, pp.284-285.

[129] 이와 관련된 사례는 Trebilcock (1981), Kuisel (1981) 참조.

[130] Nye 1991, p.25.

[131] 표 1.1과는 대조적으로 표 1.2는 영국 경제에 여전히 보호주의적 요소가 남아 있음을 시사한다. 이는 (표 1.1에서 볼 수 있듯이) 제조업 제품에 대해서만 전면적 자유 무역이 적용되었고, 사치품에 대해서는 '세입 관세'가 여전히 남아 있었기 때문이다 (표 1.2에 반영). 더 자세한 사항은 이 책 1부 1장 '1 영국의 따라잡기 전략' 뒷부분에 실린 Fielden (1969)의 첫 인용문 참조.

지만, 1846년에 영국이 곡물법을 폐지하면서 자유 무역 정책으로 전환을 한 후 몇십 년 동안에도 상당히 격차가 있었다는 것이 이 표에 잘 드러나 있다.[132]

프랑스가 150년 동안 자유주의를 고수하던 기간 중에서 유일하게 경제가 역동적으로 돌아갔던 시기는 나폴레옹 3세Napoléon Ⅲ의 통치 기간(1848~1870)뿐이었다는 사실은 매우 흥미롭다. 나폴레옹 3세 때 프랑스 정부는 사회 간접 자본 개발을 적극적으로 후원하고 다양한 연구, 교육 시설을 설립했다. 여기에 더해 크레디 모빌리에Créit Mobilier(장기 산업 금융 회사), 크레디 퐁시에Créit Foncier(토지 은행), 크레디 리오네Créit Lyonnais(리옹 은행)와 같은 대규모 근대적 금융 회사들에 대한 투자와 감독을 하고 이들에게 유한 책임제를 허용해서 프랑스의 금융 부문을 발전시키고 근대화했다.[133]

무역 정책 면에서 나폴레옹 3세는 1860년 유명한 '영불 무역 협정(코브던 슈발리에 협정)'을 체결해서 프랑스의 관세를 상당 수준 낮추고, 1879년까지 지속된 유럽 대륙 전반에 걸친 무역 자유화의 시발점을 마련했다.[134] 그러나 표 1.2에서 볼 수 있듯이 프랑스의 보호주의 수위

---

132 Irwin (1993)은 나이의 결론에 다양한 근거를 대면서 문제를 제기한다. 그의 비판 중 가장 중요한 부분은 1840년대 이후까지 남아 있던 대부분의 영국 관세가 사치품에 대한 '수익 관세'이고, 따라서 산업 개발의 동기 부여 기능은 거의 하지 않았다는 주장이다. 그러나 이 비판에 대해 응답을 하면서 Nye (1993)는 수익 관세도 산업 구조에 상당한 영향을 끼칠 수 있고, 영국 관세가 주로 수익 관세 형태로 바뀐 것은 1860년대인 만큼 자신의 주장을 적어도 1860년대까지는 적용할 수 있다고 반박했다.

133 Trebilcock 1981, p.184; Bury 1964, chapter 4; Cameron 1953. 캐머런Cameron은 크레디 퐁시에를 "거의 정부 기관과 다름없다"라고 묘사한다 (1963, p.462).

134 조약 수립 과정에 대한 더 자세한 내용은 Kindleberger (1975) 참조.

표 1.2 1821~1913년 사이 영국과 프랑스의 보호주의

(순수 관세 소득을 순수 수입 가치에 대한 퍼센트로 표시한 값)

기간	영국	프랑스
1821~1825	53.1	20.3
1826~1830	47.2	22.6
1831~1835	40.5	21.5
1836~1840	30.9	18.0
1841~1845	32.2	17.9
1846~1850	25.3	17.2
1851~1855	19.5	13.2
1856~1860	15.0	10.0
1861~1865	11.5	5.9
1866~1870	8.9	3.8
1871~1875	6.7	5.3
1876~1880	6.1	6.6
1881~1885	5.9	7.5
1886~1890	6.1	8.3
1891~1895	5.5	10.6
1896~1900	5.3	10.2
1901~1905	7.0	8.8
1906~1910	5.9	8.0
1911~1913	5.4	8.8

출처: 나이Nye 1991, p.26. 표 1.

는 이미 낮은 상태였으므로(당시 영국보다 낮은 수준), 협정으로 인한 관세 인하는 별다른 영향을 끼치지 않았다.

이 협정은 1892년에 효력을 상실했고 그 후 공산품을 중심으로 많은 부분의 관세율이 인상되었다. 그러나 이 같은 관세 인상 정책을 뒷받침하는 일관성 있는 산업 향상 전략이 없었으므로 같은 기간 동안 스웨덴 같은 나라들이 경험한 긍정적 효과는 거의 없었다(1부 1장 '5

스웨덴의 따라잡기 전략' 참조). 사실 새로운 관세 체제는 그런 산업 전략에 반대하는 철학에 기초하고 있었다. 이 체제를 주도한 정치인 줄 멜린Jules Méline은 대규모 산업화에 노골적으로 반대하고, 프랑스가 자영농과 소규모 수공업 위주의 경제를 유지해야 한다고 믿었다.[135]

특히 프랑스 제3공화국 정부는 경제 문제에서 당시 매우 자유방임주의이었던 영국 정부만큼이나 자유방임주의적 태도를 취했다. 정치적으로 불안하고 분열된 상황 때문에 프랑스는 기본적으로 상당히 보수적이고 기술 관료적인 재무부가 주도하는 공무원 조직에 의해 운영되고 있었다. 정부 예산은 대부분 행정, 법 질서 유지, 교육, 운송 등 전통적으로 '최소 정부'가 관여하는 분야에 대한 비용으로 편성되었고, 정부의 규제 역시 최소한으로 유지되었다.[136]

산업 정책에서 중추 역할을 할 수 있는 통상산업부는 1886년까지 현대적 형태를 갖추지 못했고, 그때에도 부처들 중에서 가장 적은 예산을 편성 받았다. 통상산업부는 수출을 증진하고 관세를 책정하는 일을 주로 했고, 산업 증진을 위한 활동은 "드물게 지급하는 보조금을 제외하면 박람회 조직, 상공회의소 지원, 경제 통계 자료 수집, 기업가들에게 훈장 수여 정도에 그쳤다."[137] 더욱이 이렇게 제한적인 분야에서마저 그다지 효율적이지 못했다. 거기에 더해 이 시기의 관세는 기존의 산업 구조(특히 농업)를 보호하는 데 중점을 두었을 뿐 새로운 산업 개발을 목적으로 하는 능동적 도구로 사용되지 않았다.[138]

[135] Kuisel 1981, p.18.
[136] Kuisel 1981, pp.9-10, 12-13.
[137] Kuisel 1981, p.14.
[138] Kuisel 1981, p.18; Dormois 1999, p.71.

산업이 상대적으로 뒤처진 문제를 해결하기 위해 프랑스의 엘리트들이 정신을 차리고 달려들어 정부 개편에 나선 것은 2차 대전 후였다. 이 시기, 특히 1960년대 후반까지 프랑스 정부는 앞선 나라들을 따라잡기 위해 투자 유도 계획, 공기업 운영, 그리고 요즘 (다소 어폐가 있는) '동아시아 스타일' 산업 정책이라고 부르는 정책을 추진했다. 그 결과 프랑스의 경제는 매우 성공적인 구조 개혁을 달성했고, 마침내 생산 및 (대부분의 분야의) 기술에서 영국을 추월할 수 있었다.[139]

5 스웨덴의 따라잡기 전략

2차 대전 후 '작고 개방적인 경제'라는 평판을 얻은 스웨덴은 자유 무역 체제를 장착한 상태로 근대에 첫발을 내디딘 나라가 아니었다. 나폴레옹 전쟁이 끝난 다음 스웨덴 정부는 보호주의 성향이 강한 관세법을 제정하고(1816년), 몇몇 품목에 대한 수출입을 금지했다. 높은 관세율과 면 완제품 수입 금지, 의도적으로 낮게 책정된 면 원료에 대한 관세 덕분에 면직물 생산이 크게 증가했다.[140] 이 시기 스웨덴의 관

---

[139] 2차 대전 후 프랑스의 경제 발전 경험을 다룬 문헌은 많지만 그 중에서도 Shone (1965), Cohen (1977), Hall (1986)을 추천한다. 오랜 경쟁자인 프랑스에게 추월당한 쓰라린 경험 때문에 영국 논평가들은 (프랑스에게 우호적이든 아니든) 자국의 자유방임주의적 접근법과 프랑스의 통제 경제etatisme/dirigisme적 접근법을 더욱 대비해서 강조하고, 그 결과 프랑스 혁명부터 2차 대전 사이 1세기 반 정도의 기간 동안 프랑스 정부가 영국 정부보다 훨씬 더 자유방임주의 정책을 운용했다는 사실을 묵살하는 듯하다.

[140] Gustavson 1986, pp.15, 57.

세 체제 역시 영국이 18세기에 사용했고(1부 1장 '1 영국의 따라잡기 전략' 참조), 2차 대전 후 한국과 대만이 사용한 관세 체제(1부 1장 '7 일본과 동아시아 신흥공업국들의 따라잡기 전략' 참조)와 매우 비슷했다는 점을 주목할 필요가 있다.

그러나 1830년 이후 보호 관세는 서서히 인하되어서[141] 특히 1857년에 식료품, 원자재, 기계류에 대한 관세가 완전히 폐지된 후 19세기 끝 무렵까지 매우 낮은 관세가 유지되었다.[142] 표 1.1에서 볼 수 있듯이 1875년경 스웨덴은 표에 등장한 주요 경제국들 중에서 가장 낮은 관세율을 유지한 나라 가운데 하나였다.

그러나 이 자유 무역 기간은 오래가지 않았다. 스웨덴은 1880년경부터 새로 등장한 미국과의 경쟁에서 농업 부문을 보호하는 수단으로 관세를 활용하기 시작했다. 1892년 이후부터는(그때까지는 다수의 통상 협정으로 발이 묶여 있었다) 산업 분야, 특히 새로 부상하는 공학 부문도 보호 관세와 보조금으로 보호하기 시작했다.[143] 표 1.1을 보면 1913년에 접어들 무렵에는 공산품 부문에서 스웨덴이 유럽에서 가장 높은 수준의 관세율을 부과하고 있다는 것을 알 수 있다. 실제로 1930년대의 한 연구에서 스웨덴은 연구 대상인 유럽 14개국 중 러시아에 이어 두 번째로 강력한 제조업 보호 정책을 운용하고 있다는 결론이 나오기도 했다.[144]

이렇게 보호주의 쪽으로 방향을 바꾼 덕분에 스웨덴 경제는 그

141 Gustavson 1986, p.65.
142 Bohlin 1999, p.155.
143 Chang and Kozul-Wright 1994, p.869; Bohlin 1999, p.156.

후 몇십 년에 걸쳐 굉장히 좋은 성적을 거두었다. 한 계산에 따르면 1890년에서 1900년 사이 16개 주요 산업국들 중 스웨덴은 노동 시간당 국내총생산GDP 기준으로 핀란드 다음 가는 빠른 성장을 기록했고, 1900년에서 1913년 기간에는 가장 빠른 성장을 한 것으로 드러났다.[145]

19세기 말의 보호 관세 정책이 특히 더 성공을 거둘 수 있었던 것은 이 정책이 산업 보조금, 신기술 도입을 장려하기 위한 연구 개발 지원 등과 복합적으로 추진되었기 때문이다. 경제사학자들은 일반적으로 이 시기의 진흥책이 몇몇 유치산업의 발달에 중요한 촉진제가 되었다는 데 의견을 같이한다. 그러나 이런 노력이 낳은 한 가지 부작용은 상대적으로 비효율적인 소규모 기업들이 만연하게 되었다는 점이다.[146]

스웨덴이 산업 개발을 위해 사용한 도구는 보호 관세와 보조금에만 국한된 것이 아니었다. 그보다 더 주의를 기울일 만한 사실은 19세기 말 스웨덴이 매우 긴밀한 민관 협력의 전통을 쌓았다는 점이다. 이런 관계는 이 시기의 다른 나라들, 심지어 오랜 민관 협력의 전통을 자랑

---

144 Bairoch (1993, p.26, table 2.3)에 인용된 Liepmann (1938). 원 출처는 1938년 런던에서 출간된 리프먼H. Liepmann의 《관세 수준과 유럽의 경제 통합Tariff Levels and the Economic Unity of Europe》이다. 이 책에 등장하는 나라들은 오스트리아-헝가리 제국, 핀란드, 프랑스, 독일, 이탈리아, 루마니아, 러시아, 세르비아, 스페인, 스웨덴, 스위스, 영국 등이고, 제외된 나라는 덴마크, 노르웨이, 포르투갈, 네덜란드 등이다. 물론 포르투갈과 네덜란드는 스웨덴보다 훨씬 보호주의적 성향이 약했지만 산업 부문에 관한 관세가 무척 높았다. 노르웨이는 높은 관세를 부과했다.

145 Baumol et al. 1990, p.88, table 5.1. 언급된 16개국은 오스트레일리아, 오스트리아, 벨기에, 캐나다, 덴마크, 핀란드, 프랑스, 독일, 이탈리아, 일본, 네덜란드, 노르웨이, 스웨덴, 스위스, 영국, 미국이다.

146 Chang and Kozul-Wright 1994, p.871; Heckscher 1954, p.259; Bohlin 1999, p.158.

하는 독일과도 비교할 수 없을 정도의 수준으로 발전했다(1부 1장 '3 독일의 따라잡기 전략' 참조).

이런 협력 관계는 처음에는 농업에 필요한 관개 및 배수 시설을 계획하는 데 정부가 관여하면서 진전되기 시작했고, 1850년대에 철도를 개발할 때 똑같은 형태의 정부 참여가 반복되었다. 당시 지배적 모델이었던 민간 주도의 철도 개발(영국이 대표적 예) 형태와는 반대로 스웨덴에서는 본선을 정부가 깔고(1870년에 완공), 지선은 정부의 허가를 받은 민간 기업들에게 깔도록 했다. 지선의 건설과 운영은 정부 승인을 얻도록 했고, 1882년 이후에는 가격 통제도 실시되었다. 그 결과 1913년 당시 국영 철도 회사가 전체 철도의 33퍼센트를 보유하고 화물 운송의 60퍼센트를 담당한 것으로 기록되어 있다.[147]

다른 사회 간접 자본의 개발도 이와 비슷한 형태의 민관 협력으로 진행되어서 1880년대 전신 전화선, 1890년대 수력 발전소 등이 건설되었다. 사회 기간 산업 부문에서 국영 기업들과 기술적 협력 관계를 장기적으로 유지해 온 전통은 에릭슨(전화 회사), ASEA(현재는 스웨덴-스위스 공동 투자 회사로 철도 장비와 전기 공학 기기를 생산한다) 등을 세계 일류 기업으로 성장시킨 중요한 토양이 되었다는 지적이 빈번히 나온다.[148]

---

147 Samuelson 1968, pp.71-76; Bohlin 1999, p.153.
148 Chang and Kozul-Wright 1994, pp.869-870; Bohlin 1999, pp.153-155. 그러나 스톡홀름 지역의 전화 사업을 놓고 1903년부터 1918년 사이 국영 기업인 텔레그라프페르켓Telegrafverket과 민영 기업인 스톡홀름 알마나Stockholm allmäna 사이에서 소위 '전화 전쟁'이 벌어졌다. 결국 국영 기업이 민영 기업을 합병하면서 이 전쟁이 끝났다 (Bohlin 1999, p.870).

민관 협력은 사회 간접 자본 부문 밖에서도 이루어졌다. 그 예가 1747년에 설립된 반半자율적 '철강사무소Iron Office'이다. 이 조직의 책임자들은 '철강 제조업자 협회(고용주 연합)'에서 선출했고 가격 카르텔 유지, 지원 받은 융자금의 분배, 기술 및 지질학적 정보 제공, 신기술 탐색을 위한 여행 경비 보조, 야금술 연구 장려 등의 활동을 했다. 후에 국내 선철 거래 자유화(1835년)를 시작으로 1858년까지 대부분의 규제를 폐지함으로써 철강 산업은 19세기 중반에 자유화되었지만, 그 후에도 고용주 연합은 더 나은 기술 규격과 기술 향상을 위해 정부와 지속적인 협력 관계를 유지했다. 모두 나중에 동아시아 국가들이 채택한 정책으로 유명해진 것들과 흡사하다는 사실은 흥미롭다.[149]

스웨덴 정부는 외국의 선진적 기술을 도입하기 위해 많은 노력(산업 스파이를 포함. 1부 2장 '3 경쟁국들에 대한 앞서가기 전략' 참조)을 기울였다. 그러나 정부의 노력이 이른바 '기술력technical capabilities'의 축적에 초점이 맞추어져 있었다는 사실은 주목할 만하다.[150] 기술 획득을 장려하기 위해 스웨덴 정부는 학업과 연구에 드는 장학금과 여행 경비를 지원했다. 1809년에 교육부가 설립되었고, 1840년대에는 이미 초등 교육이 의무화되어 있었다. 1860년대에 국민 고등학교People's High School가 설립되었고, 1878년에 6년의 의무 교육제가 도입되었다. 고등 교육 부문에서는 고텐버그에 유명한 찰머스 과학 기술대학

---

149 Gustavson 1986, pp.71-72; Chang and Kozul-Wright 1994, p.879. 동아시아 국가에서 민관 협력은 고전으로 꼽히는 Evans (1995) 참조.
150 Chang and Kozul-Wright 1994, p.870.

과 같은 기술 연구 기관의 설립을 도왔고, 금속 산업과 목재 관련 산업을 중심으로 산업 부문에 직접적으로 연구 기금을 지원했다.[151]

스웨덴의 경제 정책은 1932년 사회당이 선거에서 승리한 후, 1936년 노동조합과 고용주 연합 사이에서 '역사적 협정(살츠요바덴 협정)'을 이끌어 내면서 중대한 변화를 겪었다(이후 지금까지 사회당이 집권하지 않은 해는 10년이 채 되지 않는다). 1936년 협정 후 모습을 갖춘 정책 체제는 처음에는 고용주들이 넉넉한 복지 재정과 거액의 투자를 보장하고 그에 대한 대가로 노동조합은 임금 인상 요구를 자제하는 시스템 구축에 초점을 맞추었다.[152]

2차 대전이 끝난 후 스웨덴 정부는 이 정책 체제가 가진 산업 발전의 잠재력을 이용하기 시작했다. 1950년대와 1960년대에 중앙 집중적 구조의 노동조합LO이 소위 렌 마이드너 계획Rehn-Meidner Plan을 채택했다.[153] 이로 인해 동일한 유형의 일을 하는 노동자들은 산업 부문 전체에 걸쳐 평등한 임금을 받을 수 있도록 한 '연대적solidaristic' 임금 정책이 도입되었다. 이 정책은 저임금 부문의 자본가들에게는 자본 설비 향상과 노동력 감축을 유도하고, 고임금 부문의 자본가들은 추가 이윤을 얻을 여지를 주어서 더 빠르게 사업을 확장할 수 있도록 했다. 산업 발전 과정에서 일자리를 잃은 노동자들을 재훈련하고

---

151 '기술력'에 관한 선구적 연구는 Fransman and King (1984), Lall (1992) 참조.
152 Korpi 1983; Pekkarinen et al, 1992; Pontusson 1992 참조. 그러나 Pontusson (1992)은 '합리화 위원회'(1936~1939)의 활동으로 2차 대전 후 실시된 소위 '적극적 노동 시장 정책'의 기초 원리가 마련되었다는 사실을 지적한다 (pp.46-47).
153 LO (1963)는 이 전략을 상세하게 기술한 문헌이다.

재배치시키는 데 필요한 지원을 제공하는 적극적 노동 시장 정책 또한 병행되었다. 이 전략이 2차 대전 직후 스웨덴이 성공적으로 산업 발전을 하는 데 큰 기여를 했다는 점은 널리 받아들여지고 있다.[154]

2차 대전 후 스웨덴이 사용한 산업 고도화 전략은 연대적 임금 협상과 적극적 노동 시장 정책을 복합적으로 사용한 것으로, 이 책에서 소개하는 여타 국가들이 사용한 전략과는 상당한 차이가 있다. 이 차이에도 불구하고 양쪽 모두 실물 경제가 어떻게 작동하는지에 대한 이해를 기초로 하고 있다는 점은 동일하다. 이와 함께 고부가가치 경제 활동으로 전환이 국가의 번영에 매우 중요하다는 인식과 이 변화는 시장의 힘에만 맡겨 두면 사회에 바람직한 속도로 일어나지 않을 수도 있다는 인식을 했다는 점에서 공통점이 있다.

6 소규모 유럽 국가들의 따라잡기 전략

6.1 벨기에의 따라잡기 전략

저지대 국가들이 15세기 모직 제조업 분야를 주름잡고 있었다는 사실은 앞에서 이미 언급했다. 후에 벨기에가 된 지역에 집중되어 발달한 모직 산업이 결국 쇠퇴의 길을 걷게 된 중요한 원인은 정부 보호 속에서 성장한 영국 생산자들과의 경쟁 때문이었다. 그럼에도 불구

---

154 Edquist and Lundvall 1993, p.274.

하고 벨기에는 산업력을 유지했고, 영국에 이어 두 번째로 산업 혁명을 시작한 나라가 되었다.

19세기 초에 접어들 무렵 벨기에는 크기가 작고 프랑스와 독일에 비해 상대적으로 정치적 영향력이 약하다는 단점에도 불구하고 유럽 대륙 쪽에서는 가장 산업화된 국가 중 하나로 입지를 다졌다. 당시 벨기에는 몇몇 산업 부문, 특히 모직 제조업 부문에서 세계 최고의 기술을 보유하고 있었다. 19세기 중반이 되면서는 경쟁국들에게 기술적 우위를 일부 빼앗기기는 했지만 섬유, 철, 비철금속, 화학 산업 등을 특화해 세계에서 가장 산업화되고 부유한 국가들 중 하나였다.[155]

다른 무엇보다도 이런 기술적 우위 때문에 벨기에는 19세기와 20세기 초까지 보호주의에 크게 의지하지 않아도 되는 나라 중 하나였다(표 1.1). 헨스Hens와 솔라Solar는 벨기에가 항상 "열렬한 자유 무역주의자"였고, 특히 1860년대와 1차 대전 사이의 기간에는 이 특징이 두드러진다고 주장한다.[156]

그러나 이 시기 이전의 벨기에는 네덜란드나 스위스보다 훨씬 더 보호주의적이었다. 1700년대 초부터 1775년경까지의 기간 동안 나중에 벨기에가 된 지역을 통치하던 오스트리아 정부는 영국과 네덜란드의 경쟁으로부터 이 지역을 보호하는 강력한 정책을 운용했고, 산업 기간 시설에 투자했다.[157] 19세기 초에는 윌리엄 1세King William I가 통치한 네덜란드 연합 왕국(1815~1830)의 일부로 적

155 Milward and Saul 1979, pp.437, 441, 446; Hens and Solar 1999, p.195.
156 Hens and Solar 1999, pp.194, 197.
157 Dhondt and Bruwier 1973, pp.350-351; Van der Wee 1996, p.65.

극적인 산업 무역 기술 정책의 운용 대상이 되기도 했다. 그에 더해 1850년대까지 일부 산업은 강력한 보호를 받아 면, 모직, 리넨 실에는 30~60퍼센트, 철강에는 85퍼센트의 관세가 부과되고 있었다. 곡물법의 폐지 또한 1850년에야 이루어졌다.[158]

6.2 네덜란드의 따라잡기 전략

17세기 네덜란드의 해군과 상업은 가히 세계 최강이었다. 네덜란드의 '황금 세기Golden Century'로 불리는 이 시기에 네덜란드 동인도 회사는 심지어 영국 동인도 회사도 압도할 정도였다. 그러나 네덜란드의 해군과 상업은 이른바 '가발 시기Periwig Period'라고 부르는 18세기에 눈에 띄게 쇠락했고, 1780년 영국과 벌인 네 번째 전쟁에서 패배한 것은 네덜란드의 국제적 패권에 종지부를 찍는 상징적 사건이 되었다.[159]

네덜란드가 왜 그 막강한 해군력과 상업력을 이용해서 산업을 발전시키고 경제적 우위를 점하는 데 실패했는지를 설명하는 것은 쉬운 일이 아니다. 부분적으로는 그런 전환을 꾀하지 않은 것이 당연한 일이었을 수도 있다. 오늘날 홍콩처럼 세계적 수준의 상업 기반을 가졌는데 산업에 신경쓸 필요가 뭐가 있겠는가? 그러나 영국 정부는 이와 비슷한 조건을 최대로 이용해서 자국의 산업 발달을 꾀했다(예를

---

158 Milward and Saul 1977, p.174; Fielden 1969, p.87.
159 Boxer 1965, chapter 10. 킨들버거는 네덜란드의 경제력은 1730년 최고점에 이르렀다고 추정한다 (1990b, p.258).

들어 영국에 들고나는 모든 상품은 영국 상선을 이용하는 것을 강제하는 항해 조
례를 제정한 일이다). 왜 네덜란드는 영국처럼 하지 않았을까? 네덜란드
가 16세기와 17세기 초에 상권을 장악하기 위해 분투할 때 정부가 항
해, 어업, 국제 교역에 대해 공격적인 '중상주의적' 규제를 가하기를
서슴치 않았다는 점을 감안하면 영국의 예를 따르지 않은 것은 특히
이해할 수 없는 일이다.[160]

이에 대한 다양한 설명들이 나와 있기는 하다. 무거운 소비세로 인
한 높은 임금, 석탄 및 철광 매장량 부족, 기업가 정신의 쇠퇴와 임대
료 등 투자 소득으로 생활하려는 계층의 증가, 과시적 소비 등은 몇
가지 예에 불과하다. 일부 역사학자들은 여기에 더해 벨기에의 굳건
한 산업력이 이웃인 네덜란드의 산업 발달을 막는 장애물이었다는
견해도 피력한다.[161] 그 중 가장 흥미로운 것은 네덜란드의 쇠퇴 원인
이 산업 발달에 필요한 공공 정책과 제도를 정립하는 데 실패한 것 때
문이라는 리스트의 주장이다. 한편 라이트Wright는 낮은 관세가 네덜
란드의 산업 발달을 저해했다고 설명하기도 한다.[162]

정확한 원인이 무엇이었든지 네덜란드는 경쟁국이었던 영국, 독일,
벨기에 수준으로 산업화를 하는 데 실패했다. 그럼에도 불구하고 네
덜란드는 강력한 상업망 덕분에 20세기 초까지도 세계에서 가장 부

---

160 독일 역사학파의 슈몰러는 통상 분야의 패권을 장악하기 위해 네덜란드 정부가 사
  용한 정책에 대해 짧지만 유익한 설명을 한 바 있다. 여기에는 식민 정책, 항해 정책,
  레반트(동지중해 연안국 및 도서 지역)의 교역 규제, 청어 및 고래 어업 규제 정책 등이
  포함된다 (Schmoller 1884, 특히 pp.52-53 참조).
161 Kindleberger 1990b, p.259; Kindleberger 1996, pp.100-104; Milward and Saul 1977,
  p.201.
162 List 1885, pp.33-34; Wright 1955.

유한 나라의 자리를 놓치지 않을 수 있었다.[163]

17세기 말부터 20세기 초 사이에 네덜란드의 발목을 잡았던 정책 마비 증세의 유일한 예외는 윌리엄 1세(1815~1840)가 기울인 노력이었다. 윌리엄 1세는 산업 금융 보조금을 지급하는 다양한 기관을 설립했는데, 그 중 가장 중요한 것은 1824년에 출범한 네덜란드 무역상사였다. 네덜란드는 1831년부터 식민지 자바에 강제로 커피, 설탕, 염료 원료 식물인 쪽indigo 등의 환금 작물을 경작하도록 하고, 독점 무역을 통해 얻은 이윤을 가지고 특정 기업의 물품을 구매해 주는 방식으로 산업(특히 설탕 정제, 조선, 섬유 산업)을 지원했다.[164] 윌리엄 1세는 또 국가 산업 기금(1821년), 부채 상환 조합(1822년), 국가 산업 발전 협회(1822년)를 설립했고, 1830년대에는 강력한 정부 지원으로 특히 트웬테 지역에 근대적 면방직 산업이 발전하는 것을 도왔다.[165]

그러나 1840년대 후기부터 네덜란드는 자유방임주의로 방향을 틀었고, 이 기조는 1차 대전 때까지, 어떤 면에서는 2차 대전 때까지도 계속되었다. 첫째, 표 1.1에서 볼 수 있듯이 네덜란드는 19세기 말 영국과 관세 자율권을 회복하기 전의 일본을 제외하면 현 선진국들 중 가장 낮은 보호 수준을 유지한 나라였다. 둘째, 네덜란드는 1817년 처음 도입되었던 특허법이 인위적 독점권을 조성한다는 이유로 1869년에 폐지했다. 이는 부분적으로 당시 유럽을 휩쓸고 있던 반反특허권 운동에서 영감을 얻은 것인데, 이 반특허권 운동은 자유 무역 운

163 Dhondt and Bruwier 1973, p.329, 355.
164 van Zanden 1996, pp.84–85.
165 Kossmann 1978, pp.136–138; Henderson 1972, pp.198–200.

동과도 깊은 관계가 있다(더 자세한 내용은 2부 1장 '3.2 지적 재산권 제도의 역사' 참조). 국제적 압력에도 불구하고 네덜란드는 1912년까지 특허권을 재도입하는 데 저항했다(이 부분에 대해서는 뒤에서 더 자세히 언급한다).[166] 셋째, 네덜란드 정부는 국가가 조직하고 재정을 댄 국유 철도를 운영하던 민간 기업 2개와 경쟁하도록 민간 기업 하나를 계획적으로 설립하도록 했다.[167] 이는 당시까지만 해도 전대미문의 관행이었다. 엄밀히 따지자면 정책이 아니지만 경쟁을 촉진하기 위한 현대식의 적극적인 산업 정책의 효시라고 할 수 있다.

이렇게 극단적인 자유방임주의 정책을 펼치는 동안 네덜란드의 경제는 전체적으로 상당히 침체되었고, 본격적으로 산업화가 진행되지 못한 채 상대적으로 일천한 수준에 머물렀다. 권위 있는 매디슨Maddison의 조사에 따르면, 1990년 달러 가치로 환산했을 때 1820년 당시 네덜란드는 한 세기에 걸친 쇠락에도 불구하고 영국에 이어 세계에서 두 번째로 부유한 나라였다(영국 1756달러, 네덜란드 1561달러). 그러나 한 세기가 지난 1931년 추산에 따르면 네덜란드는 오스트레일리아, 뉴질랜드, 미국, 캐나다, 스위스, 벨기에 등 무려 6개국에 추월당했고 독일에게도 따라잡히기 직전이었다. 독일의 1인당 소득은 1820년만 해도 네덜란드의 60퍼센트에 그쳤었지만(네덜란드 1561달러, 독일 1112달러), 1913년에는 약간의 차이밖에 나지 않는 수준이 되었다(네덜란드 3950달러, 독일 3833달러. 상세한 소득 통계는 2부의 표 2.7 참조).[168]

166 자세한 내용은 Schiff (1971) 참조.
167 van Zanden 1999, pp.179-180.
168 Maddison 1995.

바로 이런 이유들 때문에 2차 대전이 끝나고 난 뒤 네덜란드 정부는 더 개입주의적인 정책을 도입하기 시작했고, 이후 적극적인 산업 정책이 운용되기 시작해서 특히 1963년까지 활발하게 진행되었다. 2개의 대규모 기업(철강 산업과 공업용 소다 제조업)에 대한 재정 지원, 산업적으로 뒤처진 지역에 보조금 지급, 기술 교육 장려, 가스 가격 보조를 통한 알루미늄 산업 발전 촉진, 주요 기간 산업의 개발 등이 그 대표적 예들이다.[169]

6.3 스위스의 따라잡기 전략

스위스는 유럽에서 제일 먼저 산업화를 시작한 나라들 중 하나이다. 비우치Biucchi에 따르면 스위스의 산업 혁명은 영국이 산업 혁명에 착수한 지 20년도 지나지 않은 시점에 시작되었다. 1850년에 접어들 무렵 비록 이질적이고 지방 분권적인 나라의 성격상 산업화의 정도가 지역에 따라 격차가 컸지만 스위스는 벨기에처럼 세계에서 가장 산업화된 나라 중 하나가 되어 있었다.[170]

특히 면 산업은 1820년대와 1830년대에 놀라운 성장을 한 부문이었다. 밀워드와 솔은 "1822년 당시 스위스에서 직조되는 면사의 3분의 1에서 2분의 1 정도가 영국에서 수입되고 있었다. 그러나 1835년경에는 영국으로부터 면사 수입이 거의 사라졌다"라고 설명한다.[171]

---

169 van Zanden 1999, pp.182–184.
170 Biucchi 1973, p.464, 628.
171 Milward and Saul 1979, pp.454–455.

스위스는 다수의 주요 산업 분야에서 세계 최첨단 기술을 보유하고 있었다. 특히 면방직 산업 부문의 여러 분야에서는 영국보다 기술적으로 더 앞서 있었다고 여겨졌다.[172]

스위스는 앞선 나라와 기술 격차가 그다지 크지 않았기 때문에 유치산업 보호 정책이 그다지 필요하지 않았다. 또 나라의 크기가 작았기 때문에 큰 나라들보다 보호 정책을 운용하는 데 비용이 더 들었을 것이다. 게다가 정치 구조가 대단히 지방 분권적이고 규모가 작았기 때문에 중앙화된 유치산업 보호 정책을 펼칠 만한 운신의 폭이 좁았다.[173]

비우치는 빠르게는 16세기부터 자유 무역이 스위스 경제 정책의 가장 중요한 특징이었다고 주장한다. 그러나 비우치도 영국이 방직 산업의 기계화에 성공해서 기술 격차를 벌리고 있던 시기에 나폴레옹이 개입함으로써 영국과의 경쟁에서 스위스 방직 산업이 질식하지 않고 살아남을 수 있는 '자연스러운' 보호막이 되어 주었다는 것은 사실이라고 인정한다.[174] 이에 더해 스위스가 자유방임주의 정책을 썼다고 해서 정부가 아무런 전략적 고려도 없이 정책 결정을 했다는 뜻은 아니다. 국제적 압력이 있었음에도 불구하고 1907년까지 특허법 도입을 거부한 것이 대표적인 예이다. 이러한 반反특허 정책이 다수의 산업이 발달하는 데 기여했다는 주장도 널리 받아들여지고 있다. 특히 영향을 받은 산업 분야는 독일에서 적극적으로 기술을 훔쳐 온

172 Biucchi 1973, p.629.
173 Biucchi 1973, p.455.
174 Biucchi 1973, pp.628, 630-631.

화학 및 제약 산업과 특허를 인정하지 않아서 외국인 직접 투자 유치가 용이해진 식품 산업 등이다(자세한 사항은 1부 2장 '3 경쟁국들에 대한 앞서가기 전략'과 2부 1장 '3.2 지적 재산권 제도의 역사' 참조).[175]

7 일본과 동아시아 신흥공업국들의 따라잡기 전략

상당히 늦게 산업화 무대에 등장한 일본은 1854년 악명높은 '흑선 Black Ship' 사건을 계기로 미국의 강압에 의해 개방했다. 그 이전에도 포르투갈과 네덜란드 상인들과 접촉해 유럽에 대해 어렴풋이 알고는 있었지만 서구 사회에 본격적으로 노출이 된 일본은 자국의 후진성에 충격을 받았다. 그 후 얼마 가지 않아 봉건적 정치 질서가 붕괴되었고, 1868년 이른바 메이지 유신을 한 후 근대화를 추구하는 정권이 들어섰다. 그때부터 일본 정부는 경제 발전에 핵심적인 역할을 해 오고 있다.

개발 초기에 일본은 무역 보호 정책을 펼칠 수가 없었다. 1858년에 맺은 '불평등 조약' 때문에 관세율을 5퍼센트 이상 올릴 수가 없었기 때문이다. 예를 들어 표 1.1을 보면 1875년 공산품에 대한 일본의 관세는 5퍼센트인 데 반해, 영국과 기술 격차가 훨씬 적었던 미국은 공산품 관세 평균이 50퍼센트에 달했다는 것을 알 수 있다. 따라서 일본 정부는 1911년 관세 자주권을 되찾을 때까지 산업화를 장려할 다른 방법을 모색해야만 했다.

175 더 자세한 내용은 Schiff (1971) 참조.

일본은 민간 부문을 주도할 만한 기업가가 없는 상태에서 프로이
센 정부가 19세기에 시행했던 것(1부 1장 '3 독일의 따라잡기 전략' 참조)
과 비슷한 방식을 쓰기로 하고 나서 우선 국가 소유 시범 공장(혹은 시
험 공장)을 다수의 산업 부문에서 운영했고, 그 중에서도 특히 조선, 채
광, (면, 모직, 실크 등) 섬유 산업과 방위 산업 등에 노력을 집중했다.[176]
이런 공장은 곧 헐값에 민간 부문에 매각되었지만 산업 부문에 대한
정부 개입은 거기서 끝난 것이 아니었다. 가령 1870년대와 1880년대
에는 대부분의 국영 조선소들이 민영화되었지만 그 후에도 여전히 거
액의 보조금을 받았다. 1924년 이전까지 조선업과 해운업이 받는 정
부 보조금은 보조금 총액의 50퍼센트에서 90퍼센트에 달했다. 최초의
현대적 제철 공장(국영 야와타 제철소)도 1901년에 정부가 설립했다.[177]

대규모 사업에 대한 정부의 개입은 시범 공장에 그치지 않고 사회
기반 시설 개발에까지 확장되었다. 메이지 정부는 일본 최초의 철도
를 1881년에 건설했다. 철도 건설 사업에 개인 투자자들의 관심을 끌
기 위해 엄청난 이권을 제공했고,[178] 1880년대와 1890년대에는 민영
철도 회사에 보조금을 지급했다. 사실 1880년대에는 정부 보조금 총
액의 36퍼센트가 철도 부문에 투입되었고, 1906년에는 주요 간선이

176 더 자세한 내용은 Smith (1955)와 Allen (1981) 참조.
177 McPherson 1987, pp.31, 34-35.
178 "민간 투자자들이 너무도 조심스러운 태도를 취했기 때문에, 1881년 최초의 민자
    철도인 도쿄-아오모리 철도선에 필요한 자금을 모으기 위해 정부는 산업부에서 직
    접 기술자들을 파견하고, 민영 기업들이 보유한 토지에 대해 세금을 면제하며, 도
    쿄-센다이 구간은 10년간, 센다이-아오모리 구간은 15년간 순이익 8퍼센트를 보장
    한다는 약속을 해야만 했다 (Smith 1955, p.43).

국영화되었다. 일본 정부는 또 1869년에 전신망을 설치하기 시작해서 1880년 무렵에는 모든 주요 도시를 전신망으로 연결했다.[179]

근대 초기의 일본에서 국영 기업들이 산업과 사회 간접 자본 분야에서 해낸 역할을 어떻게 평가해야 할까? 대부분의 국영 기업들이 거의 이윤을 내지 못했다는 것을 이유로 그다지 긍정적이지 않은 평가를 내리는 논평가들이 많다.[180] 그러나 긍정적인 면을 조명하는 학자들도 많다. 예를 들어 토머스 스미스Thomas Smith는 이제 고전으로 꼽히는 연구에서 메이지 정권 초기의 일본 국영 기업들의 역할에 대한 자신의 평가를 이렇게 요약한다.

> 일본 공기업들이 1686년에서 1880년 사이에 성취한 것은 무엇인가? 양적으로는 별로 내세울 것이 없다. 20여 개 남짓의 근대식 공장, 탄광 몇 개, 전신망, 100마일도 채 되지 않는 철도 정도밖에 없지 않은가. 그러나 새로운 분야를 개척하기 위해 어려운 첫발을 내딛은 것은 틀림이 없다. 전문 경영인과 공학자들이 탄생했고, 작지만 점점 늘어가는 훈련된 산업 노동력이 조성되었지 않은가. 어쩌면 가장 중요한 것은 장차 산업 성장의 기반이 될 생존 가능한 기업들이 뿌리를 내리게 되었다는 사실일지도 모른다.[181]

이에 더해 일본 정부는 외국의 선진 기술과 제도가 쉽게 유입되도록 하는 정책들을 시행했다. 외국 기술 고문들을 다수 채용한 것이 좋

---

[179] McPherson 1987, p.31; Smith 1955, pp.44-45.
[180] Landes (1965, pp.100-106)가 그 예라 할 수 있다.
[181] Smith 1955, p.103.

은 예인데, 1875년에는 그 수가 최고 527명이었다가[182] 급격히 감소해 1885년에는 155명이 되었다. 이런 예는 일본이 외국 지식을 빠르게 흡수하는 데 성공했다는 의미일 것이다. 1871년에 교육부가 설치되었고, 일본 정부는 20세기 초에 문맹률 0퍼센트를 달성했다고 주장했다.[183]

메이지 정권은 산업 발달에 필요하다고 보이는 제도를 선진국에서 도입해 자국의 실정에 맞게 적용하는 노력을 기울였다. 당시 일본이 실행한 다양한 제도의 '견본'이 된 제도가 각각 어느 나라의 것이었다고 연결시키기는 쉽지 않지만, 초기에 일본이 채택한 제도의 모습은 마치 조각보와 같은 모습이었을 것이다.[184] 형법은 프랑스 법에서 영향을 받았고, 상법과 민법은 대체로 독일식에 영국적 요소가 조금 가미된 것이었다. 육군은 독일식 틀에 프랑스의 영향을 조금 받아서 조직되었고, 해군은 영국식을 본땄다. 중앙은행은 벨기에 중앙은행을 모델로 했고, 전반적인 은행 체제는 미국에서 들여왔다. 대학은 미국식이었고, 고등학교까지는 미국식을 도입했다가 곧바로 프랑스, 독일식 모델을 도입했다. 이런 예는 수없이 많다.

말할 필요도 없이 이러한 제도가 뿌리를 내리고 정착하기까지는 시간이 걸렸다. 그러나 역사학자들은 일본이 외국의 제도를 흡수해서 자국에 맞게 적용해 낸 속도가 놀랍다는 평가를 내린다. 2차 대전이 끝난 후 모습을 드러낸 평생 고용제와 지속적 하도급망 등도 주목할 필요가 있는 사항들이다.

---

182 그중 205명은 기술 자문, 144명은 교사, 69명은 경영 및 행정 전문가, 36명은 숙련 기술자였다 (Allen 1981, p.34).

183 McPherson 1987, p.30.

184 더 자세한 내용은 Westney (1987, chapter 1), Mcpherson (1987, p.29) 참조.

1911년 불평등 조약이 만료된 후, 메이지 이후의 일본 정권은 관세 개편을 단행해서 유치산업을 보호하고, 원자재 수입 가격을 낮추는 한편 사치 소비품의 수입을 규제했다.[185] 이 정책들과 이전에 다른 나라들이 개발 단계에 사용했던 정책들이 매우 비슷하다는 점을 다시 한 번 주목하자.

표 1.1에서 볼 수 있듯이 일본은 1913년에 이미 보호주의 색채가 더 강한 나라로 탈바꿈해 있었다. 물론 그렇다고 해도 제조업 보호 수준이 미국만큼 높지는 않았지만 말이다. 1926년에는 모직 제조업과 같은 새로운 산업에 대한 관세가 인상되었다. 그럼에도 불구하고 관세는 일본의 "경제 정책 무기고에서 항상 보조 화기로 사용되었을 뿐이었다."[186]

그러나 철강, 설탕, 구리, 염료, 모직 섬유 등의 주요 산업은 강력하게 관세의 보호를 받고 있었다. 여기에서 잠깐 1911년 이후의 일본과 19세기 말 20세기 초의 독일 및 스웨덴을 비교해 보자. 세 나라 모두 당시 미국, 러시아, 스페인이 사용하고 있던 '포괄적blanket' 관세가 아니라 전반적인 관세율은 그다지 높지 않은 수준을 유지했지만 몇몇 주요 산업에는 '집중적focused'인 보호 관세를 적용하는 전략을 사용했다는 사실이 흥미롭다.

독일의 강력한 영향을 받은 일본은 1920년대에 주요 산업을 합리화할 목적으로 카르텔을 허용하고 기업 합병을 장려함으로써 '소모적 경쟁'을 제어하고 규모의 경제, 표준화, 과학 경영을 도입하도록 했

185 Allen 1981, p.133; McPherson 1987, p.32.
186 Allen 1981, pp.133-134.

다.[187] 1930년대 대공황 후 세계 경제가 위기에 빠졌는데, 일본 정부는 전쟁 준비를 하면서 특히 1931년 '주요 산업 통제법Important Industries Control Law'의 제정을 계기로 이러한 노력에 더 큰 힘을 기울였고 카르텔에 대한 정부의 통제 역시 강화되었다. 이렇게 해서 2차 대전 후 일본 산업 정책의 기본 틀이 확립되었다.[188] 다른 선진국들과 마찬가지로 1930년대 일본 정부가 추진한 군비 강화 정책은 정치적으로는 결국 재난으로 끝났지만, 수요를 창출하고 기술의 파급 효과를 가져와서 중공업 발전에 큰 기여를 한 것으로 간주된다.[189]

경제 개발을 위한 이 모든 노력에도 불구하고 20세기 초반까지만 해도 일본은 2차 대전 후 얻게 된 경제 슈퍼스타의 명성과는 거리가 멀었다. 매디슨의 권위 있는 연구에 따르면, 1900년부터 1950년 사이 일본의 1인당 소득 성장률은 연간 1퍼센트에 그쳤다. 이 저조한 성적은 부분적으로 2차 대전에서 패망한 후 생산량이 극적으로 감소한 탓도 있지만[190] 매디슨의 연구 대상이 된 16개 경제 대국(현 OECD국가들) 평균인 1.3퍼센트에도 못 미치는 수준이었다.[191]

---

187 Johnson 1982, pp.105-106; McPherson 1987, pp.32-33.

188 Johnson 1982, pp.105-115.

189 McPherson 1987, pp.35-36.

190 1945년 일본의 GDP(1인당 GDP가 아니다)는 그때까지 최고점이었던 1943년의 48퍼센트까지 떨어진 것으로 추정된다. 그러나 이 추락은 더 심한 나라들에 비하면 덜 극적이다. 독일의 1946년 GDP는 최고점을 찍은 1944년의 40퍼센트밖에 되지 않았고, 오스트리아의 1945년 GDP는 1941년과 1944년의 41퍼센트에 지나지 않았다. Maddison (1989, pp.120-121, table B-2) 참조.

191 Maddion 1989. 언급된 16개국은 오스트레일리아, 오스트리아, 벨기에, 캐나다, 덴마크, 핀란드, 프랑스, 독일, 이탈리아, 일본, 네덜란드, 노르웨이, 스웨덴, 스위스, 영국, 미국 등이다.

그러나 2차 대전 후, 특히 1970년대까지 일본의 성장 기록은 타의 추종을 불허했다. 1950년부터 1973년까지 일본의 1인당 GDP는 연 8퍼센트라는 경이로운 성장을 했고, 이 수치는 앞에 언급한 16개 경제 대국 평균 3.8퍼센트의 두 배를 넘는 수준이었다(3.8퍼센트라는 평균에는 일본의 성장률도 포함되어 있다). 선진국 중 일본의 뒤를 이은 나라는 독일과 오스트리아(두 나라 모두 4.9퍼센트), 이탈리아(4.8퍼센트) 정도였다. 대만(6.2퍼센트), 한국(5.2퍼센트) 등 동아시아의 '기적'이라는 별명을 얻은 나라들마저 그 나라의 상대적 후진성 때문에 더 큰 '수렴 convergence' 효과를 기대할 수 있었음에도 불구하고 일본의 기록은 깨지 못했다.[192]

지난 20~30년 동안 2차 대전 후 일본과 동아시아 신흥공업국들이 이룩한 경제 '기적'의 원인을 놓고 이데올로기적 색채가 강하게 가미된 논쟁이 계속되어 왔다. 여전히 논쟁이 계속되는 부분이 있기는 하지만, 이 나라들의 눈부신 성장은 홍콩을 제외하고는 모두 근본적으로 정부가 적극적인 산업 무역 기술 정책을 편 덕분이라는 이론이 폭넓게 받아들여지고 있다.[193]

동아시아 국가들의 2차 대전 후 경험들을 살펴보면 그들이 사용한 산업 무역 기술 정책들이 18세기 영국에서 시작해 19세기 미국, 19세기 말 20세기 초의 독일, 스웨덴 등의 선진국이 사용한 정책들과 너무

---

[192] 이 문단에 실린 모든 정보는 Maddion (1989, p.35, table 3.2)에서 얻은 것이다.

[193] 이 논쟁의 초기 상황은 Johnson (1982), id. (1984), Dore (1986), Thompson (1989), Amsden (1989), Westphal 1990, Wade (1990), Chang (1993) 참조. 더 최근의 상황은 World Bank (1993), Singh (1994), Lall (1994), Stiglitz (1996), Wade (1996), Chang (2001b) 참조.

도 흡사하다는 사실에 다시 한 번 놀라지 않을 수 없다. 그러나 동아시아 국가들이 이전에 선진국들이 사용한 정책을 그대로 베껴 쓴 것은 아니라는 점 또한 중요하다. 동아시아 국가들, 그리고 프랑스와 같은 일부 다른 선진국들이 2차 대전 후 사용한 산업 무역 기술 정책은 선배 선진국들이 사용한 정책보다 훨씬 더 잘 다듬어지고 미세 조정된 것들이었다. 동아시아 국가들은 더 규모가 크고 잘 고안된 수출 보조금을 직간접적으로 사용했고, 선배들과 달리 수출 관세는 거의 적용하지 않았다.[194] 반복적으로 지적해 왔듯이 수출용 원자재와 기계류에 대한 관세 환급도 널리 사용되었는데, 이것은 영국을 비롯한 선진국들이 수출을 장려하기 위해 사용했던 방법이다.[195]

동아시아 국가들은 이전에는 투자를 하더라도 마구잡이 식이었던 상호 보완적 투자를 투자 유도 계획과 정부 투자 프로그램 등을 통해 조정하는 방식을 체계화했다.[196] 새로운 산업에 대한 기업의 진출과 퇴장, 투자, 가격 결정 등을 규제해서 '소모적 경쟁'을 줄이기 위한 '경쟁에 대한 관리'도 이루어졌다.[197] 다시 한 번 언급하자면 이 규제 조항들은 19세기 말 20세기 초에 사용되었던 카르텔 정책을 일부 반영하고 있지만, 선배 선진국들보다 독점권의 남용 위험과 규제 조항이 수출 시장의 실적에 미치는 영향을 더 폭넓게 인식한 기반 위에 만들어진 것들이다. 이 밖에 기술 고도화와 사양 산업의 무리 없는 축소

---

194 Westphal 1978; Luedde-Neurath 1986; Amsden 1989; World Bank 1993.
195 Westphal 1978; Luedde-Neurath 1986; Chang 1993.
196 Chang 1993; id. 1994.
197 Amsden and Singh 1994; Chang 1994; id. 1999.

등을 지원하기 위한 보조금과 경쟁 규제 정책도 있었다.[198]

동아시아 국가의 정부들은 '인적 자원 계획manpower planning'을 통해 인적 자본과 학습 관련 정책을 선배 선진국들보다 훨씬 더 단단하게 산업 정책의 틀에 통합시켰다.[199] 기술 허가 및 외국인 직접 투자는 기술 파급 효과를 극대화하는 방향으로 규제되었다.[200] 그리고 교육, 훈련, 연구 개발을 정부가 직접 제공하거나 보조금을 지급해서 국가의 숙련도와 기술력을 향상시키고자 하는 진지한 시도가 이루어졌다.[201]

최근 한국의 경제 위기와 일본의 지속적인 불경기가 적극적인 산업 무역 기술 정책이 잘못된 증거라는 주장이 힘을 얻고 있다. 이 논쟁에 본격적으로 뛰어들 자리는 아니지만 몇 가지 사항은 지적하고 넘어가자.[202] 첫째, 일본과 한국이 겪고 있는 근래의 문제들이 적극적인 산업 무역 기술 정책 때문이라고 믿든 믿지 않든 간에 그들이 이루어 낸 '기적'의 원인이 이 정책이었다는 점은 부인할 수 없다. 둘째, 적극적인 산업 무역 기술 정책을 사용했지만 대만은 금융 위기나 거시 경제 위기를 겪지 않았다. 셋째, 일본의 전문가들은 각자의 시각과 상관없이 일본이 지금 겪고 있는 불경기가 정부의 산업 정책 때문이 아니라는 점에는 모두 동의한다. 그들은 오히려 구조적 저축 과잉, (거품 경제의 원인이 된) 시의적절하지 못했던 금융 자율화, 거시 경제 운용

198 Dore 1986; Chang 2001b.
199 You and Chang 1993.
200 Chang 1998a.
201 Kim 1993; Hou and Gee 1993; Lall and Teubal 1998; Chang and Cheema 2002.
202 이 시각에 대한 더 자세한 비평은 Chang (1999), id. (2000) 참조.

실책 등을 원인으로 지적한다. 넷째, 한국의 경우 최근의 위기로 이어진 채무 증가가 시작된 1990년대 중반에 산업 정책이 대부분 폐지되었으므로 산업 정책을 위기의 원인이라 비난할 근거가 없다. 사실 비난을 받아야 한다면 '중복 투자'를 더 쉽게 만든 산업 정책의 붕괴야말로 위기의 원인 제공자라 할 수 있을 것이다.[203]

203 Chang 1998b; Chang H-J et al. 1998.

2장

선진국의 앞서가기 전략과 따라잡기 국가들의 대응
영국과 그 뒤를 추격하는 나라들

Kicking away the Ladder

일단 한 나라가 다른 나라보다 앞서기 시작하면 경제적, 정치적 힘을 이용해서 후발 주자들과의 간격을 더 벌리고 싶은 것이 인지상정이다. 영국의 정책, 특히 18세기와 19세기 영국의 정책은 이 현상의 가장 좋은 예이다. 당황스러운 점은 이 정책들이 현대에 개발도상국의 추격을 받는 선진국이 사용하는 정책과 유사한 점이 너무도 많다는 사실이다.

1 식민지 국가들에 대한 앞서가기 전략

영국은 식민지들, 특히 미국에서 제조업이 발달하는 것을 막으려고 일련의 강력한 정책을 추진했다. 리스트는 1770년에 대大 윌리엄 피트William Pitt the Elder(당시 채텀 백작)가 "뉴잉글랜드인들이 제조업을 처음 시도한 것에 불안감을 느낀 나머지 식민지에서는 말편자에

박는 못 하나도 만드는 것을 허락하면 안 된다고 선언했다"라고 전한다.[204] 월폴 정권이 채택한 식민지 정책의 성격을 묘사하는 부분에서 브리스코는 전략의 핵심을 다음과 같이 묘사한다.

식민지를 영국이 발전시키고자 하는 산업에 필요한 원자재만을 생산하는 수준으로 묶어 두기 위해 통상 및 산업 규제들이 사용되었고, 식민지의 제조업자들이 영국의 제조업체들과 어떤 식으로든 경쟁할 수 있는 가능성을 차단하고 영국 상인과 제조업체들과만 거래를 하도록 시장을 제한했다.[205]

이를 위해 영국이 사용한 정책들을 살펴보자. 첫째, 식민지 국가들에서 1차 제품의 생산을 권장하는 정책이 사용되었다. 예를 들어 1720년대에 월폴은 미국 식민지에서 생산되는 대마, 목재, 가공처리된 목재 등의 원자재에 대해 수출 보조금(장려금)을 지급하고 영국 수입업자들이 내는 관세는 폐지했다. 원자재 생산을 장려하면 영국과 경쟁할 가능성이 있는 제조업에 눈 돌리는 것을 저지할 수 있으리라는 계산에서 나온 정책이었다.[206] 이것은 코브던이 곡물법 폐지를 정당화하면서 내세운 논리와 똑같다는 사실에 주목해 보자. 그는 영국이 곡물법으로 유럽과 미국의 농산물 수출을 어렵게 만들면 본의 아니게 그 나라들의 산업화를 돕는 것이라는 주장을 했었다(1부 1장 '1 영국의 따라잡기 전략' 참조).

204 List 1885, p.95.
205 Brisco 1907, p.165.
206 Brisco 1907, p.157.

둘째, 일부 제조업의 활동을 불법화했다. 예를 들어 미국에서 압연 공장과 절단제강 공장을 운영하는 것을 법으로 금지해서, 고부가가치 철강 제품이 아니라 저부가가치인 선철과 철봉 등을 만들 수밖에 없도록 했다.[207] 역사학자에 따라서는 미국 제조업이 비교 우위에 서 있지 않았기 때문에 이런 종류의 정책이 당시 미국 경제에 실질적 피해를 끼치지 않았다고 주장하기도 한다.[208] 그러나 만일 미국 경제가 초기 발달 단계, 다시 말해 농업과 상업을 주로 하는 단계를 넘어설 때까지 영국의 식민지로 남아 있었다면 이런 정책이 넘을 수 없는 장애물까지는 아닐지라도 상당히 중대한 저해 요소가 되었을 것이라는 주장에도 일리가 있다고 생각한다.[209]

셋째, 영국 상품과 경쟁이 될 만한 제품을 식민지가 수출하는 것을 금지했다. 우리는 이미 18세기에 영국이 어떻게 인도의 면방직 산업에 타격을 주었는지를 살펴본 바 있다. 당시 영국은 인도 제품의 품질이 더 우수한데도 불구하고 인도로부터의 면직물(옥양목) 수입을 금지했다(1부 1장 1 참조).[210] 이와 비슷한 또 하나의 사례는 1699년에 영국이 그들의 식민지 국가가 다른 나라로 모직물을 수출하는 길을 막음으로써(양모법) 아일랜드의 모직 산업을 사실상 몰락시킨 일이다. 이 양모법은 미국에서 모직 산업이 움트는 것을 질식시키는 효과도

[207] Garraty and Carnes 2000, pp.77-78.

[208] Lipsey 2000, p.723.

[209] 영국은 미국이 독립을 한 후에도 여전히 원자재 수출국(주로 면)으로 남기를 원했고, 이런 이유에서 남북 전쟁 당시 남부를 지지했다.

[210] 동인도 회사의 독점권이 폐지된 1813년 이후 그 사이 인도 제품보다 더 품질이 나아진 영국 제품이 시장에 쏟아져 들어오면서 인도의 면직물 산업은 19세기 전반기에 완전히 파괴되고 말았다 (Hobsbawm 1999, p.27).

발휘했다.[211] 사례는 거기서 그치지 않아서, 미국에서 성장하기 시작한 비버털 모자 산업을 겨냥한 법이 1732년에 제정되어 식민지에서 외국 혹은 다른 식민지로 모자 수출을 금지한 사례도 있다.[212]

넷째, 식민지 당국이 관세를 부과하는 것을 금지시키고, 재정적인 이유로 불가피하게 관세가 필요한 경우에는 다양한 방법을 통해 관세의 효과를 무마하는 조처를 취했다. 1859년 인도의 영국 식민지 당국은 순수히 재정적인 이유로 직물 제품에 대해 소량의 수입 관세(3퍼센트에서 10퍼센트)를 부과했지만, '공평한 경쟁의 장'을 보장한다는 명분 아래 인도의 생산업자들에게도 같은 비율의 세금을 내도록 했다.[213] 이런 '보상' 조처가 있었는데도 불구하고 영국의 면직 제조업자들은 정부에 이 관세를 폐지하라는 압력을 계속해서 가해 결국 1882년 관세 폐지에 성공했다.[214] 1890년대에 인도의 영국 식민지 당국은 면제품에 대한 관세를 다시 부활시키려고 시도했다. 이번에는 재정적인 이유가 아니라 인도 면 산업을 보호하기 위한 의도였는데, 면직 산업을 대표하는 압력 단체들이 이를 성공적으로 저지했다. 그 후 1917년까지 인도로 수입되는 면제품에 대해서는 아무런 관세도 부과되지 않았다.[215]

---

211 아일랜드 경우는 Ramsay (1982, p.66), Reinert (1995, p.32). 미국의 경우는 Garraty and Carnes (2000, pp.77-78).
212 Brisco 1907, p.60.
213 Bairoch 1993, p.89.
214 더 자세한 내용은 Harnetty (1972, chapter 2) 참조.
215 Hobsbawm 1999, p.129.

2 반독립 국가들에 대한 앞서가기 전략

19세기에 영국(과 다른 선진국들)은 정식으로 식민지화한 나라들 외의 여타 후진 경제국들에서 제조업이 발달하는 것을 막으려고 이른바 '불평등 조약'을 통해 자유 무역을 강요하는 방법을 주로 사용했다. 이 조약에는 보통 5퍼센트 선으로 일괄적인 관세 상한선을 정하고, 관세 자주권을 박탈하는 내용이 들어 있었다.[216]

낮고 균일한 관세율(항상 5퍼센트 이하는 아니었지만)을 적용하라는 권고 사항은 현대에 자유 무역을 주장하는 경제학자들이 개발도상국에게 권하는 정책과 정확히 일치한다는 점은 당혹스럽기 짝이 없는 일이다. 리틀Little을 중심으로 한 연구팀이 발표한 널리 알려진 논문에서는 가장 적절한 관세의 수위가 최빈국의 경우 20퍼센트 선, 개발이 더 진행된 개발도상국들은 거의 0퍼센트라고 주장한다. 세계 은행은 "양적 규제를 조속히 단계적으로 폐지하고, 관세를 15~25퍼센트 선의 *낮고 균일한 수준으로 내리는* 것이 도움이 된다는 증거가 존재한다"라고 주장한다[이탤릭체 추가].[217]

영국은 중남미 대륙의 국가들이 정치적 독립을 획득하면서 그 지역에서부터 불평등 조약을 사용하기 시작했는데, 1810년 브라질과 맺은 조약이 최초였다. 중국에서는 아편 전쟁(1839~1842) 후 맺은 1842년 난징 조약을 필두로 10~20년에 걸쳐 불평등 조약을 강제로 체결해 마침내 중국의 관세 자주권을 완전히 박탈했다. 1863년부터 1908년

---

216 Bairoch 1993, pp.41-42.
217 Little et al. 1970, pp.163-164; World Bank 1991, p.102.

까지 55년 동안 세관의 수장이 영국인이었다는 사실이 많은 점을 시사해 준다. 시암(현재의 타이)은 1824년 이후 다수의 불평등 조약을 맺다가, 1855년 가장 포괄적인 조약을 체결하기에 이르렀다. 페르시아는 1836년과 1857년에, 오스만 제국은 1838년과 1861년에 불평등 조약을 체결했다.[218]

일본도 1854년 문호 개방 후 불평등 조약을 체결해서 관세 자주권을 상실했다(1부 1장 '7 일본과 동아시아 신흥공업국들의 따라잡기 전략' 참조). 결국 불평등 조약에서 벗어나기는 했지만 1911년이 되어서야 가능해진 일이었다.[219] 이 맥락에서 볼 때 흥미로운 것은 일본이 1876년에 한국을 강제로 개방시켰을 때 서방 국가들이 한 행동을 똑같이 모방해서 한국의 관세 자주권을 박탈했다는 사실이다. 더욱이 당시는 일본도 관세 자주권을 상실한 상태였다.

1880년대 이후 일본보다 먼저 중남미의 일부 큰 나라들이 관세 자주권을 되찾았다. 그러나 대부분의 나라는 1차 대전이 끝난 후에야 불평등 조약의 효력에서 벗어났고, 터키는 1923년에(불평등 조약을 무려 1838년에 맺었음에도 불구하고!), 중국은 1929년이 되어서야 관세 자주권을 회복할 수 있었다.[220] 암스덴Amsden은 이 나라들에서는 관세 (그리고 다른 정책의) 자주권을 되찾은 후에야 산업화가 제대로 시작되

---

218 Bairoch 1993, pp.41-42; Gallagher and Robinson 1953, p.11. 1838년에 터키와 맺은 발타 리먼 회의에서 체결한 조약에 의해 터키 관세는 3퍼센트 선으로 묶였다 (Fielden 1969, p.91).

219 Johnson 1982, p.25.

220 Bairoch 1993, p.42. 외즈베렌Eyüp Özveren은 1923년 터키에 부여된 관세 자치권은 1929년이 되어서야 효력을 발휘하기 시작했다고 알려 주었다.

었다고 주장한다.[221]

3 경쟁국들에 대한 앞서가기 전략

영국도 유럽의 다른 경쟁국들(후에는 미국도 포함)에게는 격차를 벌리기 위해 앞에서 언급한 노골적인 방법을 사용할 수는 없었다. 그보다는 앞선 기술이 외국으로 새어 나가는 것을 막는 데 집중했지만 그런 전략이 항상 효과를 거두지는 못했다.[222]

핵심 기술이 기계화되기 전인 19세기 중반까지 가장 중요한 기술 이전 방식은 그 기술을 보유한 숙련 기술자들을 유입하는 것이었다. 그래서 기술이 뒤처진 나라는 선진 기술을 보유한 나라들, 특히 영국에서 기술자들을 끌어오거나 그 나라에서 일하는 자국 기술 인력을 귀국시키는 쪽으로 노력이 집중되었다. 뒤처진 나라에서는 정부가 이런 정책을 진두지휘하거나 적극 후원했고, 반대로 더 앞선 나라의 정부는 인력 유출을 막으려고 최선을 다했다.

앞에서 언급했듯이(1부 1장 '4 프랑스의 따라잡기 전략' 참조) 프랑스를 비롯한 유럽 국가들이 대규모의 인력을 빼내 가려고 시도하자 영국은 급기야 1719년에 숙련 기술자들의 이민을 금지하는 법을 제정하고 특히 숙련 기술자들을 매수하거나 외국의 일자리에 고용하는 것을 막기에 이르렀다. 이 법에 따라 인력 매수를 시도하면 벌금 혹은

---

221 Amsden 2001.
222 Kindleberger 1990b, p.260.

심지어 투옥도 가능해졌다. 영국 관리(보통은 그곳에 주재하는 외교관)가 이민 간 노동자에게 경고 조치를 한 후에도 6개월 이내에 본국으로 귀환하지 않으면 영국 내의 토지 및 재산에 대한 권리와 시민권을 잃게 되었다.[223] 이 법은 특히 모직, 제철, 제강, 황동 및 기타 금속 산업뿐 아니라 시계 제조 등을 언급하고 있지만 실제로는 모든 산업을 망라해서 적용되었다. 숙련 기술자들의 이민과 매수를 금지하는 법은 1825년까지 계속되었다.[224]

그 후 점점 더 많은 신기술이 기계화되면서 정부는 기계류의 수출을 통제하기 시작했다. 1750년, 영국은 모직 및 실크 산업에서 '공구 및 기구'의 수출을 금지하는 법을 도입하는 한편 숙련 기술자들의 매수에 대한 처벌을 강화했는데, 이 금지령은 뒤이어 제정된 법령들을 통해 범위와 강도가 확장되었다. 1774년 면직물 및 마섬유 제조업에서 사용하는 기계의 수출을 규제하는 새로운 법령이 나왔고, 1781년에는 1774년 법령이 개정되어 '공구 및 기구'라는 항목을 '모든 기계, 엔진, 공구, 인쇄기, 종이, 기구 혹은 용구'라고 바꿔서 산업의 기계화가 점점 진행되고 있는 현실을 반영했다. 1785년에 '공구법Tools Act'이 제정되어 다양한 종류의 기계류 수출이 금지되었고, 이와 더불어 숙련 기술자의 매수도 금지되었다. 이 법은 대표적 자유 무역주의자였던 윌리엄 허스키슨William Huskisson 상무부 장관 재임 시에 느슨해졌다가 1842년에 결국 폐지되었다.[225]

네덜란드는 세계에서 기술 선도 국가 중 하나였던 17세기까지도

---

223 더 자세한 내용은 Jeremy (1977), Harris (1998, chapter 18) 참조.
224 Landes 1969, p.148.

자국의 기술을 외국인이 획득하는 것에 대해 매우 개방적인 태도를 취했다. 그러나 기술력의 우위를 계속 잃어 가면서 기업과 정부의 태도가 모두 변하기 시작했고, 마침내 1751년에 네덜란드 정부는 기계류 수출과 숙련 기술자들의 이민을 금지하는 법을 제정했다. 불행하게도 이 법은 영국의 법에 비해 효과적이지 못해 숙련 기술자와 기계류 유출은 멈추지 않고 계속되었다.[226]

선진국들이 기술 유출을 막기 위한 조처를 취하자 발달 정도가 뒤처진 나라들은 선진 기술을 손에 넣기 위해 갖가지 '불법적'인 수단을 동원했다. 이렇게 따라잡기에 나선 나라들의 기업가와 기술자는 자국 정부의 승인, 때로는 (특정 기술을 확보하면 지급하는 보상금을 포함한) 적극적인 장려책에 힘입어 산업 스파이 활동을 주저없이 펼쳤다.[227] 랜디스, 해리스, 브룰란트를 비롯한 다수의 학자들은 프랑스, 러시아, 스웨덴, 노르웨이, 덴마크, 네덜란드, 벨기에 등이 영국을 상대로 펼친 산업 스파이 활동을 자세히 기록했다.[228] 이와 더불어 많은 나라가 영

225 공구법과 숙련 기술자 매수 금지에 관해서는 Harris (1998, pp.457-462), Jeremy (1977) 참조. 금지 규정을 완화하고 결국 폐지한 것에 대해서는 Kindleberger (p.132), Landes (1969, p.148) 참조. Berg (1980, chapter 9)에는 기계류 수출 금지 조치의 폐지를 둘러싸고 벌어진 정치적, 학문적 논쟁에 대한 유익한 논의가 실려 있다.

226 Davis 1995; De Vries and Van der Woude 1997, pp.348-349.

227 예를 들어 1750년대에 전직 맨체스터 지역 섬유 마감처리 숙련공이자 자코바이트 (제임스 2세 지지파) 관료였던 홀커John Holker는 프랑스 정부에 의해 외국 공산품에 대한 감찰관으로 임명되었다. 프랑스 제조업자들이 봉착하는 기술적 문제에 조언을 제공하기도 했지만, 이 허울 좋은 직함을 단 그의 주요 업무는 산업 스파이 활동과 영국의 숙련 기술자를 매수하는 것이었다 (Harris 1998, p.21).

228 Landes 1969; Harris 1991; Bruland 1991.

국과 여타의 앞선 산업 국가에서 기술자들을 자국으로 유인하고 채용하는 것을 조직하거나 후원했다. 프랑스의 존 로(1부 1장 4 참조)와 프로이센의 프리드리히 대왕(1부 1장 '3 독일의 따라잡기 전략' 참조)의 노력은 이와 비슷한 수많은 시도 중에서 잘 알려진 소수의 사례일 뿐이다.

합법적, 불법적 방법을 총동원해서 애를 써도 기술적으로 앞선 나라를 따라잡는 것은 쉬운 일이 아니었다. 기술 이전에 관한 최근 연구 자료를 보면 알 수 있듯이 기술에는 쉽게 이전되지 않는 암묵적 지식이 많이 포함되어 있다. 이것은 사람이 거의 대부분의 주요 기술을 보유하고 있던 시대였음에도 불구하고 숙련 기술자를 데려와도 쉽게 해결할 수 있는 문제가 아니었다. 외국으로 이주한 기술자들은 언어나 문화적 장벽을 넘어야 했고, 고국의 작업 환경에서는 당연히 여겼던 기술의 하부 구조가 없는 상태에서 일을 해야만 했기 때문이다. 랜디스는 유럽 대륙의 국가가 숙련 기술자와 핵심 기계류를 들여오는 노력을 기울였음에도 불구하고 영국의 기술을 습득하기까지 몇십 년이 걸린 과정을 자세히 분석한 연구 결과를 내놓았다.[229]

따라서 기술 이전을 성공시키려면 현 개발도상국들의 사례로 거듭 증명된 바와 같이 현대 기술 경제학에서 이른바 '기술력'이라고 부르는 것의 향상을 목표로 한 정책이 병행되어야만 했다.[230] 앞에서 여러 번 언급했지만 교육 기관(예를 들어 기술 학교)과 다양한 형태의 연구 기관(예를 들어 비교육 과학 학술원) 등을 설립한 국가들이 많았다. 이

---

229 Landes 1969.
230 개발도상국의 기술력에 관해서는 Fransman and King (1984), Lall (1992), Lall and Teubal (1998) 참조.

와 더불어 각 정부가 박물관을 세우고 국제 박람회를 개최해 선진 기술에 대한 인식을 높이고, 새로운 기계류를 민영 기업에 보급하고 새 기술을 사용하는 '시범 공장'을 운영하는 조처들을 취했다는 사실도 살펴본 바 있다. 기업들이 더 앞선 기술을 사용하도록 유도하는 정부의 금융 특혜, 특히 수입 산업 장비에 대한 관세 감면과 환급 등의 방법도 널리 사용되었다.[231] 특정 자본재 수입에 대한 관세 환급 혹은 감면(흥미롭게도 이 조처는 일부 자본재 수입에 대한 규제와 같은 시기에 공존했다) 정책은 최근까지도 동아시아 국가들의 산업 정책에서 핵심적인 도구 중 하나였다는 사실은 주목할 만하다.

19세기 중반에 이르면서는 주요 기술이 너무 복잡해지면서 신기술을 완전히 습득하려면 숙련 기술자와 기계류를 수입하는 것만으로는 충분치 않게 되었다. 숙련 기술자의 이민과 기계류 수출을 금하는 법이 영국에서 폐지되었다는 사실도 이런 현실을 반영한 것이었다. 이 때부터 다수의 산업 분야에서 기술과 지식을 보유한 사람이 특허 사용 허가를 통해 능동적인 기술 이전을 하는 것이 가장 중요한 기술 이전의 통로로 떠올랐다. 이로 인해 지적 재산권 보호에 관한 정책과 제도가 이전보다 훨씬 중요해졌고, 결국에는 특히 미국과 프랑스 등 기술적으로 더 앞선 나라들의 압력으로 1883년에 특허에 관한 파리 협정, 1886년에 저작권에 관한 베른 협정Berne Convention 등 국제 지적 재산권 체제가 출범하는 것으로 절정에 이르렀다.

---

[231] 더 자세한 내용은 Landes (1969, pp.150-151) 참조.

1790년과 1850년 사이 대부분의 선진국은 특허법을 제정했다(자세한 내용은 2부 1장 '3.2 지적 재산권 제도의 역사' 참조). 그러나 초기의 이런 특허법은 미흡한 점이 매우 많아서 WTO 체제에서 체결된 무역에 관한 지적 재산권 협약TRIPS(trade-related intellectual property)에서 개발도상국에게 요구하는 현대의 수준으로만 평가해도 결함이 있었다.[232]

이 장의 주요 관심사와 관련해서 당시의 특허법들이 외국인의 지적 재산권에 대해서는 적절한 보호책을 마련하지 않았다는 사실을 주목할 필요가 있다.[233] 영국(1852년 개정 이전), 네덜란드, 오스트리아, 프랑스 등을 포함한 대부분의 나라는 자국민이 외국의 발명품을 들여와서 특허를 내는 것을 공공연하게 허용했다. 1836년에 특허법을 전면 개정하기 전 미국에서는 특허 대상이 독창적이고 새로운 발명이라는 것을 증명하는 절차가 전혀 없이 특허 출원을 해 주었기 때문에 수입한 기술을 미국인 이름으로 등록하기가 쉬웠다. 앞에서도 언급했지만 스위스는 1907년까지 특허법을 제정하지 않았고, 네덜란드는 1817년에 특허법을 도입했지만 1869년에 폐지하고 1912년까지 재입법을 추진하지 않았다.

여기서 지적하고 넘어가야 하는 것은 19세기 말기에 지적 재산권 체제가 자리 잡기 시작했는데도 가장 선진화된 나라들마저 20세기에 들어서고 한참 동안 다른 나라 국민들의 지적 재산권은 밥먹듯이

---

232 TRIPS를 둘러싼 논쟁에 관해서는 Chang (2001a) 참조. 물론 이 법이 정확히 어느 측면에서 '부족한'지는 보는 시각에 따라 다를 것이다. 예를 들어 화학 및 의약품 제조 산업 부문에 물질 특허를 허용하는 것에 관해서는 찬반 양쪽의 논리에 모두 일리가 있다.

233 더 자세한 사항은 Wiliams (1896), Penrose (1951), Schiff (1971), McLeod (1988), Crafts (2000), Sokoloff and Khan (2000) 참조.

위반했다는 사실이다. 반복해서 말하지만 스위스와 네덜란드도 각각 1907년과 1912년까지 특허법을 제정하지 않았다. 특허권 보호를 강하게 지지하던 미국도 1891년까지는 외국인의 지적 재산권은 인정하지 않았다.[234] 기술 면에서 독일이 영국을 막 앞지르려던 1890년대까지도 이런 일은 비일비재해서 영국에서는 독일이 영국 상표를 광범위하게 도용한다는 사실에 대해 우려의 목소리가 컸다.[235] 한편 같은 시기에 독일은 스위스에 특허법이 없어서 스위스 기업이 독일의 지적 재산권, 특히 화학 산업 부문의 지적 재산권을 침해한다는 사실에 불만을 표출하고 있었다.

영국은 비록 1862년까지 상표법을 제정하지 않았지만, 킨들버거는 "이르게는 1830년대부터 다수의 영국 제조업체들이 자사 상표를 보호하기 위해 끊임없이 소송을 진행하고 있었다"라고 지적한다.[236] 결국 영국은 1862년에 상표법을 제정해서(상품 표시법Merchandise Mark Act) 상표를 위조하거나 수량을 허위 기재하는 것 등을 '상업적 도적 행위'로 규정하고 이를 금지했다. 1887년에는 외국, 특히 독일이 영국 특허법을 침해하는 것을 염두에 두고 법을 개정해서 의무 사항인 '거래 내용 표기'에 제조 지역이나 국가를 명시하도록 하는 내용을 콕 집어서 첨가했다. 개정된 법에서는 노골적인 허위 표기뿐 아니라 오해

---

[234] 미국은 1988년까지도 국제 저작권에 관한 베른 협정(1886년)을 완전히 준수하지 않았다. 미국 내에서 인쇄되거나 미국 식자판으로 조판되어야 저작권을 인정해 주는 규정이 1988년에야 폐지되었기 때문이다 (Sokoloff and Khan 2000, p.9).

[235] Landes (1969, p.328) 참조. 당시 영국은 독일이 산업 스파이 활동을 하고 상표권을 침해할 뿐 아니라 수감자들의 노동력으로 생산된 제품을 수출한다고 비난했었다는 사실은 흥미롭다(최근 이 문제에 대해 미국과 중국 사이에 생긴 분쟁을 상기해 보자).

[236] Kindleberger 1978, p.216.

를 일으킬 수 있는 표기도 금지했다. 예를 들어 유명한 영국 쉐필드산 식기류를 모방한 상품에 가짜 상표를 붙여서 팔아 오던 독일 기업들의 관행에 종지부를 찍은 것이다. 개정된 법에 따르면 "원산지가 표시되지 않은 외국 생산품을 사는 소비자에게 그 제품이 영국산이라고 오인하도록 하는 단어나 표시를 하는 것은 형사 처벌의 대상이 된다"라고 명시했다.[237] 킨들버거는 이 법에 "외국산 제품이 영국 판매업자의 상표를 단 경우, 원산지 이름 혹은 원산지를 알리는 표시를 해야 한다"라는 조항이 있었다고 전한다.[238]

그러나 독일 기업들은 여러 방법으로 이 법을 피해 나갔다. 원산지 표기를 제품 자체에 하지 않고 포장에 해서 일단 포장을 벗겨내고 나면 소비자가 원산지를 알 수 없도록 하는 방법이 하나의 예이다(수입 시계 및 쇠붙이를 다듬는 줄 등에 많이 사용한 방식이라고 알려졌다). 혹은 분해를 해서 보낸 다음 영국에서 다시 조립하기도 하고(피아노 및 자전거에 널리 사용된 방식이다), 실제로 확인 불가능한 곳에 원산지 표기를 하는 방법도 사용되었다. 윌리엄스Williams는 이렇게 기록했다. "영국에 다량의 재봉틀을 수출하는 한 독일 회사는 '싱어Singer'와 '노스 브리티시 재봉틀North-British Sewing Machines' 등의 문구는 눈에 잘 띄는 곳에 표기하고, '독일산Made in Germany'이라는 문구는 재봉틀 페달 밑에 작게 넣었다. 전설적인 이 원산지 표시를 확인하려면 재봉사 여섯 명 정도가 힘을 합쳐서 재봉틀을 뒤집어보는 수밖에 없었다."[239]

---

237 Williams 1896, p.137.
238 Kindleberger 1978, p.216.
239 Williams 1896, p.138.

3장

산업 개발 정책에 관한 몇 가지 신화와 교훈

Kicking away the Ladder

지금까지 영국, 미국, 독일, 프랑스, 스웨덴, 벨기에, 네덜란드, 스위스, 일본, 한국, 대만 등 현재의 선진국들이 개발도상국이었을 때 운용한 산업 무역 기술 정책들을 역사적으로 살펴보았다. 그 결과 드러난 내용은 신자유주의 논객과 그들을 비판하는 사람들이 그려 온 그림과는 근본적으로 달랐다.

1부 마지막 장에서는 먼저 주요 선진국들의 경제 개발에 산업 무역 기술 정책이 어떤 역할을 했는지 요약하고자 한다. 그런 다음 국가별 사례를 아우르는 전체 윤곽을 잡아 보고 거의 대부분의 나라가 유치산업 보호 조치를 취했지만 각 국가별 정책 조합은 상당한 차이를 보인다는 결론을 내릴 것이다(1부 3장 '2 관세만이 능사는 아니다' 참조). 그러고는 현 선진국들이 과거에 사용했던 산업 무역 기술 정책들을 현 개발도상국들의 정책과 비교한다. 이 부분에서는 현 개발도상국들이 극복해야 할 생산성의 차이를 감안하고 나면 그들이 사용한 보호주의의 수위는 선진국들이 과거에 사용했던 것보다 훨씬 낮다는 결론을 내릴 것이다(1부 3장 '3 현재의 개발도상국들은 지나친 보호 정책을 사용하는가' 참조).

1 초기 경제 정책의 역사에 대한 신화와 사실

1.1 따라잡기에는 유치산업 보호와 적극적인 산업 무역 기술 정책을 썼다

1부에서는 현 선진국들 거의 대부분이 과거 따라잡기 단계에서는 어떤 형태로든 유치산업 촉진 전략을 사용했었다는 사실을 살펴보았다. 많은 나라에서 보호 관세가 전략의 핵심인 것은 사실이지만 관세는 이 전략의 유일한 요소도 아니고 가장 중요한 요소도 아니었다. 다만 흥미로운 사실은 자유 무역 정책의 본산으로 알려진 영국과 미국이야말로 보호 관세를 가장 공격적으로 사용한 나라들이었다는 점이다(다음에 나오는 1.2와 1.3 참조).

역사적으로 반복되는 이 패턴 중 눈에 띄는 예외는 스위스와 네덜란드, 그리고 정도는 좀 약하지만 벨기에 정도이다. 그러나 이 나라들의 경우에도 몇 가지 단서가 붙어야 예외로 인정할 수 있을 수준이다. 스위스는 산업 발달의 가장 중요한 단계에서 나폴레옹 전쟁이 터져 '자연스럽게' 산업 보호의 혜택을 누렸다. 네덜란드 정부는 16~17세기에 한편으로는 해상권과 통상을 장악하기 위해 공격적인 정책을 쓰면서 다른 한편으로는 1830년대에 산업 금융 기관들을 설립하고 면직물 제조업을 장려했다. 벨기에는 19세기에 낮은 평균 관세율을 유지했지만, 18세기 대부분의 기간 동안 벨기에를 통치했던 오스트리아 정부는 훨씬 더 보호주의적이었고, 일부 산업 분야는 19세기 중반까지도 강력한 보호를 받았다. 그럼에도 불구하고 이 세 나라, 그중에서도 특히 스위스와 네덜란드는 전반적으로 자유주의적인 산업 무역 기술 정책하에서 성장했다고 해도 무리가 아닐 것이다.

　이 두 나라가 보호주의적 무역 정책을 택하지 않은 것은 경제 규모가 작아서 보호주의 정책을 실행하는 데 드는 비용이 상대적으로 높아서라는 주장도 가능하다. 그러나 이것은 그다지 설득력 있는 설명은 아니다. 알려진 바와 같이 이들과 비슷하게 작은 나라인 스웨덴은 19세기 말부터 20세기 초에 다수의 중공업 산업 분야에서 앞선 나라들을 따라잡을 때 유치산업 보호 정책을 성공적으로 사용하지 않았는가. 앞에서 말한 세 나라가 유치산업 보호 정책을 사용하지 않은 것은, 스웨덴과는 달리 19세기 초에 접어들 무렵 이미 기술적으로 매우 발달해 있었기 때문이라는 설명이 더 타당한 듯하다. 유럽에서 산업 혁명이 진행되는 기간 내내 이 나라들은 세계적으로 최첨단 기술 선진국의 위치를 놓치지 않았고, 따라서 유치산업 보호가 그다지 필요하지 않았을 것이라는 논리이다(자세한 사항은 1부 1장 '6 소규모 유럽 국가들의 따라잡기 전략' 참조).

　물론 이 모든 주장에 반대해서 현재의 선진국들은 적극적인 산업 무역 기술 정책과는 별개로, 혹은 그런 정책에도 불구하고 산업화에 성공했다고 주장할 수도 있을 것이다. 역사적 사건들 중에는 다수의 원인으로 결정되는 일들이 많다. 어떤 사건이 벌어진 요인이 한 개 이상 존재할 수 있다는 뜻이다. 이 나라들의 성공이 적극적인 산업 무역 기술 정책들 덕분인지, 아니면 다른 특정 원인이 있었는지를 증명하는 것은 본질적으로 어려운 일이다.[240] 그러나 18세기 영국에서부터 20세기 한국에 이르기까지 보호주의적 정책을 사용한 수많은 나라가 산업화에 성공했다는 사실, 특히 그런 정책이 해롭다는 통설에도 불구하고 성공을 거두었다는 사실을 우연의 일치로 돌리기에는 무리가 있다.

1.2 영국이 자유 무역, 자유방임주의 경제 체제를 유지했다는 신화

널리 알려진 신화와는 달리 영국은 19세기 중반 아무도 넘볼 수 없는 산업 주도권을 확보하고 자유 무역 정책을 시작하기 전까지는 매우 적극적으로 산업 무역 기술 정책을 사용했으며, 심지어 일부 분야에서는 개척자적 역할을 한 나라이다.

그런 정책들은 양모 무역과 관련해서는 비록 그 범위가 제한적이기는 하지만 14세기(에드워드 3세 때)와 15세기(헨리 7세 때)까지도 거슬러 올라간다. 1721년 월폴의 무역 정책 개편과 1846년 곡물법 폐지 사이의 기간에도 영국은 동아시아의 '산업 정책 국가'인 일본, 한국, 대만이 2차 대전 후 사용해서 유명해진 정책들과 같은 종류의 산업 무역 기술 정책을 운용했다. 수출 보조금이나 수출 품목에 대한 원자재 수입 관세 환급 등 동아시아에서 고안되었다고 흔히 생각하는 정책들 중 다수가 이 기간에 영국에서 널리 사용되었다. 이와 더불어 영

---

240 Kindleberger (1964, chapter 15)에서는 이 문제에 대한 고전적인 논의를 볼 수 있다. 산업 발달의 성공을 설명하는 데는 서유럽의 석탄 매장 패턴에서부터(Pomeranz 2000) 일본의 다양한 유교 문화에 이르기까지(Morishima 1982) 거의 모든 것이 동원되었다.

국의 자유 무역 정책마저도 부분적으로는 자국의 산업을 촉진하려는 의도에서 추진된 것이었다. 자유 무역주의를 강하게 주장하는 사람들은—그들의 우두머리격인 리처드 코브던을 포함해서—영국이 관세 없이 농산물을 수입했으면 경쟁국의 제조업 발달을 저지했을 것이라고 믿었다. 영국에 곡물법이 존재했기 때문에 경쟁국의 제조업이 발달했다는 논리이다.

1.3 근대적 보호주의의 요람이자 요새, 미국

흔히들 생각하는 것과는 달리 영국이 산업 가속화를 꾀할 때 대단히 효과적으로 사용했던 유치산업 보호 논리를 최초로 체계화한 나라는 독일이 아니라 미국이다. 유치산업론을 체계적으로 개발하기 시작한 것은 알렉산더 해밀턴, 대니얼 레이몬드와 같은 미국 지식인들이었고, 이 논리의 아버지로 알려진 프리드리히 리스트는 미국 망명 생활 중에야 이 사상을 처음 접했다.

미국 정부는 1세기가 넘는 기간 동안(1816~1945) 이 논리를 어느 나라보다도 더 부지런히 실천했다. 이 기간 동안 수입 제조품에 대한 미국의 평균 관세율은 세계 최고 수준이었다. 높은 운송 비용으로 인해 적어도 1870년대까지 미국이 예외적으로 높은 수준의 '자연적' 보호 혜택을 누린 것을 감안하면, 따라잡기 시기에 미국의 산업은 세계에서 가장 강한 보호 아래 성장했다고 해도 무리가 아니다. 독불장군의 이미지가 강했던 미국의 우파 포퓰리스트 정치인 팻 뷰캐넌Pat Buchanan이 자유 무역이 "미국답지 않은" 일이라고 한 발언은 나름대로 일리가 있는 것이었다.

물론 미국 산업 모두가 시행된 보호 관세를 필요로 한 것은 아니었고, 결국 불필요하게 유지된 관세가 많았던 것도 사실이다. 그러나 적어도 몇몇 주요 유치산업을 높은 관세로 강력하게 보호하지 않았다면 미국 경제가 현재의 지위를 누릴 수 없었을 것이라는 점은 명백하다. 사회 하부 구조 개발과 현재까지도 계속되고 있는 연구 개발 지원 부문에서 미국 정부가 해온 역할 또한 잊지 말아야 한다.

1.4 프랑스가 통제주의적이어서 자유방임주의 영국과 대척점에 있었다는 신화

시민 혁명이 나기 전 프랑스 정부는 적극적으로 산업화에 개입했었다. 그러나 이 '콜베르주의적Colbertist' 전통은 프랑스 혁명의 자유주의적 이데올로기 때문에 억압되었고, 혁명 후 1세기 반 동안 계속된 정치적 교착 상태는 나약하고 비전이 없는(심지어 적극적으로 과거 회귀적인 정부도 있었다) 정권을 낳았다.

따라서 근본적으로 통제 경제 정책의 국가라는 대중적 이미지와는 달리 프랑스는 19세기 대부분과 20세기 전반부의 기간 동안 영국이나 특히 미국보다는 여러 면에서 자유방임주의 정책을 쓰는 나라였다. 예를 들어 1820년대부터 1860년대까지 프랑스는 영국보다 더 낮은 수준의 보호주의 정책을 사용했다.

프랑스 역사에서 자유방임주의적이라 분류되는 기간은 전반적으로 산업과 기술 발달이 부진했던 기간과 겹쳐 유치산업론의 정당성을 간접적으로 증명한다. 2차 대전 이후 단호한 개입주의적 전략을 통해 산업화에 성공했기 때문에 프랑스는 본래 개입주의적 나라라는 현재의 이미지를 갖게 된 것이다.

1.5 보호 무역 정책을 제한적으로만 사용한 독일

유치산업 보호 논리의 시조라는 명성에도 불구하고 독일은 보호 관세를 광범위하게 부과한 적이 실제로는 한 번도 없었다. 비록 몇몇 핵심 중공업 부문이 상당한 수준의 보호 관세를 적용 받기는 했지만 19세기 말까지 독일은 세계에서 가장 자유로운 무역 체제를 갖춘 나라 중 하나였다.

그러나 독일이 19세기부터 20세기 상반기까지의 프랑스와 같은 자유방임주의 정책을 쓴 것은 아니다. 18세기 이후 프로이센 역사를 보면 알 수 있듯이 유치산업은 관세 말고 다른 방법으로도 보호 육성하는 것이 가능하고, 그런 실례들이 있다. 정부 직접 투자, 민관 협력, 다양한 보조금 등이 몇 가지 예이다.

부분적으로 그 같은 성공을 바탕으로 민간 부문이 발달하면서 정부의 직접 개입이 불필요하게 되었고, 거기에 더해 그다지 환영 받지도 못했음에도 불구하고 정부는 여전히 중요한 '지표'의 역할을 했다. 이러한 정부의 역할은 19세기 말 20세기 초에 강력한 관세 보호를 받고 있던 중공업 산업에서 특히 두드러졌다. 이 시기는 또 독일 정부가 혁명 세력을 와해시키고 사회의 평화를 이루기 위해 사회 보장 제도를 개척해 나아가던 때이기도 하다(자세한 내용은 2부 1장 '6.1 사회 복지제도' 참조).

따라서 독일을 19세기와 20세기 초의 프랑스와 동등한 수준의 자유방임주의 국가라고 묘사할 수는 없지만, 따라잡기 기간 동안에 독일 정부는 사람들이 생각하는 것만큼 보호주의 정책, 특히 보호 관세 정책을 강하게 추진하지는 않았다.

1.6 스웨덴이 처음부터 작고 개방적인 경제 국가는 아니었다

앞에서 거론한 예들처럼 사실과 극적으로 다른 것은 아니지만 스웨덴의 경험에도 바로 잡아야 할 신화가 몇 가지 있다.

전반적으로 볼 때, 따라잡기 단계에 있을 당시 스웨덴은 경제적으로 뒤처져 있었는데도 광범위한 보호 관세를 사용하지는 않았다. 그러나 스웨덴 정부는 19세기 초에 섬유 산업을 진흥하고, 19세기 후반에 기계 및 전자 산업을 강화하는 데는 보호 관세를 전략적으로 잘 이용한 듯하다. 19세기 초에 스웨덴이 섬유 산업에 적용했던 관세 정책은 수입 제품 중 완제품에는 높은 관세를, 원자재에는 낮은 관세를 부과하는 20세기 말 '동아시아' 국가들이 (그리고 18세기 영국이) 사용한 산업 촉진 전략과 동일하다는 점은 흥미롭다.

또 한 가지 주목할 만한 사항은 산업화 초기 단계부터 스웨덴은 사회 간접 자본 개발과 철강과 같은 주요 산업 부문에서 매우 흥미로운 민관 협력 체제를 개발하기 시작했다는 점이다. 이 협력 관계는 2차 대전 후 동아시아 국가들이 추진한 것과 비슷하다. 초기부터 교육, 기술 연마, 연구 등의 중요성을 강조한 점도 주목해야 할 부분이다.

1.7 근대 초기 일본은 외부 제약 때문에 적극적인 개입을 하지 못했다

처음 문호를 개방하고 근대적 산업 개발에 착수했을 당시 일본은 강제로 맺은 불평등 조약에서 관세율을 5퍼센트 이하로 제한한 조항 때문에 새 산업 진흥을 위한 보호 관세를 부과하지 못했다. 산업 발전을 촉진할 만한 다른 수단을 찾아야만 했던 일본 정부는 핵심 산업 부문에 시범 공장들을 설립하고(이 시범 공장들은 수익성과 효율성 문제로 얼마 가지 않아 민영화되었다), 핵심 산업에 보조금을 지원하는 한편 사회 간접 자본과 교육에 투자했다. 그러나 당시 산업 촉진을 위한 도구로 관세가 차지하는 중요한 역할을 감안할 때(다른 정책 도구가 아직 개발되지 않았거나 '너무 급진적'이라고 여겨지던 때였다) 관세 자주권을 상실했다는 사실은 상당한 장애 요인이었다.

1911년 불평등 조약이 효력을 상실하고 난 후인 20세기 초에 들어서서야 일본은 보호 관세를 주요 요소로 한 포괄적인 산업 개발 전략을 세울 수 있었다. 산업 무역 기술 정책을 혁신하고 광범위하게 사용한 2차 대전 후 기간에 일구어 낸 일본의 우수한 성적은 다양한 정책 도구를 사용할 수 있을 때 정부가 경제 개발에 얼마나 더 효율적으로 개입할 수 있는지를 보여 준다.

1.8 밀렵꾼에서 파수꾼으로: 경제 발전에 따른 정책 변화

1부의 논의 과정에서 떠오른 중요한 사실 중 하나는 선진국은 국제적 경쟁 관계에서 자국의 위치가 변화함에 따라 정책 방향을 바꿔 왔다는 점이다. 이는 부분적으로는 '사다리 걷어차기'의 행위이기도 하지만 본능적으로 현재의 시점에서 과거를 재해석하려는 인간의 성향도 한몫 하는 듯하다.

따라잡기 단계에 있을 때 선진국은 유치산업을 보호하고, 앞선 산업 국가에서 숙련 기술자들을 빼돌리거나 기계류를 밀수하는가 하면, 산업 스파이 활동을 벌이고 의도적으로 특허권과 상표권을 침해했었다. 그러나 산업 선진국 대열에 오른 다음에는 자유 무역을 옹호하고, 자국의 숙련 기술자들과 기술이 국외로 유출되는 것을 막는 한편 특허권과 상표권을 강력하게 보호하는 정책을 펴기 시작했다. 거의 하나도 예외 없이 밀렵꾼이 파수꾼으로 변신하는 패턴을 따른 것이다.

19세기에 영국은 많은 나라의 비위를 거슬렀다. 특히 18세기에 다른 어떤 나라보다 유치산업 보호 정책을 강하게 추진하던 영국이 자유 무역의 장점을 부르짖는 것을 위선이라고 생각한 독일과 미국의 반감이 컸다. 오늘날 미국의 무역 협상 담당자들이 개발도상국들에게 자유 무역의 장점을 역설하거나, 스위스 제약 회사들이 강력한 지적 재산권 보호를 주장할 때도 똑같은 반감을 불러일으킬 수 있다.

2 관세만이 능사는 아니다: 유치산업 보호의 다양한 모델

지금까지 보았듯이 선진국 대열에 오른 거의 모든 나라가 따라잡기 기간에 유치산업 보호 정책을 구사했다. 물론 그런 정책을 쓴다고 해서 성공적인 경제 발전으로 이어진다고 보장할 수는 없다. 과거와 현재를 망라해서 그런 순진한 가정에 어긋나는 예가 너무도 많기 때문이다. 그러나 18세기 영국에서부터 20세기 말 한국에 이르기까지 유치산업 보호 정책이 성공적인 경제 발전으로 이어지는 패턴은 무시할 수 없을 정도로 계속 등장한다. 이 역사적 패턴은 우연의 일치로 넘기기에는 너무 존재감이 크다. 따라서 현재의 개발도상국들에게 자유 무역과 자유방임주의적 산업 무역 기술 정책의 혜택을 역설하는 사람들은 이러한 역사적 패턴이 왜 더는 효과가 없다는 것인지부터 설명해야 할 것이다(자세한 사항은 3부 참조).

대부분의 선진국이 경제 개발을 하는 데 보호 관세가 중요한 역할을 했지만—다시 반복해서 말하건대—유치산업 발달을 추진하던 국가들이 사용한 정책 도구 중 보호 관세는 유일한 정책도 아니고 또 가장 중요한 정책도 아니었다. 수출 보조금, 수출 상품의 원자재 수입 관세 환급, 독점권 허용, 카르텔 조직, 정책 금융, 투자 지침, 인력 개발 계획, 연구 개발 지원, 민관 협력을 증진하는 제도 장려 등 다양한 수단이 존재했다. 새로운 산업을 개발하거나 기존 산업을 고도화하려는 정부가 관세 말고도 사용할 여러 도구는 과거에도 존재했고 현재에도 존재한다. 19세기 말 이전의 독일, 혹은 1911년 관세 자주권을 회복하기 이전의 일본처럼 일부 나라에서 보호 관세는 유치산업 보호 전략에서 가장 중요한 도구가 전혀 아니었다.

사실 선진국들이 사용한 정책 조합은 각국의 목표와 각자 처한 상황에 따라 상당히 차이가 난다. 예를 들어 미국은 독일보다 보호 관세를 더 적극적으로 사용했지만, 독일 정부는 미국보다 유치산업 보호에 훨씬 더 광범위하고 직접적인 역할을 수행했다. 또 다른 예로 스웨덴은 영국 같은 나라보다 민관 협력 체제에 훨씬 더 많이 의존했다.

따라서 놀랄 만큼 뚜렷한 역사적 패턴이 존재하지만, 그 안에서 사용된 실제 정책 조합은 상당히 다양하다는 결론을 내릴 수 있다. 이것은 산업 진흥 단계에서 사용할 수 있는 단 하나의 '만병통치약'은 존재하지 않는다는 뜻이다. 지침으로 삼을 수 있는 일반적 원칙과 교훈으로 삼을 수 있는 다양한 예가 존재할 뿐이다.

3 현재의 개발도상국들은 지나친 보호 정책을 사용하는가

적극적인 산업 무역 기술 정책에 회의적인 사람들이 무역 정책을 논할 때 현 선진국들의 경제 개발 단계에서 보호 관세가 한 중요한 역할을 인정하는 경우는 별로 없다.[241] 이를 인정하는 소수의 논객들도 선진국이 과거에 사용했던 보호 정책의 수위가 현재 개발도상국의 보호 수준보다 상당히 낮았다는 점을 지적하면서 역사적 증거의 의미를 축소시키고는 한다.

리틀과 그의 연구팀은 "러시아, 미국, 스페인, 포르투갈을 제외하고 대부분의 나라에서 관세가 높았던 1900년부터 1925년까지의 관세 수준은 19세기보다는 높았지만 앞에서 오늘날의 개발도상국이 정당하게 사용할 수 있다고 논의했던 수준보다 그다지 높지 않았다(그들은 가장 가난한 나라에도 20퍼센트, 더 발전한 개발도상국에는 0퍼센트에 가까운 관

---

241 Little et al. (1970, pp.162-169)과 World Bank (1991, pp.97-98)는 주목할 만한 예외 경우이다.

세율을 추천했다)라고 주장한다."[242] 이와 비슷한 맥락에서 세계 은행은
"선진국들은 운송 비용이 줄어들기 전 지금보다 더 높은 자연적인 보
호의 혜택을 입기는 했지만, 1820년부터 1980년 사이 12개 선진국의
평균 관세율은 11퍼센트에서 32퍼센트 사이 수준이었다…. 그러나
개발도상국들의 제조업 평균 관세율은 34퍼센트에 달한다"라고 주
장한다.[243]

타당하게 들리는 주장이다. 특히 현 개발도상국들의 관세 통계를
과거 선진국들의 통계와 비교했을 때 유치산업 보호 정책의 강도를
과소 평가할 확률이 높다는 점을 감안하면 더욱 그렇다. 1부의 첫 부
분에서 지적했듯이 현재의 선진국들은 과거에 정부의 예산 운용 범
위가 제한적이고 규제 능력도 부족했기 때문에 관세 정책 이외의 산
업 무역 기술 정책을 운용할 수 있는 운신의 폭이 좁았다. 현대의 개
발도상국 정부들은 유치산업 진흥을 위해 세계 무역 기구WTO에 의
해 불법화된 정책(가령 최빈국이 아닌 이상 수출 보조금은 금지되었다)까지
일부 포함한 더 광범위한 정책 도구를 사용하는 경향이 있다.[244]

그러나 이 주장에는 매우 중요한 오류가 있다. 바로 현대의 선진국
과 개발도상국 사이의 생산성 격차는 과거 더 발전된 나라와 후진적
인 나라 사이의 격차보다 훨씬 더 크다는 점을 감안하지 않아서 생긴
오류이다. 현대의 개발도상국들은 선진국들이 과거에 부과하던 관세

242 Little et al. 1970, pp.163-164.

243 World Bank 1991, p.97, box 5.2. 거론된 12개국은 오스트리아, 벨기에, 덴마크, 프랑
스, 독일, 이탈리아, 네덜란드, 스페인, 스웨덴, 스위스, 영국, 미국 등이다.

244 개발도상국 정부들이 택할 수 있는 정책에 WTO 협정이 부과한 추가 제한에 대한
평가는 Akyuz et al. (1998), Amsden (2000), Chang and Cheema (2003) 참조.

보다 훨씬 더 높은 관세율을 적용해야 실제 그들이 누린 것과 비슷한 정도의 유치산업 보호 효과를 누릴 수 있다는 뜻이다.[245] 다시 말하면 현대의 개발도상국들이 직면한 생산성 격차를 고려할 때 선진국들이 과거에 했던 것보다 더 높은 관세를 부과해야 동일한 보호 효과를 얻을 수 있다.

다음 설명을 하기에 앞서 국제적 생산성 격차를 측정하는 것은 단순한 일이 아니라는 사실부터 먼저 인정해야 한다. 1인당 소득 수치는 대략적이고 정확도가 떨어지기는 하지만 명백한 지표이다. 그러나 소득을 경상 가격으로 측정한 수치를 사용할 것인지 구매력 평가 기준PPP(purchasing power parity)을 적용해 측정한 수치를 사용할 것인지는 논의해야 할 필요가 있다. 경상 가격으로 측정된 소득은 무역 관련 부문의 생산성 차이를 더 잘 반영하고, 따라서 관세 수위를 결정하는 데 더 큰 의미를 가진다. 그러나 생산성 격차와는 아무 관련이 없는 환율 변동의 영향을 받는다는 단점이 있다. 구매력 평가 기준을 적용한 소득 수치는 한 나라의 전반적 생산성을 더 잘 반영하지만 무역 관련 부문의 생산성 격차를 과소평가하는 경향이 있고, 그 과소평가의 정도가 아주 심할 때도 많다. 여기에서는 구매력 평가 기준을 적용한 소득 통계를 사용했다. 한 나라 경제의 전반적 생산성을 더 잘 반영한다는 이유도 있고, 선진국의 과거 소득에 대해 현재 구할 수 있는

---

245 2차 대전 전까지 현재의 개발도상국들은 식민지였거나 불평등 조약 때문에 거의 어느 나라도 무역 정책에 대한 자율권이 없었다는 점을 주목해야 한다. 따라서 이 나라들을 현재의 선진국들과 같은 수준에 놓고 토론하는 것은 무의미하다. 더 자세한 사항은 1부 2장 '2 반독립 국가들에 대한 앞서가기 전략' 참조.

가장 좋은 역사적 자료(매디슨 연구)에서 이 수치를 사용했다는 것도 이유이다.[246]

매디슨의 추산에 따르면 19세기 내내 현재 선진국들 중 당시 가장 가난했던 나라(일본과 핀란드)와 가장 부자였던 나라(네덜란드와 영국) 사이의 구매력 평가 기준 소득은 2 대 1에서 4 대 1 정도였다.[247] 이것은 현재의 개발도상국과 선진국의 격차에 비하면 믿을 수 없을 정도로 작은 수치이다. 세계 은행의 웹사이트에 올라와 있는 최근 자료에 따르면 1999년 가장 잘사는 나라(스위스, 일본, 미국)와 가장 못사는 나라(에티오피아, 말라위, 탄자니아)의 구매력 평가 기준 1인당 소득 격차는 50~60 대 1 정도였다.[248] 니카라과(2060달러), 인도(2230달러), 짐바브웨(2690달러)와 같은 중간 수준의 개발도상국들은 15 대 1 정도의 생산성 차이를 극복해야 한다. 브라질(6840달러), 콜롬비아(5580달러)와 같은 상당히 개발된 개발도상국들마저 최고 산업국들과 경쟁하기 위해 뛰어넘어야 할 생산성 격차는 5 대 1이나 된다.

[246] Maddison (1995) 참조.

[247] 예를 들어 1820년 일본과 핀란드의 1인당 소득을 1990년 달러화로 환산하면 각각 704달러, 759달러이고, 영국과 네덜란드의 환산 소득은 각각 1756달러, 1561달러여서 2.5 대 1이 채 안 된다. 1913년 무렵에는 이 차이가 거의 4 대 1로 벌어져서 일본(1334달러), 포르투갈(1354달러), 영국(5032달러), 미국(5505달러)이 되었다. 매디슨의 과거 수입 추정치에 대한 더 자세한 내용은 이 책의 2부 표 2.7 참조.

[248] 1999년 달러화로 환산한 구매력 평가 기준 미국, 스위스, 일본의 1인당 소득은 각각 31,910달러, 28,760달러, 25,170달러인 반면에 탄자니아와 말라위는 각각 500달러, 570달러였다. 경상 달러로 환산하면 두 지역 간의 격차는 100 대 1에서 400 대 1 정도가 된다. 경상 달러로 계산하면 1999년 1인당 소득은 스위스가 38,380달러, 일본이 32,030달러, 미국이 31,910달러였고, 에티오피아는 100달러, 말라위는 180달러, 탄자니아는 260달러이다.

19세기 말 미국이 자국의 산업을 평균 40퍼센트가 넘는 관세로 보호하고 있을 당시, 구매력 평가 기준 1인당 소득은 이미 2599달러로 영국 3511달러(1875년 기준)의 4분의 3 수준이었다.[249] 그것도 세계 은행까지도 앞의 인용문에서처럼 인정한 바 있는, 거리로 인한 '자연적 보호'의 혜택이 요즘보다 훨씬 더 컸던 시기인데, 미국의 경우 이 부분이 특히 중요하게 작용했다.[250] 이렇게 비교를 해 보면 WTO 합의 직전 인도가 부과하고 있던 가중 평균 관세율 71퍼센트는 인도의 구매력 평가 기준 1인당 소득이 미국의 15분의 1인 것을 감안하면 인도를 자유 무역의 진정한 수호자처럼 보이게 한다. WTO 합의에 따라 인도는 가중 평균 관세율을 32퍼센트로 삭감했다. 이 수치는 미국이 남북 전쟁과 2차 대전 사이의 기간 동안 한 번도 내려가 본 적이 없는 낮은 수준이다.

　　이보다 덜 극단적인 예를 들어보자. 1875년 덴마크는 1인당 소득이 영국의 60퍼센트에 살짝 못 미치는 상황(각각 2031달러, 3511달러)에서 평균 15~20퍼센트의 관세를 부과했다. WTO 합의 후 브라질은 가중 평균 관세율을 41퍼센트에서 27퍼센트로 낮추었다. 이 수치는 덴마크의 관세율보다 훨씬 높아 보이지만 구매력 평가 기준 소득은 미국의 20퍼센트에도 미치지 못하는 상황이었다(각각 6840달러, 3만 1910달러).[251]

249 Maddison 1995.
250 World Bank (1991), Maddion (1995) 참조.
251 Maddison (1995) 참조. World Bank 웹사이트도 참조.

생산성 차이를 감안할 때 1980년대까지 개발도상국들이 널리 사용한 상대적으로 강력한 보호 정책은 선진국들의 과거 기록과 비교할 때 지나치지 않아 보인다. 20여 년에 걸친 광범위한 무역 자유화 이후 수위를 상당히 낮춘 개발도상국들의 현 상황은 사실상 과거 선진국들보다 훨씬 덜 보호주의적이라고 할 수 있다.

2부

제도와 경제 발전
역사적 관점에서 본 '바람직한 통치 체제'

최근 들어 '바람직한 통치 체제good governance'라는 슬로건 아래 제도 발전의 문제가 경제 발전 정책 논의의 주된 관심사로 떠올랐다. 지난 십여 년 사이 국제 개발 정책을 이끄는 주도 세력은 '바람직한 정책'을 통해 '적절한 가격 선정'을 하는 것이 중요하다고 강조했던 주장의 한계를 인식하고, 이제는 가격 체제의 근간이 되는 제도적 구조가 중요하다는 사실을 인정하게 되었다.[1] 제도의 구조적 결함이 원인이었다고 널리 받아들여진 아시아 경제 위기 이후 국제 개발 정책 주도 세력은 '바람직한 제도 구축' 쪽으로 초점을 옮겨 가면서 카푸르 Kapur와 웹Webb이 '통치 체제 관련 조건'이라고 이름 붙인 것을 첨부하기 시작했다.[2]

요즘에는 이들이 모든 나라가 '바람직한 제도'(불행하게도 암묵적으로 미국식 제도를 바람직한 제도와 동일시하면서)를 채택해야 하고, 최빈국의 경우도 5~10년 정도의 짧은 전환기만 허용해야 한다고 공격적인 주장을 펼치는 추세인데, WTO에서 맺어진 많은 협정이 그 결과라고 할 수 있다. 이 주장을 뒷받침하기 위해 수많은 논문, 특히 세계 은행과 그 주변 세력이 발행하는 논문이 쏟아져 나와 제도적 변수가 경제

---

1 World Bank (2002)는 가장 최근 발간된 예이다.
2 Kapur and Webb 2000.

발전의 원인이 된다는 가정을 하고 그 상관 관계를 통계적으로 밝히려는 시도를 하고 있다.[3]

'바람직한 통치 체제'에 어떤 제도가 포함되어야 할지는 권고안에 따라 다르다. 아직 특정 제도와 경제 발전 사이의 상관 관계를 완전히 파악하지 못한 탓이기도 하다. 그러나 이렇게 '바람직한 제도'로 제시되는 것들 중에는 민주주의, 청렴하고 효율적인 관료 제도와 사법 제도, 지적 재산권을 포함한 재산권의 강력한 보호, 정보 공개 요건과 파산법을 포함한 바람직한 기업 지배 제도, 발달한 금융 제도 등의 요건이 꼭 포함된다. 이보다 적은 빈도이지만 중요도는 떨어지지 않는 요건은 바람직한 공공 재정 체제와 사회 복지 제도, '사회 안전망' 제공과 노동자 권리를 보호하는 노동 관련 제도 등이 있다.[4]

이런 주장에 반대하는 이들은 국제 금융 기구들이 대부분의 '통치 체제' 문제에 개입할 공식적 권한을 지니고 있지 않을 뿐[5] 아니라, 개발도상국이 선진국의 제도를 시행하기에는 재정적, 인적 부담이 너무 크다고 비판한다. 또 권고하는 제도들 중에는 일부 국가의 상식과 문화에 반하는 것들도 있다는 주장도 나온다. 제도를 이식하는 데 따르는 어려움을 강조하기도 하고, 서로 다른 다양한 조건의 나라들에게 공통된 제도 표준을 부과하려는 시도에 따르는 위험을 경고하는 전문가들도 많다.

---

3 이 연구들에 대한 평론은 Aron (2000) 참조. 제도적 변수는 전문가와 기업인을 상대로 한 설문 조사에 근거해 컨설팅 회사와 연구소 등에서 작성한 다양한 '지표'들로 표현되는 경우가 많다(이 지표들에 대한 상세한 논의는 Kaufmann et al. 1999 참조).

4 Kaufmann et al. 1999; Aron 2000; La Porta et al. 1999; Rodrik 1999.

5 예를 들어 Kapur and Webb (2000).

모두 의미 있는 지적이기는 하지만, 어떤 제도가 어떤 조건에 필요하고 실현 가능성이 있는지에 대해 정리가 되지 않은 상황에서는 이같은 비판이 개발도상국에 이미 존재하는 제도를 무조건 정당화하는 오류를 범할 위험이 있다. 그렇다면 대안은 무엇일까?

가장 먼저 떠오르는 해결책은 특정 제도를 특정 개발도상국에 이식해서 잘 되는지를 지켜보면서 어떤 제도가 '가장 바람직한best practice' 제도인지 알아내는 직접적인 방법일 것이다. 그러나 구조 조정에 실패한 수많은 개발도상국과 자본주의로 이행하는 데 어려움을 겪은 과거 공산국가들의 예를 통해 우리는 이 방법이 성공 가능성은 낮고 비용은 막대하다는 것을 이미 배워서 알고 있다.

또는 개발도상국에서 제도적 진화가 자발적으로 이루어지기를 기다리는 방법도 있다. 각국의 조건에 맞는 제도를 찾는 가장 좋은 방법은 그런 제도가 자연스럽게 발전하도록 두는 것이라는 논리이다. 현재의 선진국들이 과거에 경제 개발을 할 때 바로 그런 과정을 거치지 않았는가. 그러나 그런 자발적 진화는 매우 오래 걸릴 수 있다. 게다가 진화라는 과정의 본질상 특정 국가의 조건을 고려한다고 해도 거기에 맞는 가장 좋은 제도가 실제로 나오리라는 보장도 없다.

그렇다면 세 번째 대안 즉 역사에서 배우는 방법—필자가 선호하는 방법—을 고려해 볼 수도 있다. 이미 역사적 관점에서 '바람직한 정책good policy'이 무엇인지를 살펴본 것처럼, 우리는 제도 발전 분야에서도 선진국의 현재가 아닌 과거를 살펴봄으로써 교훈을 얻을 수 있고 또 그래야만 한다. 이 접근법을 통해서 개발도상국은 새로운 제도를 개발하는 데 필요한 비용을 부담하지 않고 선진국의 경험을 통해 배울 수 있다('후발 주자'가 누릴 수 있는 몇 안 되는 이점 중 하나이다). 이 부분이 중요한 이유는 한 번 정착된 제도는 정책보다 바꾸기가 더 어렵기 때문이다. 이것은 또 특정 제도를 채택하도록 장려하는 지원 제공 당사국의 입장에서도 금융 지원 수혜국의 '아직 준비가 되지 않았다'는 일부 주장의 진위를 가리는 데에도 도움이 될 것이다.

우리 시대의 경제 개발 문제를 이해하는 데 역사적 접근법이 큰 도움이 될 것이 명백한데도 이 접근법을 사용한 연구는 놀라울 정도로 적다는 점은 이미 서론에서 지적한 바 있다. 이러한 '이상 현상'은 제도 발전 분야에서는 더 심각하다.[6] 여기서는 이 빈틈을 조금이나마 메꿔 보고자 한다.

1장에서는 이제는 '바람직한 통치 체제'의 핵심 요소로 여겨지는 것들이 현 선진국이 개발 단계를 거칠 때, 즉 19세기 초부터 20세기 초까지의 기간에 어떤 식으로 진화했는지를 살펴볼 것이다. 이를 위해서 대략적으로 구분한 6개 요소, 즉 민주주의, 관료 체제와 사법 체제, 재산권, 기업 지배 구조, 민간 및 공공 금융 제도, 노동 제도 등을 다룰 예정이다.

2장에서는 과거 선진국이 이루어 낸 제도 발전과 그와 비슷한 발전 단계에 있는 현재 개발도상국의 그것을 비교한다. '1 선진국의 제도 발전 역사 조감도'에서는 과거에 선진국들이 거친 제도 발전 단계를 이해하기 위해 세 장면(1820년, 1875년, 1913년)을 소개해 볼까 한다. '2 제도 발전을 향한 멀고도 험한 여정'에서는 현재 선진국들의 제도 발

---

6 Crafts (2000)는 대표적인 예외에 속한다. 그러나 이 연구는 영국의 경험만을 다루고 특히 금융 및 기업 지배 제도에 초점을 맞추고 있다.

전 과정이 얼마나 '길고도 험난'했는지를 논의한다. '3 과거와 현재의 개발도상국들과 비교해 보자'에서는 과거 선진국들과 그에 맞먹는 단계에 있는 현재 개발도상국들의 제도 발전 수준을 비교해 보고, 선진국들이 과거에 도달했던 것보다 현재의 개발도상국들이 도달해 있는 제도 발전의 수준이 실제로는 훨씬 더 높다는 사실을 보여 줄 것이다.

1장

선진국의 제도 발전 역사

Kicking away the Ladder

1 민주주의 발전의 역사

민주주의와 경제 발전 사이의 관계에 대해서는 특히 뜨거운 논쟁이
있어 왔다.[7] 2차 대전 직후에는 개발도상국들이 민주주의를 가능하게
하는 '값비싼' 제도를 받아들일 여유가 없다는 주장이 세력을 얻었
다. 반면에 요즘 국제 개발 정책 주도 세력 내에서는 민주주의가 경제
개발에 도움이 되고, 따라서 개발의 선행 조건으로 민주주의가 확립
되어야 한다는 시각이 득세하고 있다.[8] 그러나 민주주의는 경제 개발
의 선행 조건이라기보다는 결과이므로, 민주주의가 경제 개발에 도

---

7 Bardhan (1993)은 간결하고 축약적인 비평을, Rueschmeyer, Stephens and Stephens (1992)
는 종합적인 비평을 제시한다. Przeworski and Limongi (1993)도 참조.
8 국제 개발 정책 주도 세력들의 학문적 약점을 지적한 것으로 이름을 알린 로드릭
Rodrik마저 이 통설에 동의하고, 심지어 민주주의야말로 우리가 더 나은 제도를 건설
하는 데 도움이 되는 '메타 제도'이기 때문에 국제 금융 기구들이 금융 지원을 할 때
붙일 수 있는 유일한 '제도적 조건'이라고까지 주장한다.

움이 되는지에 대한 의견과 상관없이 우리가 의도할 수 있는 변수가 아니라고 지적하는 사람들도 있다.

이 어렵고도 오래된 논쟁의 해답을 찾는 것은 이 책의 목적이 아니다. 그러나 이 문제에 관해 선진국들이 거쳐 온 흥미로운 역사의 경험을 듣고 나면 독자들은 경제 개발이 민주주의의 선행 조건이라는 현재의 통념을 받아들이기를 망설이게 될 것이다.

현재의 선진국들에서 처음으로 선거가 도입되었을 때, 이 권리는 재산을 소유한 (대부분의 나라에서 30세 이상의) 남성이라는 극소수의 시민들에게만 주어졌고, 그것도 재산, 교육 정도, 나이에 따라 행사할 수 있는 투표수가 달랐다.

예를 들어 1815년에서 1830년 기간 사이 프랑스에서는 직접세로 300프랑 이상을 납부하는 30세 이상의 남성에게만 투표권을 주었다. 3200만 인구 중 8만에서 10만 명 즉 0.25에서 0.3퍼센트만 투표할 수 있었던 것이다. 1830년에서 1848년 사이에는 이 규정이 조금 느슨해졌지만 여전히 투표할 수 있는 사람은 프랑스 전체 인구의 0.6퍼센트에 지나지 않았다.[9]

1832년 영국의 투표권 확대의 분수령이 된 개혁법Reform Act이 나오기 전까지는 지주들이 소작인들에 대한 영향력과 뇌물, 후원 등을 동원해서 40개 선거구 중 39곳의 선거 결과를 실질적으로 결정할 수 있었다는 것이 당시 평론가들의 일치된 견해였다.[10] 개혁법이 나온 후

9 Kent 1939.
10 Daunton 1995, pp.477~478.

에도 투표권은 남성의 14퍼센트에서 18퍼센트로 늘어났을 뿐이다. 재산과 선거권을 더 밀접하게 연결시킨 이 법에 따라 재산이 적거나 거의 없는 장인과 노동자 계층의 다수가 선거권을 잃은 것이 부분적 원인이었다. 이탈리아에서는 1882년에 선거 가능 연령을 21세로 낮추고 세금 납부 조건을 완화한 후에도 약 200만 명(인구의 7퍼센트)만 이 투표를 할 수 있었다. 낮지만 여전히 존재하는 납세 조건과 문맹에게는 투표권을 주지 않는 조항 때문이었다.[11]

프랑스에서 모든 남성에게 투표권을 준 1848년에 이르러서야 현재의 선진국들에서 제한된 형태로나마 민주주의가 모습을 드러내기 시작했다. 표 2.1에서 볼 수 있듯이 대부분의 선진국이 남성 보통 선거권을 도입한 것은 19세기 중반부터 20세기 초에 접어들어서였다. 그러나 이것도 퇴보와 전진이 거듭되는 과정이었다. 예를 들어 19세기 말 작센 지방에서는 사회민주당이 적어도 지방 선거에서는 승리할 가능성이 보이자 이전에 도입되었던 남성 보통 선거권을 폐지하고 프로이센 스타일의 3단계 선거 제도를 도입했다(프로이센에서는 1849년에서 1918년 사이에 사용한 제도).[12] 이 시스템은 수입에 따라 인구를 3개 계층으로 나누고 각 계층이 같은 수의 대표단을 선출해서 의회로 보내는 것이었다. 이는 각각 인구의 3~5퍼센트, 10~15퍼센트를 차지하는 상위 두 계층이 빈민 계층을 항상 과반수로 압도할 수 있었다는 의미이다. 1909년 작센 지방은 선거권자의 수입과 신분에 따라 한 표에서 네 표까지 던질 수 있도록 해서 민주주의에서 더 멀어져 갔다.

11 Clark 1996, p.64.
12 Ritter 1990; Kreutzer 1996.

표 2.1 선진국들에 민주주의가 도입된 과정 (연도)

국가	남성 보통 선거권	전 국민 대상 보통 선거권
오스트레일리아	1903[1]	1962
오스트리아	1907	1918
벨기에	1919	1948
캐나다	1920[2]	1970
덴마크	1849	1915
핀란드	1919[3]	1944
프랑스	1848	1946
독일	1849[2]	1946
이탈리아	1919[4]	1946
일본	1925	1952
네덜란드	1917	1919
뉴질랜드	1889	1907
노르웨이	1898	1913
포르투갈	n.a.	1970
스페인	n.a.	1977(1933)**
스웨덴	1918	1918
스위스	1879	1971
영국	1918[5]	1928
미국	1965(1870)*	1965

출처: 민주주의 지표에 관한 서본Therborn (1977), 실비Silbey (1995) 자료. 추가적으로 미국에 관한 정보는 포너 Foner (1998), 스페인은 카Carr (1980)에서 발췌. 보통 선거권에 대한 더 자세한 정보는 표 2.2 참조.

1. 인종에 따라 차별.
2. 재산 정도에 따라 차별.
3. 공산주의자 제외.
4. 일부 제한 조건 존재.
5. 30세 이상의 남녀 모두.
 * 남성 보통 선거권은 1870년에 도입되었으나 1890년부터 1908년 사이에는 다수의 남부 주에서 흑인들의 선거권을 박탈했다가 1965년에야 되돌아가는 후퇴가 있었다. 더 자세한 사항은 본문 참조.
** 보통 선거권이 1931년에 도입되었지만 프랑코의 쿠데타로 1936년에 폐지되었다가, 프랑코가 사망한 1975년 이후에 되돌아갔다. 더 자세한 사항은 본문 참조.

예를 들어 큰 농장을 가진 사람은 세 표를 추가로 던질 수 있었고, 고학력자와 50세가 넘은 사람들도 추가 투표권을 얻었다.

미국에서는 주 정부가 '인종, 피부색, 과거의 노예 신분 등을 근거로 투표권을 부인하는 것을 금지'하는 수정 헌법 15조에 따라 1870년부터 흑인 남자에게 투표권이 부여되었다. 그러나 남부 주들은 1890년(미시시피주)부터 1908년(조지아주) 사이에 흑인 투표권을 박탈했다. 노골적으로 인종 차별적인 방법을 사용할 수 없었기 때문에 인두세와 재산 보유 요건 같은 조건들(이로 인해 일부 백인들도 선거권을 잃었다)뿐 아니라, 문맹인 백인들에게는 엄청나게 관대한 식자 능력 시험을 도입했다. 이로 인해 극소수의 흑인들을 제외하고 남부의 흑인들은 거의 모두 투표권을 잃었다. 예를 들어 루이지애나주에서는 1896년 선거에서 13만 명의 흑인이 투표를 했지만 1900년에 투표를 한 흑인은 5000명에 불과했다.[13] 게다가 투표 자격 요건을 충족시킨 흑인들마저 많은 수가 폭력의 위협 때문에 선거권 등록을 하지 못했고, 등록을 한 사람들도 투표를 못 하는 경우가 많았다. 이런 상황은 흑인 민권 운동 이후 투표권법Voting Rights Act이 제정된 1965년까지도 계속되었다.

스페인에서는 1931년 보통 선거권이 도입된 후 중도 좌파 정부가 집권을 하자 이에 대한 반작용으로 1936년 보수 세력이 군사 쿠데타를 일으켰고 1977년 프랑코가 사망할 때까지 민주주의가 유보되었다.[14]

13 Garraty and Carnes 2000, pp.445, 473; Foner 1998, p.154; Kruman 1991, p.1045.
14 Linz 1995; Carr 1980.

1차 대전이 끝날 무렵까지는 대부분의 선진국에서 (백인) 남성에게 는 보통 선거권이 주어졌다. 그러나 민주주의라는 단어의 의미만을 생각해도 이런 나라들을 민주 국가라고 부를 수는 없다. 여성과 소수 인종은 투표를 할 수 없었기 때문이다. 표 2.1에 나오는 19개 선진국 의 대다수가 전 국민을 대상으로 한 보통 선거권을 도입한 것은 1946 년에 이르러서였다.

여성이 최초로 선거권을 획득한 나라는 오스트레일리아(1903년)와 뉴질랜드(1907년)이다. 그러나 오스트레일리아는 1962년까지 유색 인종들에게 선거권을 주지 않았다. 노르웨이에서는 1907년부터 세금 을 내거나 세금을 내는 남성과 혼인 관계에 있는 여성은 투표를 할 수 있었고, 국민 모두에게 투표권이 확대된 것은 1913년이었다.[15] 미국 에서 여성이 투표를 할 수 있게 된 것은 1920년, 영국에서는 1928년 이 되어서야 가능해졌다. 독일, 이탈리아, 핀란드, 프랑스, 벨기에 등 은 2차 대전 이후에야 여성들이 투표할 수 있게 되었다. 스위스의 경 우 남성 보통 선거권이 도입된 지 거의 100년이 지나서야 여성들도 투표권이 생겼다(남성 1879년, 여성 1971년).

정치적 이념에 따라 투표권을 제한하는 나라도 일부 있었다. 핀란 드에서는 1944년까지 공산주의자들에게 투표권을 주지 않았다. 소수 유색 인종 집단의 존재감이 큰 나라, 가령 오스트레일리아 같은 나라 에서는 인종에 제한을 두기도 했다. 미국의 경우 북부 주에서조차 흑 인들의 투표권은 남북 전쟁이 발발하기 전까지도 제한되었다. 예를 들어 1821년 뉴욕주에서는 재산을 가진 사람에게만 투표권을 주는

15 Nerbørvik 1986, p.125.

제한 조건을 백인들에게는 폐지했지만 흑인들에게는 오히려 '뉴욕주의 거의 모든 흑인 주민에게는 불가능한 수준'인 250달러로 인상했다. 1860년에 접어들면서 흑인들도 백인들과 같은 조건으로 (물론 남성에게만) 투표권을 주는 주가 있었지만 그것도 뉴잉글랜드 지방의 5개 주에 불과했다.[16] 수정 헌법 15조가 발효된 후에도 공식(문맹 여부, '인격', 재산 등의 조건), 비공식(폭력의 위험 등)적인 제한들 때문에 흑인들이 투표권을 행사하는 것이 극도로 어려웠다.[17]

선진국이 민주주의의 형식을 갖춘 후에도 내용은 매우 빈약한 경우가 많아서 현대의 개발도상국의 상황과 다르지 않았다. 인종, 성별, 재산 정도에 따라 투표권을 제한한 '질'의 문제는 이미 언급한 바 있다. 그러나 이야기는 거기서 그치지 않는다.

첫째, 20세기까지도 무기명 투표가 일반화되지 않았다. 민주적 제도 면에서 상대적으로 앞서 있던 노르웨이도[18] 1884년에야 무기명 투표를 도입했다. 프로이센에서는 비밀 투표를 할 수 없었기 때문에 고용주들은 고용인들에게 자기들이 원하는 특정 방향으로 투표하도록 강요할 수 있었다. 프랑스에서는 남성 보통 선거권이 도입된 후 몇십 년이 지난 1913년이 되어서야 투표 봉투와 투표소를 사용하기 시작했다.[19]

---

16 Foner 1998, p.74.
17 위의 내용 참조. 추가로 Therborn (1977), Silbey (1995)도 참조.
18 예를 들어 1814년 노르웨이 남성의 45퍼센트가 투표할 권한을 가지고 있었다 (Nervørvik 1986, p.119). 이는 영국(1832년 18퍼센트)과 비교된다. id. (p.125), Kreutzer (1996) 참조.
19 Kreutzer 1996.

둘째, 매표vote buying와 선거 부정이 횡행했다. 영국에서는 19세기 말까지 뇌물, 해고 위협 혹은 고용 약속 등이 선거에서 널리 사용되는 관행이 있었다. 선거 부정을 없애려는 진지한 시도가 처음으로 나온 것은 1853~1854년의 부패행위법Corruption Practice Act이 통과된 후였다. 이 법은 최초로 뇌물, '향응', 부당한 영향력이나 위협 등의 행위에 대한 정의를 내리고 선거 개표와 감사 절차를 확립했다. 그러나 실효성은 거의 없었다.[20] 1883년에 부패 및 불법 관행에 관한 법Corruption and Illegal Practices Act이 제정되면서 선거 부정을 상당히 줄이는 데 성공했지만, 20세기가 되고도 한참 동안은 특히 지방 선거 등에서 문제가 사라지지 않았다.[21] 미국에서 남성 전체에 대한 보통 선거권이 도입된 후 몇십 년 동안은 공무원들이 정당 정치 캠페인에 동원되는 경우(선거 자금 기부 강요 등도 포함)가 비일비재했고, 선거 부정과 매표도 흔한 일이었다.[22]

이렇듯 선거 비용이 너무도 많이 들기 때문에 당선된 인물이 부패하는 것도 놀라운 일이 아니었다. 19세기 말 미국 입법부의 부패, 특히 주 의회의 부패가 너무 심해서 후에 대통령이 된 루스벨트Theodore Roosevelt는 뉴욕주 의회 의원들이 로비 단체들에게 공개적으로 자기의 표를 파는 것을 보고 "이들은 대머리수리들이 죽은 양을 보듯 공

---

20 O'Leary 1962, pp.23-25.

21 Searle 1987; Howe 1979-1980.

22 여기에는 또 뇌물을 받고 외국인들을 시민권자로 둔갑시키는 것도 포함된다. 이런 일은 "신시내티 돈육 처리장에서 돼지를 도살해 처리하는 과정만큼이나 형식이고 뭐고 없이 행해지곤 했다"라고 1868년《뉴욕 트리뷴New York Tribune》은 전한다 (Cochran and Miller 1942, pp.159). Cochran and Miller (1942, pp.158-159), Benson (1978)도 참조.

직 생활과 공무를 대하는 것 같다"라고 한탄했다.[23]

이런 면에서 볼 때 선진국들이 민주주의를 완성하기까지 지나온 여정은 험난했다고 할 수 있겠다. 수십 년에 걸쳐 정치적 투쟁을 하고 (예를 들어 여성 및 흑인들의 선거권 운동) 선거 제도 개편을 한 끝에야 비로소 이 나라들도 보통 선거권, 비밀 투표와 같은 민주주의의 가장 기초적인 제도를 갖추게 되었고, 그런 후에도 선거 부정과 매표와 폭력 등으로 점철되었던 단계를 거쳐야 했다.

경제 개발 초기 단계의 선진국들과 비교할 때, 현재의 개발도상국들은 이런 면에서 더 나은 성적을 보인다는 사실은 흥미롭다. 표 2.2에서 볼 수 있듯이 선진국들은 1인당 소득이 2000달러(1990년 미 달러 기준으로 환산한 수치)가 되기 전에는 어느 나라에서도 보통 선거권을 인정하지 않은 데 반해, 현재 산업화를 추진하고 있는 개발도상국들은 개발 단계가 그보다 훨씬 못 미쳤을 때부터 보통 선거권을 도입했다.

물론 이 중 많은 개발도상국이 선진국이 과거에 그랬던 것처럼 여러 번의 퇴보, 특히 군부 쿠데타 등으로 인한 퇴보를 경험했다. 그러

---

23 Garraty and Carnes 2000, p.472. 공개적 매표 행위는 특히 1860년대와 1870년대에 횡행했다. 소속당에 상관없이 '흑마 기병대Black Horse Cavalry'라고 불리던 이 부패한 의원들은 철도법에 대한 값으로 표 한 장에 1000달러를 요구했고, 활발한 입찰로 인해 결국 표당 가격이 5000달러까지 치솟았다. 이들은 또 통과되면 부자와 기업들에게 큰 손해를 끼치게 될 '파업법'을 상정해 놓고 법안을 통과시키지 않는 조건으로 돈을 요구하기도 했다. 그 결과 일부 기업들은 법안을 홍정하는 로비 단체를 만들어 협박을 피하는 대책을 만들기도 했다. 자세한 내용은 Benson (1978, pp.59-60) 참조.

표 2.2 **보통 선거권이 도입된 시점의 1인당 소득 수준** (달러 기준)

1인당 GDP (1990년 미국 달러 기준)	현 선진국들 (보통 선거권 도입 연도 / 1인당 GDP)	현 개발도상국들 (보통 선거권 도입 연도 / 1인당 GDP)
1000 미만		대한민국 (1948 / 777) 미얀마 (1948 / 393)[2] 방글라데시 (1947 / 585)[1] 에티오피아 (1955 / 295) 이집트 (1952 / 542) 인도 (1947 / 641) 인도네시아 (1945 / 514) 자이레 (1967 / 707) 케냐 (1963 / 713) 탄자니아 (1962 / 506) 파키스탄 (1947 / 631)[1]
1000~1999		가나 (1957 / 1,159) 나이지리아 (1979 / 1,189) 멕시코 (1947 / 1,882) 불가리아 (1945 / 1,073) 터키 (1946 / 1,129) 헝가리 (1945 / 1,721)
2,000~2,999	노르웨이 (1913 / 2,275) 독일 (1946 / 2,503) 스웨덴 (1918 / 2,533) 오스트리아 (1918 / 2,572) 이탈리아 (1946 / 2,448) 일본 (1952 / 2,277)[3]	콜롬비아 (1957 / 2,382) 페루 (1956 / 2,732) 필리핀 (1981 / 2,526)
3,000~3,999	덴마크 (1915 / 3,635) 프랑스 (1946 / 3,819) 핀란드 (1944 / 3,578)	대만 (1972 / 3,313) 칠레 (1949 / 3,715)
4,000~4,999	네덜란드 (1919 / 4,022) 벨기에 (1948 / 4,917)	브라질 (1977 / 4,613)
5,000~9,999	뉴질랜드 (1907 / 5,367)[4] 영국 (1928 / 5,115) 포르투갈 (1970 / 5,885) 오스트레일리아 (1962 / 8,691)	베네수엘라 (1947 / 6,894) 아르헨티나 (1947 / 5,089)
10,000 이상	미국 (1965 / 13,316) 스위스 (1971 / 17,142) 캐나다 (1970 / 11,758)[5]	

출처: 서본 (1977); 《선거Elections》(1989); 매디슨 (1995).

1. 1948년 1인당 GDP.
2. 1950년 1인당 GDP.
3. 2차 대전 후 들어선 미 점령군에 의해 보통 선거권을 포함한 헌법이 마련됐으나, 1952년 미 군정이 끝날 때까지 발효되지 않았다.
4. 자치령 지위를 얻은 시기.
5. 그 해의 선거법이 완전한 보통 선거권을 인정한 시기.

나 현재 개발도상국의 비민주적 정부들도 선거 자체를 실시하지 않은 적은 있지만 선진국이 과거에 당연한 듯이 했던 재산 소유나 성별, 인종 등에 근거해서 선별적인 선거권을 주는 일은 없었다. 다시 말하면 보통 선거권을 실제로 실행에 옮기는지 여부와 상관없이 그 개념 자체는 과거의 선진국보다 그와 비슷한 개발 단계에 있는 현대의 개발도상국에서 훨씬 더 널리 받아들여지고 있다.

2 관료 제도와 사법 제도의 역사

2.1 관료 제도의 역사

정부의 적극적인 역할에 회의적인 사람들조차 경제가 발전하는 데 효율적이고 청렴한 관료 제도가 결정적이라는 사실을 부정하는 사람은 거의 없을 것이다.[24] 그러나 효율성과 청렴함을 어떻게 정의해야 하는지, 어떤 인센티브 시스템을 마련해야 효율적이고 청렴한 관료 제도에 이를 수 있을지에 대해서는 진지한 논의가 계속되고 있다.

지난 세기에 주류로 받아들여졌던 견해는 독일의 경제학자이자 사회학자인 막스 베버가 내놓은 이론이다. 그는 현대적 관료 제도는 능력 중심으로 채용을 하고 장기 고용, 일반 행정 관리(전문인 관리가 아닌), 폐쇄형 인사 체제를 유지하되 규정에 근거한 경영으로 응집력을

---

24 World Bank (1997, chapter 6)는 현재 이 문제에 관해 진행되고 있는 논쟁 중 국제 개발 정책 주도 세력들의 시각을 잘 요약하고 있다.

도모하도록 해야 한다고 주장했다.[25] 그러나 더 최근에 와서는 '신공공관리론NPM(New Public Management)' 계통의 연구 논문이 나오면서 베버식 통설이 도전받고 있다. 이 진영에서는 단기 고용, 전문인 관리, 비폐쇄형 인사 체제를 유지하면서 금전적 인센티브를 강화하고, 측정 가능하고 투명한 업무 평가를 기본으로 한 '사무적인(일정 거리를 유지하는)' 경영 스타일을 통해 관료 제도의 개혁을 이루어 내야 한다고 주장한다.[26]

신공공관리론 진영에서 주장하는 변화는 선진국에 이미 존재하는 베버식의 관료 제도를 미세 조정하는 데는 유용할지 모르지만, 대부분의 개발도상국이 직면한 이슈는 어떻게 하면 베버가 묘사한 관료 제도의 기초라도 갖출 수 있는가 하는 문제일 것이다.[27] 이는 현재의 선진국들이 경제 개발 단계에 있던 과거에 부딪혔던 문제이기도 하다.

18세기까지도 대부분의 선진국에서 경우에 따라 관직이나 작위를 정해진 가격에 공개적으로 거래하는 일이 비일비재했다는 것은 잘 알려진 사실이다. 프리드리히 빌헬름 1세(1717~1740) 때 광범위한 관료 체제 개혁이 있기 전까지 프로이센에서는 공식적으로 관직을 매매하지는 않았지만 첫해 연봉에 관례적으로 부과되는 세금을 가장 많이 내겠다고 하는 사람에게 그 관직을 주는 경우가 많았다.[28]

25 Weber 1968. 이 시각에 대한 더 자세한 논의는 Evans (1995, chapter 2) 참조.
26 NPM 관계 문헌에 대한 비평적 평가는 Hughes (1994), Hood (1995, 1998) 참조.
27 Rauch and Evans (2000)는 주장을 뒷받침하는 통계학적 증거를 제시한다.
28 Kindleberger 1984, pp.160-161 (영국에 관해); pp.168-169 (프랑스에 관해); Dorwart 1953, p.192 (러시아에 관해) 참조.

관직을 공공연하게 사고팔았기 때문에 다수의 선진국에서는 관직이 공식적으로 사유 재산으로 간주되었다. 예를 들어 프랑스에서는 바로 그런 이유에서 제3공화국(1873년)이 들어서기 전까지는 관료 징계 수단을 도입하기가 매우 어려웠다.[29] 영국에서는 19세기 초 개혁이 진행되기 전까지 정부 부처들은 의회에 보고할 의무가 없는 사적 조직으로, 직원들에게 월급이 아닌 수수료를 지급했고, 일은 하지 않고 명목상으로만 직책을 유지하는 직원들도 많았다.[30] 관직을 매도하는 것과 관련해서 세금 징수를 대행하는 관행도 좋은 예이다. 이 관행은 시민 혁명이 나기 전 프랑스에서 가장 만연했지만 영국과 네덜란드 등을 포함한 다른 나라에서도 흔한 일이었다(더 자세한 사항은 2부 1장 '5.4 공공 재정 제도의 역사' 참조).

집권 여당에 충성한 사람들에게 관직을 나누어 주는 '엽관제spoil system'는 1828년 잭슨Jackson 대통령이 선거에서 이긴 후 양당제가 확립되면서 미국 정치의 핵심 요소로 자리 잡았다. 이 현상은 남북 전쟁 후 몇십 년 동안 더 심해졌다.[31] 19세기 내내 행정 조직의 개혁을 통해 전문적이고 비당파적인 관료 체제를 만들어야 한다는 목소리가 높았지만 1883년 펜들턴 법Pendleton Act(자세한 사항은 이어지는 내용 참조)이 제정되기 전까지는 별다른 진척이 없었다.[32] 이탈리아와 스페인에서도 엽관제가 19세기 내내 사용되었다.[33]

[29] Anderson and Anderson 1978.

[30] Finer 1989.

[31] Cochran and Miller 1941, pp.156-160; Garraty and Carnes 2000, pp.253-254; Finer 1989.

[32] Garraty and Carnes 2000, p.472, pp.581-583.

[33] Anderson and Anderson 1978.

공직 매매에 더해 연고에 의지한 정실 인사도 횡행했다. 당연히 이에 관한 역사적 자료를 구하는 것은 어려운 일이고, 얻을 수 있는 자료도 조심스러운 해석이 필요하다. 프랑스와 독일의 엘리트 관료들 중 상당수의 아버지가 고위 관직에 재직하고 있다고 파악한 암스트롱Armstrong의 보고서를 볼 때 연고에 따른 인사의 빈도가 상당히 높았음을 짐작할 수 있다.[34] 산업화 이전(19세기 초) 프랑스의 고위 관료 중 약 23퍼센트가 엘리트 관료로 재직한 경력이 있는 아버지를 둔 사람들이었다. 19세기 중반 산업화에 박차를 가하기 시작할 무렵에도 이 비율은 여전히 21퍼센트에 달했다. 프로이센도 이 수치가 각각 31퍼센트, 26퍼센트였다.[35] 포이히트방거Feuchtwanger는 프리드리히 빌헬름 1세 때의 광범위한 관료 제도 개편 후에도 "연고주의는 여전히 만연했고 사실상 세습되는 관직도 많았다"라고 주장한다.[36] 프로이센에서는 채용 조건을 바꿔서 고학력 중하위 계층을 경쟁에서 제외시켜 버렸다. 그 결과 1860년대에는 "채용 과정을 매우 조심스럽게 통제해서 귀족과 부유한 중산층들로 이루어진 엘리트 행정 관료층이 생겨났다."[37]

관직 매매와 엽관제, 정실 인사가 횡행했으니 적어도 19세기 후반

---

[34] Armstrong 1973.
[35] 물론 모든 인사가 연고에 따른 것은 아니었다.
[36] Feuchtwanger 1970, p.45.
[37] Armstrong 1973, pp.79-81. 그러나 '귀족'이라는 용어를 여기서는 다소 조심스럽게 해석해야 한다. 대선제후大選帝侯라 불리는 프리드리히 빌헬름(1640~1688) 때부터 프로이센에서는 고위 공직에 오른 평민들에게 작위를 내리는 것이 관례였기 때문이다 (Feuchtwanger 1970, p.45-46).

까지 선진국의 관료들 사이에 전문가 정신이 결여된 것도 놀라운 일이 아니다. 미국의 잭슨파는 전문 지식을 멸시하고 관료의 전문화에 반대했다. 최대한 많은 수의 시민들이 정부 활동에 참여해야 한다는 이유에서였다. 경쟁 절차를 거쳐 연방 관료를 뽑기 위해 중앙 인사 위원회 설립을 규정한 1883년 펜들턴 법 제정 이후에도 경쟁을 통해 뽑힌 사람들은 공무원의 10퍼센트 정도에 지나지 않았다. 19세기 후반 이탈리아의 행정 관료들은 "재직 기간, 해직, 연금 등에 대해 법적 관습적 보장이 전혀 없었고 법에 호소할 길도 없었다." 한편 스페인에서는 20세기 초까지도 공직을 얻으려면 파드리나스고padrinazgo(대부 제도Godfathership)라고 알려진 관행을 거치는 경우가 많았다. 19세기 영국에 이어 세계 두 번째로 산업화가 진행되었던 벨기에마저 1933년까지 관료 사회가 완전히 전문화되지 않았다.[38]

선진국의 관료 제도가 현대화한 것은 오랜 세월에 걸쳐 이루어진 개혁 과정이 지나서야 가능했다. 이런 면에서 선구자는 프로이센이었다. 1713년에 즉위한 프리드리히 빌헬름 1세는 바로 같은 해에 광범위한 관료 체제 개혁을 실시했다. 이 개혁은 25개가 넘는 지역(모두 지리적으로 연결되어 있지도 않았다)에 흩어져 있던 관청들을 중앙으로 모으고, 관료의 지위를 개인적으로 왕족을 섬기던 신하의 신분에서 정부를 위해 일하는 공무원 신분으로 바꾸며, 적절한 급여를 현금(이전에는 현물 지급이었다)으로 지불하고, 엄격한 감독 체제를 도입

---

38 Garraty and Carnes 2000, pp.254, 583 (미국에 관해); Clark 1996, p.55 (이탈리아에 관해); Palacio 1988, p.496 (스페인에 관해); Baudhuin 1946, pp.203-204 (벨기에에 관해).

하는 것을 골자로 했다.[39] 이 조처들과 그의 아들 프리드리히 대왕 (1740~1786)이 추가로 택한 조처들 덕분에 19세기 초에 접어들 무렵 프로이센은 현대적(베버식) 관료 제도의 핵심 요소인 채용 시험, 위계 조직, 연금 제도, 징계 절차 및 재직 기간의 보장 등을 모두 갖추었다고 말할 수 있게 되었다. 바바리아, 바덴, 헤세와 같은 독일의 다른 주들도 19세기 초부터 이와 비슷하게 중대한 진전을 보였다.[40]

영국에서는 1780년부터 1834년 사이에 있었던 개혁 조치들의 결과로 명목상으로만 유지하는 직책들이 사라졌다. 19세기 상반기에는 관직에 대한 지불 수단도 수수료가 아닌 월급으로 바뀌었다. 영국의 각 부처가 사설 조직에서 현대적 의미의 정부 기관으로 바뀐 것도 이즈음이 되어서야 이루어진 일이다. 영국의 관료 제도가 눈에 띄게 현대화된 것은 1860년대 이후이다.[41] 미국은 1880년대와 1890년대에 걸쳐 관료의 전문화를 위한 중요한 진전을 이루어 냈다. 연방 정부 인력 중 경쟁을 거쳐 채용된 인원의 비율이 1883년 펜들턴 법이 도입되었을 때만 해도 10퍼센트였던 것이 1897년에는 50퍼센트 가까이 증가했기 때문이다.[42]

39 더 자세한 내용은 Dorwart (1953) Feuchtwanger (1970) Gothelf (2000) 참조.
40 현재의 개발도상국 상황에서 본 현대적 '베버식' 관료 체제의 성격에 관한 논의는 Rauch and Evans (2000), Anderson and Anderson (1978) 참조. Blackbourn (1997, pp.76-77, 82-84)도 참조.
41 Hobsbawm 1999, p.209.
42 Benson 1978, pp.81, 85.

2.2 사법 제도의 역사

요즘 벌어지는 '바람직한 통치 제도'에 대한 논의에서는 정치적으로 독립된 사법부가 '법치'를 행하는 것을 매우 중요한 요소로 다룬다.[43] 그러나 우리는 이 '사법부 독립'이라는 개념을 조심스러운 태도로 받아들여야 한다.

매우 높은 수준의 정치적 독립성을 확보한 사법부(예를 들어 독일이나 일본 사법부)라 하더라도 민주적 책임성이 결여되어 있다면 꼭 바람직한 것은 아니라고 주장할 수 있다. 바로 이런 이유에서 법관 중 일부를 선거로 선출하는 나라도 있다. 이런 나라 중 가장 잘 알려진 예가 현대의 미국과 19세기의 영국이다.[44] 영국에서는 사법부와 입법부의 경계가 모호한데 최고위 법관들이 상원 의원 직도 겸임하기 때문이다. 그러나 이것이 심각한 문제라고 생각하는 사람은 별로 없다.

이런 점들을 감안할 때 사법부의 질은 정치적 독립성뿐 아니라 여러 차원에서 결정된다는 사실을 이해할 필요가 있다. 법관들의 전문성, 그들이 내리는 판결의 질(단순히 좁은 '법치'적 시각에서뿐 아니라 더 넓은 사회적 시각에서 볼 때 바람직한 판결), 그 체제를 관리하고 유지하는 데 드는 비용 등의 요소를 모두 따져야 한다는 의미이다.

오늘날의 개발도상국과 마찬가지로 다수의 선진국에서도 19세기 말 혹은 그 이후까지 사법부가 정치권으로부터 과도한 영향을 받고,

---

43 '법치' 담론에 대한 비판은 Upham (2000), Ohnesorge (2000) 참조.
44 Upham (2000) 참조.

임용(혹은 선출되는 경우에는 선거) 비리에 시달려야 했다. 또 법관으로서 거의 혹은 전혀 훈련을 받지 않았음에도 불구하고 사회의 극소수에 해당하는 특권층 출신의 남성들만을 임용해서 매우 편향되고 비전문적인 판결을 내리는 경우도 비일비재했다.

영국에서는 1853~1854년에 제정된 반부패법anti-corruption laws(앞의 내용 참조)도 부패와 정당 공작 정치의 온상이었던 검시관coroner 선거에는 아무런 영향도 주지 못했다. 주 단위 검시관 선거는 1888년에야 폐지되었고, 주 검시관이 되려면 전문가로서의 자격 요건을 갖춰야 한다는 의무 규정도 1926년에야 도입되었다.[45]

19세기 말 독일은 '법치'를 향한 인상적인 진전을 이루어 냈고, 그 결과 19세기 말경에는 대체적으로 독립적인 사법부가 확립되었다. 그러나 법 앞의 평등은 여전히 먼 현실이어서 군부나 중산층이 저지른 범죄가 법의 심판을 받는 빈도가 더 낮았고, 처벌 역시 상대적으로 덜 엄격했다. 이러한 '계층에 따라 다른 정의'의 문제는 당시 영국, 미국, 프랑스 등 거의 모든 선진국이 똑같이 가지고 있던 문제였다.[46] 이탈리아에서는 적어도 19세기 말까지 판사들이 법을 공부하지 않은 경우가 대부분이었고, "다른 사람들은 물론이고 자신도 정치적 압력으로부터 보호할 수 없었다."[47]

45 Glasgow 1999.
46 Blackbourn 1997, p.384.
47 Clark 1996, p.54.

3 재산권 제도의 역사

'바람직한 통치 제도'에 관한 담론에서 재산권 보호의 '질'은 핵심적 요소 중의 하나로 등장한다. 재산권 보호가 투자 동기를 부여하는 데 중요하고 따라서 부의 창출에 결정적 요인이라는 논리에서이다. 그러나 재산권의 '질'을 측정하는 것은 쉬운 일이 아니다. 계약법, 회사법, 파산법, 상속법, 세법, (도시 구획 설정법, 환경 기준, 화재 안전 수칙을 비롯한) 토지 사용에 관한 각종 법 등 수많은 요소를 고려해야 하기 때문이다.

실증적 연구에서는 '집계의 문제'를 피하기 위해 설문 응답자들에게 재산권 제도(예를 들어 '계약 및 재산권의 보장', '계약 및 재산권의 행사' 등)의 전반적 질을 평가해서 점수를 매기도록 요구하는 경우가 많다.[48] 그러나 여기에서 시도하는 역사적 비교 작업에는 이 정도의 미봉책조차 적용할 수가 없다.

따라서 상대적으로 더 '측정이 용이한' 요소들, 예를 들어 보통 선거권의 여부로 민주주의를 측정하거나 중앙은행의 존재 여부로 금융 제도의 발달을 측정하는 등의 요소를 사용해서 제도 발전을 논의했던 이 장의 다른 부분과는 달리, 재산권의 질을 시대별, 국가별로 살펴보고 비교하는 것은 불가능하다.

이런 식의 분석 방법을 쉽게 적용할 수 있는 측면이 재산권 부문에도 있기는 하다. 그것은 바로 뚜렷하게 식별이 가능한 몇몇 법률들, 예를 들어 특허법과 그보다는 중요하지 않지만 저작권법과 상표법으

---

48 예를 찾아보려면 Aron (2000, table 1) 참조.

로 규정된 지적 재산권이다. 따라서 여기서는 선진국이 밟아 온 지적 재산권 제도의 진화를 실증적 분석 자료를 통해 살펴보고자 한다. 그러나 무엇보다도 먼저 경제 발전에서 재산권의 역할에 대해 이론적으로 몇 가지 짚고 넘어가는 것이 순서인 듯하다.

3.1 재산권과 경제 발전에 관한 몇 가지 오해

현대에 주류로 받아들여지는 담론에서는 재산권을 더 강력하게 보호할수록 경제 발전에 유리하다는 신념이 팽배해 있다. 재산권 보호가 부의 창출을 장려하기 때문이라는 것이 그 이유이다. 재산권 보호를 끊임없이 걱정해야 한다면 장기 투자와 성장에 악영향이 미친다는 주장은 타당할지 모르지만, 경제 발전에서 재산권이 하는 역할은 이런 종류의 주장이 그리는 그림보다 훨씬 더 복잡하다.

　재산권의 보장은 그 자체가 바람직한 것이라고 할 수는 없다. 특정 재산권의 보존이 경제 발전에 해가 되거나, 또 이미 존재하는 재산권을 침해해서 (그리고 새로운 재산권 보호법을 만들어 내서) 경제 발전에 유익한 결과를 도출한 사례는 역사적으로 허다하다.

　가장 잘 알려진 예는 영국의 엔클로저Enclosure일 것이다. 엔클로저는 공유지에 울타리를 설치함으로써 기존의 공동체 재산권을 침해했지만 그렇게 해서 빼앗은 땅에 양을 길러서 모직 산업 발전에 공헌했다. 또 다른 예로 데 소토De Soto가 기록한 미국의 서부 개척 역사가 있다. 데 소토는 기존 소유자들의 권리를 침해하고 무단 침입자들의 권리를 인정한 것이 미국 서부 개척에 핵심적인 역할을 했다고 본다.

업햄Upham이 인용한 1868년의 샌더슨 판례도 그 한 예이다. 이 판결에서 펜실베이니아 대법원은 기존 지주들의 맑은 물 이용권을 존중하는 대신 당시 펜실베이니아주의 핵심 산업이었던 석탄 산업의 편을 들었다.[49] 일본, 한국, 대만이 2차 대전 후 단행한 토지 개혁도 지주들의 기존 재산권을 침해했지만 경제 발전에는 기여를 했다. 또 2차 대전 후 오스트리아, 프랑스 등이 산업 국유화를 실시해서 보수적이고 비역동적이던 산업 자본가 계층에서 현대적 기술과 공격적 투자를 선호하는 전문적인 공공 부문 관리자들에게 일부 산업 재산을 넘김으로써 산업 발전에 큰 공헌을 했다고 생각하는 사람들이 많다.

　따라서 경제 발전에 중요한 것은 성격에 상관없이 기존 재산권을 모두 무조건 보호하는 일이 아니라, 어떤 상황에서 어떤 재산권을 보호해야 하는지를 선택하고 결정하는 일이다. 특정 재산을 현재의 소유주보다 더 잘 활용할 수 있는 사회 구성원들이 존재한다면, 기존의 재산권을 보호하기보다는 새로운 재산권을 만들어 그 재산을 후자에게 양도하는 것이 사회 전체를 위해서는 더 나은 일일 수도 있다. 이런 개괄적인 사항을 염두에 두고 지적 재산권 제도의 상세한 부분을 살펴보자.

3.2 지적 재산권 제도의 역사

최초로 특허권 보호 제도가 탄생한 것은 1474년 베니스에서였다. 새로운 기술과 기계를 발명한 사람에게 10년간 특허권을 인정한 것이

49 De Soto 2000; Upham 2000.

다. 16세기에 일부 독일의 주, 특히 작센에서는 완전히 체계적이지는 않았지만 모종의 특허법이 시행되었다. 영국에서는 1623년에 독점 조례의 제정으로 최초의 특허법이 도입되었지만 많은 학자들이 1852년 개정이 되기 전까지는 '특허법'이라는 이름을 붙일 수 없다고 주장한다.[50] 프랑스는 1791년, 미국은 1793년, 오스트리아는 1794년에 특허법이 도입되었다.

앞에서 언급했듯이 러시아(1812년), 프로이센(1815년), 벨기에와 네덜란드(1817년), 스페인(1820년), 바이에른(1825년), 사르디니아(1826년), 바티칸 공국(1833년), 스웨덴(1834년), 뷔르템베르크(1836년), 포르투갈(1837년), 작센(1843년) 등을 포함한 다른 대부분의 선진국은 19세기 초반에 특허법을 도입했다. 일본이 최초의 특허법을 제정한 것은 1885년이다.[51] 이 나라들은 지적 재산권의 다른 요소인 저작권법(1709년 영국에서 최초로 제정), 상표법(1862년 영국에서 최초로 제정) 등을 19세기 후반에 차례로 도입했다.

이 시점에서 초기의 모든 지적 재산권 보호 제도는 현대의 기준으로 보면 '결함deficient'이 매우 많았다는 사실에 주목해야 한다.[52] 특허법에 공시 의무 규정이 명시되어 있지 않았고, 특허 출원 시 신청과 처리 과정에 드는 비용이 높은 데 반해 특허권자에 대한 보호는 충분

---

[50] McLeod 1988.

[51] Penrose 1951, p.13; Doi 1980 (일본에 관해) 참조.

[52] '결함'이라는 표현에 따옴표를 사용한 것은 무엇이 결함인지는 어느 정도 각자의 시각에 달려 있기 때문이다. 예를 들어 화학 및 의약품에 대한 물질 특허는 허용되지 않아야 한다고 믿는 사람들이 있는 반면에 그런 특허가 필요하다고 생각하는 사람들도 있다.

치 못한 나라가 많았다. 또 대부분의 특허법은 발명품의 독창성을 확인하는 부분이 매우 느슨했다. 예를 들어 미국의 경우 1836년의 특허법 정비 이전까지는 발명품의 진위 여부를 확인하지도 않고 특허권을 부여했다. 이로 인해 수입된 기술에 대해 내국인에게 특허권을 주었을 뿐 아니라 이미 사용 중인 장비에 특허 출원을 해서 그 장비를 쓰는 사람들에게 특허권 위반 사실을 고소한다고 위협해 정기적으로 돈을 갈취하는 '지대 추구rent-seeking' 행위가 빈번히 벌어졌다.[53] 화학 및 의약품에 대한 공정 특허는 인정하는 나라가 많았지만 물질 특허를 인정해 주는 나라는 거의 없었던 것이다. 참고로 이제는 세계 무역 기구WTO를 통해 맺어진 '무역에 관한 지적 재산권 협약TRIPS'에 따라 최빈국(2006년까지만)들을 제외하고 이런 관행은 불법이 되었다.[54]

법률이 제정되었다고 하지만 특허권자에 대한 보호, 특히 외국인의 지적 재산권에 대한 보호는 매우 미흡했다. WTO의 무역에 관한 지적 재산권 협약이 나온 후 논쟁의 중심이 되는 부분이기도 하다(더 자세한 사항은 1부 2장 '3 경쟁국들에 대한 앞서가기 전략'에 인용된 내용 참조).

[53] 따라서 Cochran and Miller (1942, p.14)는, 1820년부터 1830년 사이에 영국에서는 연간 145개의 특허가 출원된 반면에 미국에서는 연간 535개의 특허가 출원된 것은 '양심scruples'의 차이였다고 주장한다. 이 주장과 반대편에 있는 소콜로프Sokoloff와 칸Khan은 '바람직한good' 특허권 제도 덕분에 1810년경에는 1인당 특허 출원 건수에서 미국이 영국을 훨씬 앞질렀다는 견해를 피력한다 (2000, p.5).

[54] 서독에서는 1967년, 스칸디나비아 국가들에서는 1968년, 일본에서는 1976년, 스위스에서는 1978년, 스페인에서는 1992년까지 화학 물질에 대한 특허를 받을 수 없었다. 의약품에 대한 특허는 서독과 프랑스에서는 1967년, 이탈리아에서는 1979년, 스페인에서는 1992년까지 허용되지 않았다. 캐나다에서도 1990년대까지 의약품 특허 출원이 불가능했다. 자세한 내용은 Patel (1989, p.980) 참조.

앞에서도 지적했지만 19세기에 대부분의 특허법은 발명품의 독창성을 확인하는 절차가 매우 느슨했다. 게다가 1부에서 살펴보았듯이 영국(1852년 이전), 네덜란드, 오스트리아, 프랑스 등을 포함한 대부분의 나라에서는 수입된 발명품에 대해 자국민의 특허 출원을 공공연하게 인정했다. 특허법과 관련해서 스위스와 네덜란드의 사례는 더 자세히 살펴볼 필요가 있다.[55]

앞에서도(1부 1장 '6.2 네덜란드의 따라잡기 전략' 참조) 살펴보았듯이 네덜란드는 1817년에 제정한 특허법을 1869년에 폐지했다. 당시 기준으로 봐서도 상당히 결함이 많은 법이기도 했지만[56] 유럽을 휩쓸던 특허법 반대 운동의 영향을 받은 결과였다. 자유 무역 운동과 밀접한 관련이 있는 이 특허법 반대 운동에서는 특허가 다른 독점적 관행과 조금도 다르지 않다고 비난했다.[57]

스위스는 어떤 발명품에도 지적 재산권을 인정하지 않다가 1888년에야 기계의 발명(기계 모형으로 표현할 수 있는 발명)[58]에 대해서만 특허를 인정하는 법을 도입했다. 1907년 화학 및 의약품 관련 발명품을 스위스가 도용하는 데 대해 독일이 무역 제재 위협을 가한 것을 계기로 특허법이라고 부를 만한 법률이 제정되었다. 그러나 이 법률마저 수많은 예외 조항, 특히 화학 물질(화학 공정에는 특허 인정)에 대한 특허

---

55 더 자세한 내용은 Schiff (1971) 참조.
56 1817년에 제정된 네덜란드 특허법은 특허 출원 대상의 상세한 내용 공개를 의무화하지 않았다. 이 법은 수입된 발명품에 대한 특허를 인정했다. 그것은 외국에서 특허를 획득한 발명품의 국내 특허를 무효화하는 것이었다. 여기에 더해 자기 사업에서만 사용하는 경우는 타인의 특허를 사용해도 처벌받지 않았다 (Schiff 1971, pp.19-20).
57 Machlup and Penrose 1950; Penrose 1951.
58 Schiff 1971, p.85.

인정을 거부하는 조항들이 포함되어 있었다. 스위스의 특허법이 다른 선진국들과 비슷한 요건을 갖춘 것은 1954년이 되어서였지만 화학 물질은 1978년까지도 특허를 인정하지 않았다.[59]

지적 재산권 관련 법을 제정하는 나라의 수가 늘면서 국제적인 지적 재산권 체제를 설립하자는 압력이 19세기 말부터 점점 세지기 시작했고,[60] 이 주제에 관해 일련의 회의가 열렸다. 1873년에 비엔나 회의가 열렸고, 1883년에 마침내 국제 산업 재산권 보호 협회 파리 협정이 체결되었다. 이 협정에 서명을 한 11개국은 벨기에, 포르투갈, 프랑스, 과테말라, 이탈리아, 네덜란드, 산살바도르, 세르비아, 스페인, 스위스 등이다.

이 협정에는 특허뿐 아니라 상표법도 포함되어 있어서 특허법을 제정하지 않은 스위스와 네덜란드도 참여할 수 있었다. 1886년 저작권에 관한 베른 협정이 체결되었고, 파리 협정도 여러 차례(1911년, 1925년, 1934년, 1958년, 1967년) 개정을 거치면서 특허권자의 권리를 강화하는 쪽으로 변화해 갔다. 베른 협정과 함께 파리 협정은 무역에 관한 지적 재산권 협약TRIPS이 나올 때까지 국제 지적 재산권 체제의 근간을 이루었다.[61] 1부에서 살펴본 것처럼 국제 지적 재산권 체제가 형성되었음에도 불구하고 경제 발전이 가장 앞선 선진국들마저 20세기에 접어들고도 한참 후까지 다른 나라 시민들의 지적 재산권

59 Schiff 1971; Patel 1989, p.980.
60 더 자세한 내용은 Chang (2001a) 참조.
61 Shell 1998; Chang 2001a.

은 상습적으로 침해하곤 했다.

지금까지 살펴본 내용을 고려할 때 현재 개발도상국들에게 요구하는 기준과 비교해서 선진국들이 개발도상국이었던 과거의 지적 재산권 체제가 얼마나 허술했는지를 알 수 있다. 가장 앞선 선진국에서마저 19세기 말, 아니 그 이후까지도 지적 재산권 보호가 미흡했고, 특히 외국인의 지적 재산권을 침해하는 관행은 그 범위와 정도가 심각한 수준이었다.

4 기업 지배 제도의 역사

4.1 유한 책임 제도의 역사

현대를 사는 우리는 유한 책임limited liability의 원칙을 당연한 것으로 받아들인다. 그러나 16세기에 위험 부담이 큰 대규모 상업 프로젝트 (초기 유한 회사 중 가장 잘 알려진 예는 영국 동인도 회사)가 가능하도록 이 개념을 발명한 후 몇백 년 동안 사람들은 의심의 눈초리를 거두지 않았다. 이 제도를 활용하여 소유주와 경영자가 모두 무모하게 위험 감수(현대에는 도덕적 해이moral hazard라고 부르는 현상)를 할 것이라는 우려 때문이었다. 그런 우려를 하는 사람들은 특히 당시에 파산법이 혹독한 상황에서 유한 책임 제도가 (탐욕에 따르는) 실패와 궁핍이라는 자본주의의 핵심적 견제 요소를 약화시킬 것이라고 여겼다(2부 1장 '4.3 회계 감사, 재무 보고, 공시 제도의 역사' 참조).

애덤 스미스는 유한 책임제가 경영진의 책임 전가를 부추길 것이라고 주장했다. 19세기에 큰 영향력을 지녔던 경제학자 존 맥컬록 John McCulloch은 사주들이 고용 경영진을 감시하는 데도 소홀해질 것이라고 했다.[62] 또 금융 투기의 중요한 원인이 된다는 주장도 있었는데 사실 이것은 어느 정도 타당성이 있기는 하다. 이런 여러 가지 이유로 영국에서는 새로 유한 책임 회사를 설립하는 것을 금지하는 '유령회사 제한법Bubble Act'이 1720년에 제정되었다가 1825년에 법 폐지와 함께 다시 유한 책임 회사 설립이 허용되었다.[63]

그러나 지난 수백 년에 걸쳐 거듭 증명되었듯이 유한 책임 제도는 '사회가 위험을 함께 감당'하도록 하는 가장 강력한 수단이고, 선례 없는 대규모 투자를 가능하게 만들었다. 바로 이런 이유 때문에 '도덕적 해이'를 조장할 잠재적 가능성이 있는데도 모든 나라에서 현대적 기업 지배 제도의 초석으로 유한 책임제를 받아들이게 된 것이다.[64]

유럽 각국에는 16세기부터 왕의 특별 칙령으로 허가한 유한 책임 회사─당시에는 주로 주식 합자 회사라고 불렀다─가 존재했다.[65]

---

62 Gillman and Eade 1995.
63 그러나 킨들버거는 필자가 여기에서 제안한 바와 같이 '유령회사 제한법'은 "남해 주식회사를 구하기 위해 업체들로 현금이 흘러가는 것을 막으려는 수단이었지, 유한 책임제 자체를 공격하려는 의도로 제정된 법이 아니었다"라고 주장한다 (1984, p.70). 법 제정의 동기가 무엇이었던 간에 그 법이 한 세기 이상을 살아남았다는 것은 사실 유무를 떠나 유한 책임 회사가 투기를 조장한다는 시각이 널리 받아들여지고 있었음을 의미한다.
64 Rosenberg and Birdzell 1986; Chang 2000.
65 Kindleberger 1984, p.196.

그러나 유한 책임 회사에 대한 허가가 특권이 아니라 당연한 것으로 받아들여지기 시작한 것은 19세기 중반부터이다.

기본 요건만 맞으면 특별한 허가 없이 유한 책임 회사를 설립할 수 있는 제도가 최초로 도입된 나라는 1844년 스웨덴이다. 영국은 그 뒤를 바로 이어 1856년에 '주식 합자 회사법Joint Stock Company Act'을 제정했지만, '도덕적 해이'에 대한 대중적 우려를 반영해서 유한 책임을 가진 은행과 보험 회사의 설립 허가는 그보다 늦은 1857년과 1862년에 각각 도입되었다. 로젠버그Rosenberg와 버드젤Birdzell은 유한 책임 회사를 일반화시키는 제도를 도입한 후(19세기 말)로도 몇십 년이 지나도록 "기업의 소유주이자 경영에 직접 참여하는 소규모 기업인들이 주식회사 전환을 통해 채무에 대한 책임을 제한하려고 할 때" 사회의 인식이 얼마나 나빴는지를 보여 주는 사례들을 입증했다.[66]

벨기에에서는 최초의 유한 책임 회사가 1822년에 설립되었고 1830년대에 들어서서는 그런 기업이 매우 많아졌지만, 1873년이 되어서야 유한 책임 제도가 법제화되었다. 1850년대 독일의 여러 주에서는 기업의 주 소유주들은 무한 책임을 지지만 유한 책임을 지닌 주식을 시장에 파는 것을 허가하는 제한된 형태의 유한 책임 제도가 도입되었다. 다수의 독일 주들이 전통적인 길드 법을 폐지하거나 약화시켜서 유한 책임을 완전히 제도화할 수 있는 길을 튼 것은 1860년대에야 벌어진 현상이었다(작센은 1861년, 뷔르템베르크는 1862년, 프로이센은 1868~1869년). 프랑스에서는 1867년에야 유한 책임 제도가 법제화되었다. 스페인에서는 주식 합자 회사들이 이르게는 1848년부터 설

[66] Rosenberg and Birdzell 1986, p.200.

립되기 시작했지만 유한 책임 제도는 1951년까지도 완전히 확립되지 않았다. 흥미로운 사실은 포르투갈에서는 당시 경제적으로 뒤처져 있었는데도 유한 책임 제도가 1863년에 확립되었다는 점이다.[67]

미국에서 최초로 유한 책임 회사법을 도입한 것은 1811년 뉴욕주이다. 그러나 유한 책임 회사에 대한 반감이 확산되면서 1816년경부터 거의 활용되지 않았고, 다른 주들은 1837년까지 유한 책임 회사의 설립을 허용하지 않았다. 그 후에도 당시 유럽 국가들과 마찬가지로 유한 책임 회사에 대한 편견이 사라지지 않고 적어도 1850년대까지 계속되었다. 늦게는 1860년대까지도 대부분의 제조업은 주식회사가 아닌 기업들이 운영했고, 기본 요건을 갖추면 유한 책임 회사를 설립할 수 있도록 허가하는 연방법은 여전히 존재하지 않았다.[68]

4.2 파산법의 역사

지난 10~20년 동안 파산법은 점점 더 큰 관심의 대상으로 부상했다. 여러 차례 경제 위기가 일어날 때마다 기업들이 대거 파산하면서 서로 상충되는 채무 관계와 자산 이전, 고용 유지 등의 문제를 더 의식하게 되었기 때문이다. 1970년대와 1980년대 경제 협력 개발 기구 OECD 국가들에서 일어난 산업 위기, 공산주의의 붕괴와 1980년대

---

67 Dechesne 1932, pp.381-401 (벨기에에 관해); Tilly 1994; Millward and Saul 1979, p.416 (독일에 관해); Bury 1964, p.57 (프랑스에 관해); Volts 1979, pp.32-35, 46 (스페인에 관해); Mata and Valerio 1994, p.149 (포르투갈에 관해).

68 Garraty and Carnes 2000, pp.231-232, 244, 362.

말 이후 공산주의 국가들의 참담한 경제 체제 전환의 실패, 1997년 아시아 경제 위기 등은 이 맥락에서 특히 중요한 사건들이었다.

채무자 중심의 미국법, 채권자 중심의 영국법, 고용자 보호 중심의 프랑스 법 등 다양한 형태의 법들 중 최선의 파산법이 어떤 것인지에 대한 논의는 아직 결론에 도달하지 못했지만, 효과적인 파산법이 필요하다는 사실은 모두가 의견을 같이한다.[69]

산업화 이전 유럽의 파산법은 정직하지 못하고 방탕한 파산 기업가의 자산을 채권자가 몰수하고 처벌하는 절차가 골자를 이루고 있었다. 영국에서 일정 액수 이상의 채무를 진 사업자들에게 적용할 수 있는 최초의 파산법이 도입된 것은 1542년이지만, 1571년의 법 제정으로 제대로 확립되었다. 그러나 이 법은 파산한 기업가들에게 매우 가혹해서 그들이 소유할 미래의 모든 자산까지 과거의 채무 변제 수단에 포함시켰다.[70]

산업이 발전하면서 부정직이나 방탕함 때문이 아니라 개인이 제어할 수 있는 범위를 넘는 상황으로 인해 기업이 파산할 수도 있다는 사실을 인정하는 분위기가 점점 확산되었다. 그 결과 파산한 기업가가 새 출발을 하는 기회를 제공하는 수단으로 파산법을 보는 시각도 생기기 시작했다. 파산법 개념의 변화는 유한 책임 제도의 확립과 함께 '사회가 위험을 함께 감당'할 수 있는 메커니즘이 발달하는 데 핵

---

69 이 논쟁의 현 상황 특히 미국, 영국, 동아시아의 상황에 대해서는 Carruthers and Halliday (1998)와 Carruthers (2000) 참조.
70 Duffy 1985, pp.7-9.

심적인 요소가 되었고, 이에 따라 현대의 대규모 산업에 필요한 보다 더 큰 위험을 감수하는 것이 가능한 환경이 조성되었다. 예를 들어 1705~1706년에 영국에서는 파산자가 협조적으로 나올 경우 자산의 5퍼센트를 보유하는 것을 인정하고, 심지어 채권자들이 동의하면 미래의 부채 중 일부도 면제하는 조치들이 도입되었다.[71]

그러나 영국의 파산법은 현대의 기준을 적용하자면 19세기 중반까지도 상당한 결함이 있었다. 그때까지도 파산에서 회복할 수 있는 것은 매우 소수의 기업가에게만 주어진 특권이었고, 파산자에 대한 기소는 전적으로 채권자의 책임이었으며, 전국적으로 통일된 체계가 존재하지 않았다. 부채 탕감은 법원이 아니라 채권자들만 허락할 수 있었기 때문에 많은 기업가들이 새 출발의 기회를 얻지 못했다. 또 파산 감독관들도 전문성이 없고 부패한 경우가 많았다.[72]

1831년 파산 법원의 설립을 시작으로 빅토리아 시대에 일련의 파산법 개정이 있었다. 1842년 개정안에 따라 부채 탕감의 결정권을 채권자들이 아니라 법원이 갖게 됨으로써 파산자들이 재기할 기회를 얻었다. 그러나 법의 적용 범위에 대한 제한이 계속되다가 1849년 '상품 또는 제품 제작'을 생업으로 삼는 모든 사람에게로 적용 범위가 확장되었다.[73] 미국의 초기 파산법은 채권자에게 유리한 초기 영국법을 모델로 했고, 주 정부 선에서 시행이 되었다. 그나마 19세기 말까지는 파산법이 있는 주가 몇 군데 되지 않았고 주마다 내용이 각양

71 Duffy 1985, pp.10-12.
72 Duffy 1985, pp.16-17; Hoppit 1987, pp.32-37.
73 Duffy 1985, pp.52-53; Marriner 1980.

각색이었다. 19세기 전반에 걸쳐 연방 차원의 파산법이 다수 도입되었지만(1800년, 1841년, 1867년) 모두 내용의 결함 때문에 오래 가지 못해서 각각 1803년, 1841년, 1878년에 폐지되었다. 예를 들어 1800년에 제정된 파산법에서는 1790년대에 있었던 유료 도로와 토지에 대한 투기 때문에 발생한 정상적 채무임에도 불구하고 탕감 받는 사람이 많아서 결국 또 다른 투기를 양산했다. 1841년의 법은 채무자 자산의 10퍼센트만을 채권자들이 가져가도록 했는데 그 돈의 대부분은 결국 법적, 행정적 비용으로 쓰였기 때문에 비난을 받았다. 게다가 채무자 자산을 즉각 매각해서 현금화해야 한다는 규정 때문에 채권자들에게 재정적 불이익을 초래한다는 데에도 비난이 쏟아졌다. 이 모든 문제에 더해 법원은 쏟아져 들어오는 수많은 파산 사건을 처리할 능력이 없었다. 1867년 법이 통과된 후 4년 동안 연간 2만 5000건이 접수되었기 때문이다. 이 법을 둘러싼 또 하나의 논쟁은 남북 전쟁 이전에 발생한 부채는 파산자가 적어도 절반 이상을 갚아야 한다는 조항을 완화한 것 때문에 벌어졌는데, 채권자들은 이 법이 채무자들의 무책임한 행동을 비호한다고 비난했다.[74]

1898년이 되어서야 미국 의회는 영구적인 연방 파산법을 채택했다. 이 법은 1898년 이후의 부채뿐 아니라 모든 부채를 감면해 주고, 자발적 파산 및 강제 파산을 인정하며, 농부나 임금 생활자에 대한 강제 파산을 면제해 주고, 주 법에 의해 압류가 면제된 자산은 보호해 주며, 지불 불능자들이 재정 상황을 재정비하거나 채권자들과 타협을 할 유예 기간을 허락하는 것 등을 골자로 했다.

74 Coleman 1974, pp.6-16, 19-20, 23-26.

4.3 회계 감사, 재무 보고, 공시 제도의 역사

재무 감사와 정보 공시의 중요성은 아시아 경제 위기 이후 큰 관심을 모았다. 외국인 채권자들은 불투명한 기업 회계, 감사 및 공시에 대한 느슨한 규제가 위기를 불러왔다고 비난했다. 이런 논거에 대한 가장 분명한 반론의 하나는 위기가 나기 전부터 이 나라들의 기업 차원 정보 공개에 문제가 있다는 것은 널리 알려진 사실이므로, 신중한 자금 대여자들이라면 그런 기업에 돈을 빌려주지 않는 것이 당연하다는 점이다. 국제 자금 대여자들이 위기가 난 후에야 '정보 부족'을 문제 삼는 것은 자기 정당화라고밖에 할 수 없다.[75]

비난의 정당성 여부와 상관없이 기업 정보의 질과 공시성을 향상할 수 있는 제도가 바람직하다는 데는 별다른 이견이 없는 듯하다. 그렇다 하더라도 이런 제도에서 얻는 혜택과 제도를 개발하는 데 드는 인적, 재정적 비용을 잘 따져 보아야 할 것이다. 특히 그런 자원이 부족한 개발도상국에서는 더 면밀한 계산이 필요하다.

선진국의 역사를 살펴보면 그 나라들에서도 기업의 재무 보고와 정보 공시 의무와 관련된 제도가 20세기에 들어서고 한참 시간이 지날 때까지도 매우 미흡했다는 사실에 놀라게 된다.

영국은 1844년 회사법Company Act을 제정해서 기업의 외부 회계 감사external audit를 의무화했지만, 1856년 주식 합자 회사법을 도입해서 존 스튜어트 밀John Stuart Mill과 같은 비평가들이 반대하는데도

---

75 더 자세한 내용은 Chang (2000) 참조.

불구하고 의무 규정을 선택 사항으로 바꿔 버렸다.[76] 유한 책임 회사들은 지배 주주들과 고용 경영진의 기회주의적 행동을 막기 위해 투명성이 더 중요하다는 점을 감안하면 이 변화는 후퇴라고 할 수 있었다.

1900년에 도입된 회사법으로 영국 기업들에 대한 외부 회계 감사는 다시 의무화되었다. 그러나 기업들이 연간 회계 보고서를 준비하고 주주들에게 공개하는 부분에서는 감사 기관이 회계 감사 결과를 주주들에게 보고할 의무가 있으므로 암묵적 공시 기준이 있다고 할 수 있지만 이것을 명시적으로 의무화하는 직접 조항은 없었다. 1907년 회사법이 제정되고 나서야 대차대조표의 공개가 의무 사항이 되었다. 그러나 그 후에도 보고 시기를 명확히 명시하지 않은 이 법의 허점을 이용해 해마다 똑같은 대차대조표를 공개하는 회사가 수없이 많았다. 결국 1928년이 되어서야 이 허점이 보완되어 기업들은 연례 총회에서 가장 최근의 대차대조표를 준비 회람하고, 자산 구성과 같은 상세한 정보를 더 많이 공개해야 할 의무를 지게 되었다.[77]

그러나 1948년 회사법이 나오기까지는 정보 공개 규칙에 미흡한 부분이 많아서 기업 주식 매매 시장에는 사기에 가까운 행동이 난무했다.[78] 크래프츠Crafts는 "비록 영국이 근대적 재무 보고의 선구자이고 보통법의 전통이 있는 나라이지만 광범위한 주주 권리와 적대적 기업 인수에 바탕을 둔 자본 시장의 발달은 상대적으로 최근에 생긴 현상"이라고 결론지었다.[79]

---

76 Amsler et al. 1981.

77 Edwards 1981.

78 Kennedy (1987), Crafts (2000)에서 인용함.

79 Crafts 2000, p.5.

독일에서는 1884년 제정된 회사법을 통해 비로소 주식 시장에 기업을 상장시키는 것에 관한 규제가 시작되었다. 노르웨이에서는 1910년에 이르러서야 기업들에게 1년에 두 차례씩 예산과 수익을 보고하도록 의무화해서 주주들과 정부가 기업의 상황을 더 잘 파악할 수 있게 되었다. 미국에서 주식 공모와 관련된 기업 정보를 투자자들에게 완전히 공개하는 것이 의무화된 때는 1933년 연방 증권법Federal Securities Act이 제정된 후였고, 스페인에서 독립 감사관들의 회계 조사가 의무화된 것은 1988년이었다.[80]

4.4 경쟁법의 역사

최근 이 주제에 관해 나온 문헌들에서 전제하고 있는 것과는 달리 기업 지배 제도의 문제는 해당 기업 내부에만 국한되는 것이 아니다. 상당한 시장 지배력을 가진 규모가 매우 큰 기업이 취하는 행동은 경제 전반에 영향을 끼칠 수도 있고(예를 들어 대기업의 파산으로 인한 금융 패닉 유발 가능성), 시장 자체의 기반을 흔들 수도 있기(예를 들어 독점적 지위를 이용해 사회적으로 유해한 착취 행위를 할 가능성) 때문이다. 이런 맥락에서 기업 지배 제도는 특정 기업의 주주들뿐 아니라 사회 전체의 문제이다.

따라서 기업 지배 제도는 기업 차원의 법, 예를 들어 이사회가 주주

---

80 Tilly 1994 (독일에 관해); 노르웨이 정부 웹사이트 http://www.lovdata.no (노르웨이에 관해); Atack and Passell 1994; Garraty and Carnes 2000, p.750; Newton and Donaghy 1997, p.251 (스페인에 관해).

들에게 갖는 의무를 명시하는 규정 등의 수준에 그치지 않고, 광범위한 다른 규제(예를 들어 부문별 규제, 해외 무역 및 투자에 관한 규제 등)와 하청업체 처우에 관한 관습과 같은 경영 관행을 결정짓는 비공식적 규범까지 포함된다.

여기서는 '사회적' 기업 지배 구조 중 가장 식별하기가 쉬운 제도인 경쟁법(반독점법, 독과점 금지법 등)이 다수의 선진국에서 어떻게 진화해왔는지를 살펴보자. 미리 강조하고 싶은 점은 여기에서 하려는 논의는 개발도상국이 미국식 독과점 금지법을 갖추어야 한다고 가정하는 현재의 통설에 동의하지 않는다는 사실이다.[81]

프랑스는 이미 1810년에 형법 419조를 통해 판매자들의 담합을 불법화했다. 이런 담합은 가격이 '자연스럽고 자유로운 경쟁'으로 결정되는 수준보다 높거나 낮게 형성되도록 하기 때문이다. 그러나 이 법은 일관성 있게 시행되지 않다가 1880년경부터는 전혀 적용되지 않았다. 1890년대부터 프랑스 법원은 '방어적' 조합defensive combinations(카르텔)과 그들 사이의 합의 사항을 법적으로 인정하기 시작했다. 결국 1986년에 와서야 프랑스는 형법 419조를 폐지하고 '현대적'이고 더 포괄적인 독과점 금지법을 채택했다.[82]

미국은 '현대적'인 경쟁법의 선구자로 1890년에 이미 셔먼 독과점 금지법Sherman Antitrust Act을 도입했다. 그러나 이 법은 5년 후 대법원에서 나온 악명 높은 '설탕 산업 담합 사건sugar trust case'의 판결로

---

81 이 통설에 대한 비판은 Singh and Dhumale (1999) 참조.
82 Cornish 1979; Gerber 1998, p.36.

인해 정상적인 실행이 불가능해졌다. 결국 1902년 루스벨트 대통령이 J. P 모건의 철도 지주회사인 노던 시큐리티를 상대로 이 법을 발동하기 전까지는 오히려 대기업보다 노동조합을 제어하는 데 주로 적용되었다. 루스벨트는 기업들의 부정행위를 조사하기 위해 1905년 기업국을 설치했는데, 이 기관은 1914년 클레이턴 반독과점법Clayton Antitrust Act 제정을 계기로 연방 거래 위원회로 승격되었다. 클레이턴 법에서는 반독과점법을 노동조합에 적용하는 것을 금지했다.[83]

19세기 내내 영국 정부는 독점이나 반경쟁적 행위들을 지지하지도 저지하지도 않았다. 그러나 1차 대전 때까지 영국 법원은 경쟁을 제한하는 상거래 협약의 효력을 인정하는 경향이 있었다. 금방 폐지되기는 했지만 최초로 도입된 반독점 조치는 전후 물자 부족에 대처하기 위해 제정된 폭리법Profiteering Act이다(1919년에 제정되었다가 1921년에 폐지). 1930년대 대공황 때는 정부가 기업들 간의 산업 '합리화'와 카르텔의 형성을 공공연하게 지지했다. 1948년에 와서야 독점 및 경쟁 제한적 행위에 관한 법Monopolies and Restrictive Practices Act을 제정해서 반독점, 반과점을 방지하려는 진지한 조치를 취하기 시작했지만 이 법은 대체로 별 효력을 발휘하지 못했다. 1956년의 경쟁 제한적 행위에 관한 법Restrictive Practices Act은 최초의 과점 행위 관련 법으로 꼽힌다. 반증을 제시하지 못하는 한 경쟁을 제한하는 행위가 공공의 이익에 반한다는 전제에 기초한 최초의 법령이었기 때문이다. 이 법은 카르텔에는 효과적으로 대처할 수 있었지만 합병을 통한 독점을 단속하는 데는 상대적으로 큰 성공을 거두지 못했다.[84]

83 Brogan 1985, pp.458, 464; Garraty and Carnes 2000, pp.518, 613~614, 622.

1부에서도 이미 언급했지만(1장 '3 독일의 따라잡기 전략' 참조) 독일의 각 주들은 카르텔을 강하게 지지했고, 카르텔 형성 초기(19세기 말과 20세기 초)에는 합의 사항을 강력히 시행했다. 이러한 카르텔 지지 분위기는 1897년 카르텔을 합법적이라고 한 판결이 나오면서 절정에 달했다. 1차 대전 이후에는 카르텔 결성이 더 보편화되었고, 정부는 경제 활동을 계획하는 수단으로 카르텔을 활용했다. 카르텔을 무효화할 수 있는 힘을 법원에 부여한 1923년 카르텔 법Cartel Law은 유럽 최초의 보편적 경쟁법이었다. 그러나 이 법은 카르텔에 대한 매우 편협한 정의 때문에 별 효력을 발휘하지 못했고, 경제 부처와 카르텔 법원 등 법에 의해 카르텔을 제어할 권한을 부여 받은 당사자들도 어차피 이 법을 거의 사용하지 않았다. 일련의 비상 법령을 통해 정부가 필요하면 언제라도 카르텔을 해체할 권한을 갖게 되면서 카르텔 법원은 1930년에 폐지되었다. 1933년에는 경제부 장관에게 카르텔을 해체시키거나 강제로 카르텔을 구성할 수 있는 권한이 주어졌다.[85]

노르웨이에서는 1926년에 기업 합동법Trust Law의 형태로 독과점 관리법이 처음 도입되었지만 시행을 책임진 위원회는 독점적 관행을 감시는 하되 무조건 금하는 것은 좋지 않다는 입장을 고수했다. 이 법은 1953년에 더 엄격한 조항을 갖춘 가격법과 경쟁법으로 대체되었지

84 Cornish 1979; Mercer 1995, pp.44-46, 49-50, 99-105, 125-126; Hannah 1979.
85 Bruck 1962, pp.93, 96; 196-197, 222; Hannah 1979; Gerber 1998, pp.115, 129-131, 134, 147. 2차 대전이 끝난 후 일본과 함께 독일이 미 군정 하에서 매우 엄격한 미국 스타일의 경쟁법을 채택하도록 강요받았다는 것은 잘 알려진 사실이다. 그러나 그 후 이 법은 차차 개정되었고, 특히 1953년 개정 후 기업들 중 특히 소규모 기업들 사이에서는 '합리화' 혹은 (시장 분할 협상과 같은) '전문화', 합동 수출, 구조 조정 등과 같은 목적을 위해 결탁하는 것이 쉬워졌다 (Shin 1994, pp.343-355).

만(예를 들어 주요 합병 및 인수는 보고하는 것을 의무화) 노르웨이의 반독과점 정책은 계속 예외 없는 금지보다는 홍보와 통제 쪽에 초점이 맞춰져 있었다. 1955년에 도입된 덴마크의 경쟁법(독점 및 경쟁 제한적 행위에 관한 법)도 이와 동일한 '홍보와 통제'라는 원칙을 핵심으로 했다.[86]

5 금융 제도의 역사

5.1 은행과 은행 규제의 역사

전 세계적 현상이지만 특히 개발도상국들을 중심으로 지난 20년 동안 은행 위기가 눈에 띄게 증가하면서 바람직한 은행 규제를 확립하는 것은 국제 개발 정책을 주도하는 세력이 추진하는 제도 발전의 핵심 테마로 등장했다. 그러나 역사적으로 선진국에서 은행 규제를 위한 제도 설립의 문제가 쟁점으로 등장한 것은 상당히 나중 일이다. 영국을 제외하고는 은행의 발달 자체가 느리고 평탄치 않은 과정을 거쳤기 때문이다.

현재의 선진국에서 은행 체제가 확립되는 데는 긴 시간이 걸렸다.[87] 20세기 중반까지 세계에서 제일 발달된 은행 체제를 보유하고 있었

---

86 Hodne 1981, pp.514-515 (노르웨이의 경우); Dahl 1982, p.298 (덴마크의 경우).
87 다음 문단의 상세한 내용은 달리 언급이 없는 한 Kindleberger (1984)에서 발췌한 것이다.

던 잉글랜드에서도 완전한 금융 통합이 이루어진 것은 도시와 농촌 간의 금리가 통일된 1920년대 들어서였다. 프랑스의 금융 체제 발달은 심지어 더 늦어져서 19세기 중반에야 은행권의 사용이 보편화되었고(영국에서는 18세기에 보편화), 1863년까지도 인구의 4분의 3이 은행을 이용하지 못했다. 프로이센은 18세기까지 몇 개 은행만 운영이 되었고, 최초의 주식 합자 은행joint stock bank도 1848년에야 설립되었다. 스웨덴에서는 19세기 말에 은행이 등장했다. 이전까지는 생산업자들과 수출업체들은 무역 상사에서 자금을 공급 받고 있었는데, 1870년대에 은행들이 대규모 확장에 착수한 결과 1890년대에 들어서 은행 체제가 완전히 확립되었다. 포르투갈의 은행 산업은 주식 합자 은행의 설립이 허가된 1860년대와 1870년대에 들어서 제대로 된 발전을 시작했다.[88]

현 선진국들에서 은행이 전문적 융자 기관으로 자리 잡은 것은 20세기 초반 이후이다. 그 전에는 개인적 인맥이 대출 여부를 결정하는 데 큰 영향을 끼쳤다. 예를 들어 19세기 내내 미국의 은행은 자금의 큰 부분을 자사의 이사, 그들의 친척, 지인들에게 대출해 주었다.[89] 18세기 스코틀랜드의 은행과 잉글랜드의 은행은 현대적 의미의 은행이라기보다는 대출을 원하는 상인들의 상조회에 가까웠다.[90]

88 프로이센에 관한 상세 정보는 Tilly (1994)에서, 스웨덴에 관한 부분은 Chang and Kozul-Wright (1994, p.87)에서 발췌. 포르투갈에 관한 내용은 Mata and Valerio (1984, pp.147-148)에서.

89 Lamoureaux 1994. 그러나 라모로Lamoureaux는 미국 은행 부문의 치열한 경쟁과 낮은 부채 비율을 감안하면 이 같은 관행이 유익했다고 주장한다.

90 Munn 1981; Cottrell 1980.

은행 규제 제도도 매우 미흡한 수준이었다. 미국은 "원칙적으로 위조지폐단과 거의 다를 게 없는 '와일드캣 뱅킹wildcat banking'"을 허용했다.[91] 와일드캣 뱅킹은 1836년부터 1865년 사이 30년이란 짧은 기간 동안 준(準)중앙은행 역할을 하다가 폐업한 제2미합중국 은행이 운영되던 시기에 특히 큰 문제를 일으켰다('5.2 중앙은행의 역사' 참조). 당시 규제받지 않는 은행이 파산해서 끼치는 전체적 피해는 그다지 크지 않았을 것이라 추정되기는 하지만, 그런 파산이 상당히 잦기는 했다.[92] 1929년까지도 미국의 은행 체제는 "거의 감독을 받지 않고 비전문적으로 운영되는 수천 개의 영세한 은행과 중개소"로 이루어져 있었다. 쿨리지Coolidge 대통령 재임(1923~1929) 때 경제가 번영을 누리던 시기였는데도 연간 600개의 은행이 파산을 했던 것도 바로 이런 이유에서였다.[93]

이탈리아에서는 19세기 말(1889~1892)에 큰 스캔들이 일어났다. 6개 발권 은행 중 하나인 방카 로마나가 파산하면서 이탈리아 은행 체제의 심장부가 복잡하게 얽힌 부패(두 명의 전직 총리를 포함해 주요 정치인과 그들의 친척에게 대출을 해 준 것을 포함)와 결함투성이 회계 체제, '변칙적' 은행권 발행(지폐의 중복 발행 등) 등으로 썩어 있었다는 사실이 밝혀진 것이다.[94]

독일에서는 상업 은행들에 대한 직접적 규제가 신용 관리법Credit

---

91 Atack and Passell 1994, p.103.
92 Atack and Passell 1994, p.104.
93 Brogan 1985, p.523.
94 Clark 1996, pp.97-99.

Control Act을 도입한 1934년에야 확립되었고, 벨기에에서는 은행 위원회의 설립과 함께 은행 규제 조치가 1935년에야 도입되었다.[95]

5.2 중앙은행의 역사

오늘날 중앙은행은 독점적으로 화폐를 발행하고, 금융 시장에 개입할 권한과 최종 대부자 기능을 보유한 안정적인 자본주의 경제의 초석으로 받아들인다. 중앙은행이 정치적으로 얼마나 독립적이어야 하는지, 무엇이 중앙은행의 적절한 목표와 수단이 되어야 하는지에 대해서는 열띤 논쟁이 벌어지고 있다.[96] 중앙은행을 둘러싼 논쟁이 뜨겁기는 하지만 중앙은행이 필요하다는 사실 자체를 부정할 사람은 거의 없을 것이다. 그러나 자본주의의 초창기에는 이야기가 사뭇 달랐다.

이르게는 18세기 초부터도 뱅크 오브 잉글랜드나 대규모 뉴욕 소재 은행들처럼 지배적 영향력을 지닌 은행은 금융 위기가 일어날 경우 최종 대부자 기능을 하지 않을 수 없었다. 이런 기관들이 단기적으로 구조적 금융 위기에 효율적으로 대처하고, 그런 조처들을 통해 장기적으로 경제를 안정시키는 능력을 갖추어 감에 따라 본격적인 중앙은행을 설립해야 한다는 결론으로 자연스럽게 이어졌다.

그러나 당시 많은 사람이 중앙은행을 설립하면 금융 위기가 발생

---

95 Tilly 1994 (독일); Van der Wee 1987, p. 56 (벨기에).
96 Grabel (2000)은 이 논쟁에 관한 명료한 비평을 제공한다. Helleiner (2001)에는 개발도상국들의 상황에서 본 이 논쟁의 역사에 대한 매우 흥미로운 평론이 실려 있다.

했을 때 신중하지 못한 대출자들을 구제하게 되어 그들이 무모하게 위험을 감수하는 것(요즘 우리가 도덕적 해이라고 부르는 현상)을 조장할 것이라고 믿었다.[97] 이러한 정서는 "인간을 자신의 어리석음으로부터 보호해 주면 궁극적으로 세상은 어리석은 자들로 가득 차고 말 것이다"라고 한 허버트 스펜서Herbert Spencer의 발언에 잘 요약되어 있다.[98] 그 결과 현재의 선진국들에서 중앙은행이 발달하기까지는 잦은 중단과 후퇴가 반복되는 기나긴 과정을 거쳐야 했다.[99]

스웨덴의 릭스방크(일명 제국은행. 1688년 설립)는 명목상으로는 세계 최초의 중앙은행이다. 그러나 19세기 중반까지는 제대로 된 중앙은행의 기능을 수행하지 못했다. 여러 이유가 있었지만 무엇보다 1904년에야 독점적인 화폐 발행권을 확보할 수 있었기 때문이다.[100]

뱅크 오브 잉글랜드는 1694년에 설립되어 18세기부터 최종 대부자 역할을 하기 시작했다(일부에서는 이 기능을 본격적으로 수행한 것은 19세기 전반부터라고 주장하기도 한다). 그러나 뱅크 오브 잉글랜드가 명실상부한 중앙은행이 된 것은 1844년이다. 프랑스의 중앙은행 방크 드 프

---

97 사실 하이에크Friedrich von Hayek도 중앙은행 폐지와 화폐 발권 은행들 사이의 경쟁을 제안할 때 이 논거를 사용했다.

98 Kindleberger (1996, p.146)에서 인용함. 원 출처는 《평론: 과학적, 정치적, 그리고 추론적Essays: Scientific, Political, and Speculative》(London: Wiliams & Northgate, 1891) vol.3에 실린 스펜서의 "화폐 및 은행에 대한 정부의 개입State Tampering with Money and Banks" p.354이다.

99 더 자세한 내용은 Kindleberger (1984), Cameron (1993) 참조.

100 Kindleberger 1984, p.50; Larsson 1993, pp.47-48; 스위스 중앙은행 웹사이트 http://www.riksbank.se.

랑스는 1800년에 설립되었지만 독점적 화폐 발행권을 확보한 것은 1848년이다. 1936년까지도 방크 드 프랑스를 좌지우지한 것은 정부가 아니라 은행가들이었다. 네덜란드의 중앙은행인 네덜란쉐 뱅크는 뱅크 오브 잉글랜드를 모델로 1814년 윌리엄 1세가 설립했지만 1830년대까지도 발행한 지폐를 유통시키는 데 어려움을 겪었고, 1860년대까지 암스테르담을 근거지로 한 '지역' 은행으로 남아 있었다.[101]

스페인 중앙은행은 1829년에 설립되었지만 1874년이 되어서야 독점적 화폐 발행권을 얻었고, 1962년까지도 민간 소유였다. 포르투갈 중앙은행은 1847년에 설립되었지만 독점적 화폐 발행권은 리스본 지역에 국한되어 있었다. 1887년 전국적인 화폐 발행 독점권을 법적으로 확보했으나 실제적으로 그 독점권을 행사한 것은 1891년에 이르러서야 가능했다. 포르투갈 중앙은행은 현재까지도 여전히 100퍼센트 민간 소유로 남아 있고 금융 시장에 개입할 권한이 없다.[102]

벨기에 중앙은행인 방크 나쇼날 드 벨지크는 1851년에야 설립되었지만 설립과 함께 독점적 화폐 발행권을 얻어 진정한 의미에서 최초의 중앙은행 중 하나로 꼽힌다.[103] 이 부분에서 다룬 11개국 중 벨기에 중앙은행보다 먼저 독점적 화폐 발행권을 확보한 중앙은행 보유국은 영국(1844년)과 프랑스(1848년)뿐이다. 독일 중앙은행은 1871년이 되어서야 설립되었고, 1905년에 독점적 화폐 발행권을 획득했다. 이탈

---

101 뱅크 오브 잉글랜드에 관한 내용은 Kindleberger (1984, pp.90-92, pp.277-280), 프랑스 은행에 관한 내용은 Plessis (1994), 네덜란드 은행에 관한 내용은 'T Hart et al. (1997, p.4), Jonker (1997, p.95) 참조.

102 Pérez 1997, p.67 (스페인에 관해); Mata and Valerio 1994, pp.139-148 (포르투갈에 관해).

103 Dechesne 1932, p.402.

리아는 1892년에 중앙은행을 설립했고, 화폐 발행의 독점권은 1926년에 확보했다. 스위스 중앙은행인 스위스 국립 은행은 4개의 화폐 발행 은행을 합병해서 1907년에 설립되었다.

미국의 중앙은행 설립은 이보다 더 오래 걸렸다. 초창기에 제한적이나마 중앙은행을 도입하려는 시도가 있었지만 엄청난 실패로 끝나고 말았다. 제1미합중국 은행(80퍼센트가 개인 소유)은 국무장관 토머스 제퍼슨의 반대에도 불구하고 재무장관 알렉산더 해밀턴의 강력한 지지로 1791년에 설립되었다. 그러나 1811년 의회에서 설립 허가 갱신을 거부했고, 1816년에 설립된 제2미합중국 은행도 20년 후 같은 운명으로 문을 닫았다. 미국은 1863년 전국 은행법National Banking Act을 통해 마침내 단일 화폐 제도를 채택했지만 여전히 중앙은행은 어디에도 없었다.[104]

이런 상황을 감안하면 앞에서도 이야기했듯이 대규모 뉴욕 소재 은행들이 금융 체제의 안정성을 유지하기 위해 최종 대부자 역할을 수행하기는 했지만, 그렇게 하는 데에는 당연히 한계가 따랐다. 1907년 미국은 엄청난 금융 위기를 경험한 후 1913년 오웬 글래스 법Owen-Glass Act의 도입으로 연방 준비 제도가 태어났다. 그러나 1915년까지는 은행의 30퍼센트(전 은행 자산의 50퍼센트)만이 이 체제 안에 있었고, 1929년까지도 65퍼센트의 은행(자산으로 따지면 체제 안에 들어오지 않은 은행들의 규모는 20퍼센트지만)이 이 제도에 포함되지 않았다. 이는 1929년 당시 "약 1만 6000개의 작은 은행들이 법의 관할 밖에

---

104 Garraty and Carnes 2000, pp.154-155, 423; Atack and Passell 1994; Brogan 1985, pp.266, 277.

표 2.3 현 선진국들의 중앙은행 발달 과정

	설립 연도	화폐 발행 독점권 획득 연도
스웨덴	1688	1904
영국	1694	1844
프랑스	1800	1848[1]
네덜란드	1814	1860대 이후
스페인	1829	1874
포르투갈	1847	1891[2]
벨기에	1851	1851
독일	1871	1905
이탈리아	1893	1926
스위스	1907	1907
미국	1913	1929 이후[3]

1. 1936년까지 은행가들이 자체적으로 운영.
2. 법적으로는 1887년에 독점적 화폐 발행권을 주었지만 기존의 화폐 발행 은행들의 반발로 실제로 독점권이 완전히 확보된 해는 1891년이었다.
3. 1929년까지 전체 은행 자산의 20퍼센트를 보유한 65퍼센트의 은행이 연방 준비 제도의 체제 안에 속해 있지 않았다.

있었다"라는 의미이고, "그 중 매년 거의 몇백 개의 은행이 파산을 했다"[105]라는 것이다. 여기에 더해 대공황이 터지기 전까지 연방 준비 제도 이사회는 사실상 월가가 완전히 장악하고 있었다.[106]

표 2.3에서는 지금까지 선진국 중앙은행의 진화 과정을 요약해 보

[105] Cochran and Miller 1942, p.295.
[106] Brogan 1985, p.477. 당시 상황을 가장 잘 대변해 주는 예는 내셔널 시티 은행의 은행장과 뉴역 연방 은행의 위원장을 맡고 있던 미첼Charlse E. Mitchell의 일화일 것이다. 그는 대공황이 시작되기 전까지 자기가 행한 투기 활동의 피해를 최소화하기 위해 1929년 초에 발표되었던 연방 준비 제도 이사회의 금융 긴축 정책을 번복하도록 압력을 넣어서 자신의 의사를 관철시키는 데 성공했다 (Brogan 1985, pp.525-526).

았다. 첫 번째 열은 각 중앙은행이 설립된 해, 두 번째 열은 독점적 화폐 발행권을 비롯해서 기타 제대로 된 중앙은행으로서 법적 지위를 확보하게 된 해를 기록했다. 이 표에 등장하는 11개국의 과반수는 1840년대 말까지 명목상의 중앙은행을 보유한 것으로 나타난다. 그러나 그 나라들의 대부분은 20세기 초에 이르러서야 중앙은행으로서 진정한 기능을 수행하는 기관이 되었다. 포르투갈 중앙은행이 독점적 화폐 발행권을 확보한 1891년에야 표에 등장하는 나라 중 과반수가 그 권한을 확보하게 되었다.

5.3 증권 규제의 역사

미국이 주도하는 금융 세계화의 현 단계에서 주식 시장은 자본주의의 상징이 되었다. 공산주의가 붕괴된 후 자본주의로 전환하려는 과정에서 많은 나라가 더 기본적인 자본주의의 제도를 확립하기도 전에 서둘러 증권 거래소부터 열고 유망한 젊은이들을 해외로 보내 주식 중개인 교육을 받도록 했다. 그와 마찬가지로 다수의 개발도상국 정부는 주식 시장을 개설하고 주식 거래를 장려하면서 주식 시장을 외국인 투자자에게 개방하기 위해 큰 노력을 기울였다. 모두 그렇게 함으로써 그때까지는 접근할 수 없었던 금융 자원을 이용할 수 있게 되리라고 믿었기 때문이다.[107]

물론 주식 시장이 주연이 아니라 조연의 역할을 충실히 할 때 자본

---

107 Singh (1997)은 이 견해에 대한 강력한 비평을 제시한다.

주의가 가장 잘 돌아간다고 주장한 사람들이 많고, 그 중 가장 유명한 사람은 1930년대의 존 메이너드 케인스John Maynard Keynes이다. 사실 1980년대 이후 주식 시장이 주도하는 영미식 금융 체제와 은행이 주도하는 일본과 유럽 대륙의 국가식 금융 체제가 가진 장단점에 대한 열띤 논쟁이 계속되고 있다.[108] 그러나 현재 받아들여지고 있는 통설은 잘 돌아가는 주식 시장이 경제 발전에 핵심적으로 필요한 제도라는 주장이다. 특히 이 주장은 최근에 미국이 주식 시장 중심의 경제 호황을 경험하면서 더 힘을 얻었다. 그러나 미국 경제가 급속도로 냉각이 되면서 이 호황도 한풀 꺾이고 있다.

주식 시장과 기타 증권 시장에 어떤 의미를 부여하든 그 시장을 효율적으로 통제할 수 있는 제도의 확립이 중요하다는 것은 의문의 여지가 없는 사실이다. 최근 들어 개발도상국에서 주식 시장, 특히 외국과 자금 유출입에 노출된 주식 시장이 금융 안정성을 저해하는 또 하나의 요인으로 등장한 만큼 주식 시장을 잘 통제할 수 있는 제도를 만드는 것이 시급해졌다. 그렇다면 선진국들은 어떻게 그런 제도를 발전시켰을까?

영국에서는 증권 시장이 일찍부터 발전했고(1692년 설립), 그에 따라 증권 규제책도 일찍 시작되었다. 1697년 증권 시장을 규제하려는 최초의 시도로 중개인 허가제와 수수료 상한제를 실시해서 중개인의 수를 제한하는 조처가 내려졌다. 1734년, 의회는 증권 시장의 투기성

---

108 Zysman (1983), Cox (1986), Hutton (1995), Dore (2000) 등은 이 논쟁에 대한 세밀한 최신 비평을 담고 있다.

을 줄이기 위해 바나드 법Barnard's Act을 통과시켜서 옵션 거래와 당사자 간에 가격 차액을 지불하고 계약을 체결하는 것을 금지했으며, 맺어진 계약이 법정에서 효력을 발휘하려면 계약에 언급된 해당 증권을 실제로 소유해야 한다고 명시했다. 그러나 이 법은 효과를 발휘하지 못하다가 결국 1860년에 폐지되었다.[109]

그 후 어차피 별다른 효력을 발휘하지 못했지만 1867년 은행 (주식) 법Banking Companies (Shares) Act으로 은행주의 공매도를 금지한 것을 제외하고는 별다른 규제 시도가 없었다. 그러다가 1939년 사기 (투자) 방지법Prevention of Fraud (Investments) Act이 도입되었다. 그에 따라 증권 거래를 하는 개인이나 기업은 상무부에서 면허를 받아야 했고, 상무부는 면허 신청 시나 거래 활동을 하는 동안 허위 혹은 불충분한 정보를 제출한 자에게는 면허 발행이나 면허 갱신을 거부할 권한이 있었다. 이 법은 시간이 지나면서 더 강화되어 상무부는 거래인들이 증권 매각 제안 시 공개해야 할 정보량에 관한 규칙을 정할 권한(1944년)과 단위 신탁unit trust의 운영을 조사할 조사관을 임명할 권한(1958년)을 부여 받았다.[110]

영국에 포괄적인 증권 관련 법규가 도입된 것은 1986년 금융 서비스 법Financial Services Act(1988년 4월 29일부터 효력 발생)이 채택되었을 때이다. 이 법에서는 증권 거래소를 통해 투자 받기 위해서는 정식으로 상장을 해야 하고, 상장하기 전에 자세한 내용을 공개해야 한다고 규정했다. 이와 더불어 허위 혹은 오해의 소지가 있는 정보를 제공하

109 Banner 1998, pp.39-40, 101-105, 109-110.
110 Pennington 1990, pp.31, 38-42.

는 행위는 형법상 책임을 물을 수 있도록 하고, 허가 없이는 투자 사업을 할 수 없도록 했다.[111]

미국에서는 체계화된 증권 시장이 1770년대부터 존재했다. 증권 시장에 대한 초기 규제 조치는 주로 내부자 거래에 초점이 맞추어졌다. 한 예로 1789년 미 의회는 재무부 직원이 증권에 투자하는 것을 금지하는 법을 통과시켰다. 이런 법안의 도입은 영국보다 앞선 것이었다. 연방 정부가 증권 거래를 규제하는 조치를 취하겠다고 주기적으로 위협하기는 했지만 19세기 내내 실제 규제 활동은 주 정부에게 일임했다. 그러나 증권 거래를 규제하는 법을 모든 주가 갖춘 것은 아니었고(당시 미국에서 경제적으로 가장 중요한 주 중 하나였던 펜실베이니아가 가장 좋은 예이다), 법이 있다고 해도 이론적으로 취약했고 실행 면에서는 더 취약했다.[112]

증권 거래 사기, 특히 허위 정보 제공 행위는 19세기 중반에 재산상의 사기로 규정되었지만 정보의 완전 공시가 의무화된 것은 1933년 연방 증권법이 도입된 후였다. 20세기 초 미국의 20개 주가 '블루 스카이 법blue sky laws'을 도입해서 투자 은행가들로 하여금 증권을 매각하기 전 주 당국에 등록하도록 하고, 허위 신고 시에는 처벌할 수 있도록 했지만 실제로는 시행이 되지 않았고 허점도 많았다. 연방 차원에서 효과적인 증권 규제 조치가 최초로 도입된 것은 1933년에 제정된 연방 증권법이었다. 이 법은 연방 거래 위원회에 증권 거래를 규제할 권한을 부여했는데, 이 권한은 1934년 새로 설립된 증권 거래

---

111 Pennington 1990, pp.54-55.
112 Banner 1998, pp.161-163, 170-171, 174-175, 281.

위원회로 이양되었다.[113]

5.4 공공 재정 제도의 역사

다수의 개발도상국에서 끊임없이 터져 나오는 재정 위기는 특히 1970년대 이후 경제 개발에 큰 위협이 되고 있다. 국제 개발 정책 주도 세력은 이 나라들이 당면하고 있는 재정 문제의 본질이 그들의 낭비에 있다고 믿고 있지만 대부분의 경우는 그보다 더 근본적 문제인 과세 능력 부족에서 기인한다.[114] 선진국에 비해 개발도상국의 예산 지출이 훨씬 작다는 사실이 이 주장을 뒷받침한다. 선진국은 세금을 더 많이 거둘 수 있고, 따라서 예산 지출을 더 많이 할 수 있는 것이다.

정부 자체의 정당성과 부과하고자 하는 세금의 정당성이야말로 과세 능력의 뿌리라고 할 수 있다. 마거릿 대처Margaret Thatcher의 인두세Community Charge 도입 시도를 예로 들어보자. 대처 총리가 인두세 도입에 실패한 것은 영국 납세자들이 세율이 너무 높다거나 대처 정부가 정당하지 않다고 생각해서가 아니라 그 세금이 '불공평'하고 따라서 정당하지 못하다고 생각했기 때문이다.

그러나 체제의 정당성과 특정 세금의 정당성을 확보하는 것만으로는 과세 능력을 키우기에 충분하지 않다. 과세 능력을 높이기 위해서는 세금 징수를 효율적으로 하기 위한 새로운 조세 및 행정 장치와 같

---

113 Geisst 1997, pp.169, 228; Atack and Passell 1994; Garraty and Carnes 2000, p.750.
114 Di John and Putzel (2000), Toye (2000)는 개발도상국의 최신 재정 문제에 대한 개괄적이고 유익한 정보를 제시한다.

은 필수적인 제도의 개발이 필요하다. 그렇다면 현재의 선진국들은 어떻게 이 과정을 밟았을까?

현재의 선진국들은 과거 산업 발전 초기에 매우 제한적인 재정 능력으로 어려움을 겪었다. 아마도 요즘의 개발도상국들이 겪는 어려움보다 더 컸을 것이다. 과거 선진국 정부들의 과세 능력이 너무도 제한적이어서 17세기와 18세기에는 세금 징수 대행업자를 통하는 것이 비용 면에서 효율적이라는 생각이 널리 받아들여졌다. 당시 많은 사람이 그것이 행정 비용을 절감하고, 안정적인 세수를 유지하고, 세금 징수에서 부패를 줄일 수 있는 길이라고 정당화했는데, 당시 공공 재정 제도가 얼마나 미흡했는지를 감안하면 그들의 주장도 터무니없는 것은 아니었다.[115]

전반적으로 보면 우리가 살펴보고자 하는 과거 기간 동안 현 선진국들의 정부 재정, 특히 지방 정부의 재정은 대부분 형편없는 상태였다. 당시 상황을 가장 잘 드러내는 예는 아마도 1842년 다수의 미국 주 정부가 영국에서 들여온 차관에 대해 채무 불이행을 선언한 일일 것이다. 이 선언이 나오자 영국 채권자들은 연방 정부가 채무를 떠맡아 갚아야 한다고 압력을 가했다. (브라질의 미나스 제라이스주가 1999년 채무 불이행을 선언한 이후에 벌어진 사건들을 연상시키는 부분이다.) 압력 행사로도 별 성과를 거두지 못하자 《타임스》지는 같은 해 연말에 미 연방 정부가 새로운 차관을 들이려고 시도할 때 다음과 같은 조롱 가득

---

115 Kindleberger 1984, pp.161-162 (영국), pp.168-170 (프랑스); 'T Hart 1997, p.29, Kindlberger 1996, p.100 (네덜란드).

한 논평 기사를 실었다. "미국 국민은 아무리 많은 돈으로도 그 가치를 제대로 지불할 수 없는 종류의 증권이 있고, 그 증권 중에서도 미국이라는 증권이 최고라고 믿는 듯하다."[116]

상당한 액수의 정부 예산을 들이부어야 하는 잦은 전쟁과 직접세, 특히 소득세를 징수하는 능력의 부족은 당시의 공공 재정 문제를 더 악화시키는 요인들이었다.[117] 소득세가 없었다는 사실(일부 국가에서는 상당히 일찍부터 재산세와 부유세 중 한 가지 혹은 두 가지 모두를 징수하기도 했다)은 부분적으로 빈곤 계층을 대변하는 정치 세력이 부족했기 때문이기도 하지만 관료 체제의 행정 능력이 모자랐기 때문이기도 했다. 이러한 제한적인 행정 능력은 과거 선진국들에게나 현재 최빈국들에게나 가장 징수하기 쉬운 세금인 관세가 가장 중요한 정부 소득원이었던 이유 중 하나이다.

소득세는 전쟁 비용 조달이 필요할 때만 징수하는 비상시 조세였다. 영국은 프랑스와의 전쟁 자금 충당을 위해 1799년 누진 소득세를 도입했지만 1816년 종전과 함께 이를 폐지했다. 덴마크는 1789년 혁명 전쟁과 1809년 나폴레옹 전쟁 동안 긴급 재정의 일환으로 소득세를 징수했다. 미국은 남북 전쟁 동안 임시 소득세를 부과했지만 전쟁이 끝나고 얼마 지나지 않은 1872년에 이를 폐지했다.[118]

1842년 영국은 소득세를 영구적 세금 종목에 포함시킨 최초의 나라가 되었다. 그러나 이 세금이 불공평하고 침해적인 조처라고 생각

---

116 Cochran and Miller (1942, p.48)에서 인용함.
117 di John and Putzel 2000.
118 Bonney 1995, pp.443-445; Deane 1979, pp.228-229 (영국); Mørch 1982, pp.160-161 (덴마크); Garraty and Carnes 2000. pp.408, 468; Carson 1991, p.540 (미국).

하는 세력의 반대 목소리가 컸다. 당시 가장 영향력 있는 경제학자 중 하나였던 존 맥컬록은 소득세가 "개인의 사생활을 끝없이 침해하고 조회하도록 만들어서 불공평의 문제는 차치하고라도 끊임없이 짜증을 불러일으킬 것"이라고 주장했다.[119] 그 후 1874년까지도 소득세 폐지는 글래드스톤이 내건 주요 선거 공약 중 하나였다(선거에서 승리하지는 못했다).[120]

덴마크가 누진 소득세를 영구적인 세금 종목으로 도입한 것은 1903년이다. 미국에서는 1894년에 소득세가 '위헌'이라는 판결이 나왔고, 연방 정부가 소득세를 징수할 권한을 갖도록 수정 헌법 제16조가 통과된 것은 1913년에야 일어난 일이었다. 그러나 세율은 순과세소득 3000달러 이상은 1퍼센트에서 시작해 50만 달러 이상은 최고 7퍼센트까지 부과하는 매우 낮은 수준이었다. 벨기에의 소득세 도입은 1919년이었고, 포르투갈은 1922년에 도입했다가 1928년에 폐지하고 나서 1933년에야 복구되었다. 높은 세율의 소득세를 징수하는 것으로 잘 알려진 스웨덴도 1932년이 되어서야 소득세를 도입했다. 스페인에서는 1926년에 재무장관 칼보 소텔로Calvo Sotelo가 소득세를 도입하려다가 "금융계의 귀족들이 주도한" 반대 운동에 부딪혀 실패로 끝났다.[121]

---

119 Bonney (1995, p.434)에서 인용함.
120 Hobsbawm 1999, p.213.
121 Mørch 1982, pp.160-161 (덴마크); Baack and Ray 1985; Carson 1991, p.540 (미국); Baudhuin 1946, pp.113-116 (벨기에); Mata and Valerio 1994, pp.186-192 (포르투갈); Larsson 1993, pp.79-80 (스웨덴); Carr 1980, p.101(스페인).

6 사회 복지와 노동 제도의 역사

6.1 사회 복지 제도

자유화와 규제 완화 과정에서 대규모 경제적 혼란이 야기되고 경제 위기를 일으키는 빈도가 늘어나면서 개발도상국에서는 이런 현상으로 가장 큰 타격을 입는 계층의 생계를 보장하는 데 대한 우려가 더 커지고 있다. 재정 적자 문제에 집착한 나머지 개발도상국에서 복지 제도를 도입하는 것은 '시기상조'로 간주하던 국제 통화 기금 IMF(International Monetary Funds)과 세계 은행마저 요즘 들어서는 '사회 안전망'을 마련해야 하는 필요에 관해 이야기하기 시작했다. 요구의 기준이 상당히 낮기는 하지만 개발도상국도 최소한의 사회 보장 제도를 갖춰야 한다는 압력이 생긴 것이다. 물론 이 압력은 '바람직한 통치 제도'에 포함되는 다른 제도들을 채택하라는 압력보다는 훨씬 약하기는 하다.

  그러나 사회 복지 제도는 단순한 '사회 안전망' 이상의 기능을 수행할 수 있다. 신중하게 고안하고 실행할 경우 효율성과 생산성 향상에 기여하기 때문이다.[122] 비용 효율이 높은 공공 의료 및 교육 체제는 노동력의 질을 높이고, 그에 따라 효율성과 생산성 향상의 속도도 높이는 동력을 제공한다. 사회 복지 제도는 사회 긴장을 누그러뜨리고 정치 체제의 정당성을 강화해서 장기적 투자에 좋은 안정된 환경을 조

---

[122] Chang and Rowthorn (1995, chapter 2) 참조. Roderik (1999)이 유사한 견해를 피력하고 있다.

성한다. 실업 수당과 같은 장치는 소비 변동 폭을 줄임으로써 경기의 부침을 완화시키는 효과도 낸다. 이 밖에도 사회 복지 제도의 효용은 수없이 많다.

그러나 사회 복지 제도가 가진 잠재적 효용은 그것을 얻는 데 드는 잠재적 비용 혹은 손실과 항상 대비해서 생각해야 한다. 첫째, 사회 복지 제도가 근로 윤리나 수혜자의 자존감을 잠식할 가능성이 있다. 둘째, 기술적 문제인 듯이 보이는 것들에 의해 복지 제도의 효율성과 정당성이 많은 부분 결정된다. 여기에는 잠재적 혜택과 기여 수준 사이에 적절한 균형이 존재하는지, 제도 자체가 공평하고 효율적으로 시행된다는 인식이 있는지, 부정 행위가 있는지 확인할 효과적 장치를 갖추었는지 여부 등이 해당된다. 셋째, 정권의 정치적 정당성이 확립되지 않은 상태에서 사회 복지 프로그램에 필요한 재정을 마련하기 위해 세금을 올리려는 시도를 하면 자칫 부유층의 '투자 파업'을 불러오거나 심지어 과격한 반격으로 이어질 수도 있다. 칠레의 아옌데Allende 정권이 그 좋은 예이다.

특정 사회 복지 제도의 정확한 혜택과 비용이 무엇이든 간에 모든 선진국이 결국 서로 비슷한 사회 복지 제도를 확립했다는 사실은 (아직까지도 종합 의료 복지 제도가 마련되지 않은 미국과 같은 당황스러운 예를 제외하고) 나라에 상관없이 해결해야 할 공통의 보편적 문제가 있다는 것을 암시한다. 그러나 대부분의 국가에서 사회 복지 제도는 경제 발전의 거의 마지막 단계에 확립되는 경향이 있다는 사실은 간과할 수 없는 중요한 점이다.

사회의 약자들을 돌보는 제도는 안정적인 사회를 유지하는 데 항상 필요한 일이었다. 산업화 이전에는 이 역할을 가족, 친지, 지역 공동체, 종교 단체 등이 담당했다. 19세기 선진국에서 산업화와 도시화가 진행되면서 이런 관습이 약화되었고, 당시 많은 나라가 혁명 가능성에 대한 불안감에 사로잡혀 있었던 사실로도 짐작할 수 있듯이 사회 불안이 심각해졌다.

그러나 1870년대 이전에는 현 선진국들의 사회 복지 제도가 매우 열등해서 고작해야 영국의 구빈법Poor laws 스타일의 제도를 중심으로 이루어지고 있었다. 당시의 구빈법은 국가의 도움을 받는 사람들의 투표권을 박탈하는 등 사회적 낙인을 찍는 식이었다. 예를 들어 남성 보통 선거권을 각각 1898년, 1918년에 도입한 노르웨이와 스웨덴에서도 국가 보조를 받는 빈민들에게 투표권이 주어진 것은 각각 1918년, 1921년이 되어서였다.[123]

표 2.4에서 볼 수 있듯이 선진국의 사회 복지 제도는 19세기 말에야 모습을 드러내기 시작했다. 이 시기에 투표권이 더 확대됨에 따라(2부 1장 '1 민주주의 발전의 역사' 참조) 서민들의 정치적 영향력이 점점 커지고 노조 활동이 활발해지면서 생긴 현상이었다. 그러나 투표권의 확대와 복지 제도의 확장 사이에 근본적 상관관계가 있는 것은 아니다. 뉴질랜드 같은 나라에서는 투표권을 일찍 확대한 것이 복지 제도의 발달로 이어졌다는 명확한 인과관계가 있지만, 독일 같은 나라에서는 투표권이 상대적으로 제한적일 때부터 복지 제도가 빨리 발달했다.

사실 독일은 이 분야의 선구자라고 할 수 있다. 실업 보험은 프랑스에서 최초로 시작했지만(1905년), 그 외 산업 재해 보험(1871년), 건강

123 Pierson 1998, pp.106-107.

표 2.4 현 선진국들의 사회 복지 제도 도입 연도

	산업 재해 보험	건강 보험	연금 제도	실업 보험
독일	1871	1883	1889	1927
스위스	1881	1911	1946	1924
오스트리아	1887	1888	1927	1920
노르웨이	1894	1909	1936	1906
핀란드	1895	1963	1937	1917
영국	1897	1911	1908	1911
아일랜드*	1897	1911	1908	1911
이탈리아	1898	1886	1898	1919
덴마크	1898	1892	1891	1907
프랑스	1898	1898	1895	1905
뉴질랜드	1900	1938	1898	1938
스페인	1900	1942	1919	n.a.
스웨덴	1901	1891	1913	1934
네덜란드	1901	1929	1913	1916
오스트레일리아	1902	1945	1909	1945
벨기에	1903	1894	1900	1920
캐나다	1930	1971	1927	1940
미국	1930	No	1935	1935
포르투갈	1962	1984[+]	1984[+]	1984[+]

출처: 피어슨Pierson, 1998, p.104, 표 4.1.
스페인에 대한 정보는 볼테스Voltes (1979), 마자Maza (1987), 소토Soto (1989)에서 인용되었다.
포르투갈에 대한 정보는 비너Wiener (1977), 마고네Magone (1997)에서 인용되었다.

주:
1. 나라 순서는 1871년 독일을 필두로 해서 산업 재해 보험을 도입한 순서에 따라 배열했다. 같은 해에 도입한 나라가 한 나라 이상이면 건강 보험을 먼저 도입한 나라를 앞에 배치했다.
2. 연도는 의무 보험뿐 아니라 국가 보조를 받는 임의 보험으로 시작한 제도도 포함시켰다.
*명시된 기간 동안 아일랜드는 영국의 식민지였다.
[+] 1960년대에 포르투갈에도 사회 복지 제도가 일부 도입되기는 했지만 1984년까지는 특정 사회 계층에게 부분적 혜택을 주는 식의 매우 허술한 제도였다.

보험(1883년), 국민연금(1889년) 등을 제일 먼저 도입한 것은 독일이었다.[124] 독일의 초기 복지 제도는 전 국민을 대상으로 하는 보편적 복지 원칙을 비롯해 '현대적' 특성을 지니고 있었고, 당시 프랑스 좌파의 찬사를 받았다고 한다. 주목할 만한 사실은 구스타프 슈몰러Gustav Schmoller의 진두 지휘 아래 당시 독일 역사학파(서론 참조) 소속 학자들이 영향력 있는 '사회 정책 연합Union for Social Policy'을 형성하고, 사회 복지 제도의 입법화를 강력히 추진했다는 점이다.[125]

선진국의 사회 보장 제도는 1875년경부터 1925년경 사이 50년 만에 놀랄 만한 발전을 이루어 냈다. 1871년에 산재 보험을 도입한 독일을 제외하고는 1875년 당시 표 2.4에 등장하는 나라들 중 어느 나라도 표에 나오는 네 가지 복지 제도 중 하나라도 완비한 나라가 없었다. 그러나 1925년에는 산재 보험을 갖춘 나라가 16개국, 건강 보험은 13개국, 연금 제도는 12개국, 실업 보험은 12개국으로 늘었다.

6.2 아동 노동 규제 제도

앞으로 자세히 살펴보겠지만 아동 노동 문제는 산업화 초기부터 열띤 논쟁의 대상이었다. 그러나 최근 들어서는 이 문제가 국제적 차원의 새 국면에 접어들었다. 개발도상국에서 아동 노동을 근절하도록 선진국이 압력을 행사해야 한다는 요구가 커지고 있기 때문이다. 특

---

124 Pierson 1998, p.105, table 4.2.
125 Blackbourn 1997, pp.346-347; 독일 역사학파에 관한 자세한 내용은 Balabkins (1988) 참조.

히 쟁점이 되는 것은 아동 노동 기준을 비롯해 '국제 노동 기준'을 위반하는 나라들에게 WTO를 통해 무역 제재를 가해서 아동 노동을 감소시켜야 한다는 주장이다.[126]

그런데 이런 제재 조치가 개발도상국이 '감당할 수' 없는 제도적 기준을 강요할 것이라는 우려가 확산되고 있다. 물론 '감당할 수' 있는 선이 어느 정도인지를 정하는 것이 어렵기는 하지만 말이다. 일부에서는 이런 방법이 '불공정한' 보호주의를 '숨기는' 역할을 할 수 있다고 우려하고, 또 다른 일부에서는 경제적으로 감당할 수 있는지 없는지를 떠나서 아동 노동 규제와 같은 문제가 국제적 규제의 대상이 되어서는 안 된다고 주장한다. 논평가에 따라서는 선진국들은 수 세기에 걸쳐 이루어 낸 아동 노동 근절을 현재의 개발도상국들이 순식간에 해내기를 기대하는 것은 합당하지 않다고 지적하기도 한다.

아동 노동은 현 선진국들의 산업화 초기에는 보편적인 관행이었다. 1820년대 자료에 따르면 영국 어린이들은 하루에 12.5시간에서 16시간 노동을 했다. 1840~1846년 기간에 독일에서는 14세 이하의 어린이가 공장 노동 인구의 20퍼센트를 차지하고 있었다. 스웨덴에서는 1837년까지도 심지어 대여섯 살의 어린이까지도 합법적으로 고용할 수 있었다.[127]

126 Basu (1999a)는 이 논쟁에 관한 포괄적이고 상세한 평론을 제시한다. Basu (1999b)는 독자가 읽기 더 쉽게 되어 있다. Engerman (2001)은 이 문제의 역사에 관한 포괄적인 검토를 하고 있다.

127 Hammond and Hammond 1995, p.169 (영국); Lee 1978, p.466 (독일); Montgomery 1939, pp.219-222 (스웨덴).

19세기 초 미국에서도 아동 노동은 보편적인 현상이었다. 1820년대 면직 산업 노동자의 절반 정도가 16세 이하 어린이였다. 당시에는 가족 전체가 한 단위로 고용되는 일도 흔해서 1813년 면직 공장에서 뉴욕주 지방 신문인 《유티카 패트리어트Utica Patriot》에 낸 광고는 "면직 공장에서 사람 구함. 절도 있고 건강한 가족으로 8세 이상 자녀가 5인 이상이어야 함"이라는 내용을 담고 있었다.[128] 1900년까지도 미국 내에서 전업으로 노동을 하는 16세 이하 아동의 수(170만 명)가 당시 주요 노동조합이던 미국 노동 총연맹AFL(American Federation of Labor) 가입자 수보다 많았을 정도였다.[129]

영국에서 아동 노동을 규제하는 제도를 도입하려는 초기 시도는 엄청난 반대에 부딪혔다. 9세 이하 아동의 고용을 금지하고 어린이들의 노동 시간을 제한하는 1819년 면직 공장 규제법Cotton Factories Regulation Act을 놓고 벌어진 논쟁에서 일부 상원 의원들은 "노동은 자유로워야 한다"고 주장했고, 반대편은 아동은 "자유 의지를 가진 주체"가 아니라고 주장했다. 초기에 도입된 법들(1802년, 1819년, 1825년, 1831년)은 대부분 별 효력을 발휘하지 못했는데 부분적으로는 의회가 법 시행에 필요한 예산을 통과시켜 주지 않았기 때문이다. 실제로 1819년에 법이 통과된 후 1825년까지 이 법에 따라 기소된 사례는 단 두 건에 불과했다.[130]

128 Garraty and Carnes 2000, p.227, n.1.
129 Garraty and Carnes 2000, pp.229, 600.
130 Blaug 1958; Marx 1976, p.390; Hammond and Hammond 1995, pp.153-154.

영국에서 아동 노동을 규제하고자 하는 진지한 노력의 첫 결과는 1833년 공장법Factory Act이었지만 이 법도 면직, 모직, 아마, 실크 산업에만 적용되었다.[131] 이 법에 따르면 9세 이하 아동의 고용을 금지하고, 9세에서 13세 사이 아동의 일일 노동 시간을 8시간으로, 13세부터 18세까지 '청소년'들의 노동 시간은 12시간으로 제한했다. 어린이들은 야간에(저녁 8시 30분부터 새벽 5시 30분까지) 일하는 것이 금지되었다. 1844년에 추가로 통과된 공장법에서는 13세 이하 아동의 일일 노동 시간을 6시간 30분 이하(특별한 상황에는 7시간)로 낮추었고, 식사 시간 제공을 의무화했다. 그러나 최저 노동 가능 연령을 9세에서 8세로 낮추는 퇴행적 내용 또한 포함되어 있었다. 1847년 공장법Ten Hours Act(10시간 법)에서는 13세에서 18세 사이 아동의 일일 노동 시간을 10시간으로 줄였다.

아동 노동 규제 면에서 가장 중요한 법은 아마도 1867년에 제정된 법일 테지만 새로 도입된 법은 이전의 법을 무효화시키지 않고 모두 동시에 효력이 발생했다. 1853년 이후 다른 산업 분야도 공장법들의 적용 대상이 되었으나 광산에 고용된 아동의 노동 시간은 1872년 공장법이 제정되기까지 규제되지 않았다. 1878년 공장 및 작업장법 Factory and Workshop Act에서조차 10세 이상의 아동은 주당 30시간까지 일하도록 허용했고, 섬유 공장이 아닌 경우에는 조건이 이보다 더 느슨했다.[132]

---

131 다음에 나오는 자세한 사항은 다른 언급이 없는 한 Marx (1976, pp.390-395)에서. 더 자세한 내용은 Mathias (1969, pp.203-204)도 참조.
132 Hobsbawm 1999, pp.103, 634-635, 636, n.47.

독일의 프로이센은 아동 노동에 대한 최초의 법을 1839년에 통과시켰다. 이 법에서는 9세 이하의 아동과 16세 이하의 문맹인 아동을 공장과 광산에 '정규직'으로 채용하는 것을 금했다. 1853~1854년에 공장 감독이 제도화되고 법적 최저 연령이 12세로 조정되면서 어느 정도는 법이 적용되기 시작했지만, 12세 이하 아동 노동이 불법이 된 것은 1878년 감독을 강화하는 법이 들어서면서였다. 작센에서는 1861년에 10세 이하 아동 노동을 금지했고, 4년 후 노동 가능 최저 연령을 12세로 올렸다. 프랑스는 아동 노동에 관한 규제 조항을 1841년에 도입했고, 다음 해 오스트리아가 공장에서 일할 수 있는 아동 연령을 9세(1787년에 정해진 기준)에서 12세로 상향 조정했다.[133]

스웨덴은 1846년에 통과된 법에 따라 12세 이하 아동의 노동을 금지했고, 1881년에는 아동의 일일 노동 시간을 6시간 이하로 제한했다. 그러나 1900년 특별 감독 기구가 설립되기 전까지 이 법은 거의 지켜지지 않았다. 같은 해에 13세에서 18세 사이 아동의 일일 최대 노동 시간이 10시간으로 줄어들었다.[134]

덴마크에서는 아동 노동에 대한 규정이 1873년에 처음으로 도입되었다. 이 법은 산업 부문에서 10세 미만의 아동을 고용하는 것을 금지했고, 일일 최대 노동 시간을 10~14세는 6시간 반, 14~18세는 12시간으로 정했다. 1925년에는 정식으로 의무 교육을 마치지 않은 14세 이하의 아동을 고용하는 것이 금지되었지만 농업, 임업, 어업, 항해 부문은 예외로 했다. 이 법을 통과시키는 것은 전혀 무리가 없었는데

133 Lee 1978, p.467; Engerman 2001.
134 Hadenius et al. 1996, p.250; Montgomery 1939, pp.225-226.

당시 덴마크 의회는 농업 분야와 이해관계가 깊이 얽힌 세력이 주류를 이루고 있어서 농업에 영향을 끼치지 않는 한 반대할 이유가 없었기 때문이다.[135]

노르웨이에서는 아동 노동을 규제하는 법안이 1892년에 최초로 도입되었다.[136] 이 법은 산업체에서 12세 미만 아동을 고용하는 것을 금지하고, 12세에서 14세 사이 아동 노동에 대해서는 매우 엄격히 통제하는 한편, 14세에서 18세 사이 청소년의 일일 노동 시간을 10시간으로 제한했다. 24시간 가동하는 공장을 제외하고 18세 이하는 야간 근무도 금지했다.

1873년 스페인 정부는 10세 이하 아동의 고용을 금지하는 법을 통과시켰지만 거의 준수되지 않았다. 1900년에 새로 도입된 법에서는 10세부터 14세 사이의 아동이 산업체에서 일하는 시간을 하루 6시간으로 제한했고, 상업 시설의 경우 8시간 미만으로 규정했다. 네덜란드와 스위스에서 처음으로 아동 노동 관련 규정이 도입된 것은 각각 1874년, 1877년이다.[137]

벨기에에서 아동 노동을 규제하려는 첫 시도는 1878년 광산에 고용된 아동들에 관한 법이 도입되었을 때이다. 1909년부터는 12세 이상 아동의 노동 시간을 일일 12시간 미만 주당 6일로 제한했고, 12세 미만 아동을 고용하는 것을 금지했다. 1914년에는 노동 가능 최저 연령을 14세로 올렸다. 이탈리아에서는 1902년까지도 12세 이하 아동

---

135 Mørch 1982, pp.364-367.
136 Nerbørvik 1986, p.210; Engerman 2001, table 1.
137 Soto 1989, pp.702-704 (스페인); Engerman 2001, table 1 (네덜란드와 스위스).

고용을 금지하는 법이 도입되지 않았고, 포르투갈에서는 아동(과 여성)의 노동 시간을 제한하는 법이 1913년에야 채택되었다.[138]

미국의 경우 아동 노동 관련 규제법이 이미 1840년대부터 존재하는 주들이 몇몇 있었다. 매사추세츠주 1842년, 뉴햄프셔주 1846년, 메인주와 펜실베이니아주가 1848년에 관련 규정을 입법화했다.[139] 1차 대전이 일어날 무렵에는 거의 모든 주에서 어린 아동을 고용하는 것을 금지하고 더 나이 든 아동의 노동 시간을 제한하는 법이 존재했다. 이 전환 과정에서 전국 아동 노동 위원회의 역할이 컸다는 평을 받고 있다. 그러나 불행하게도 법은 있었지만 실행은 잘 되지 않았다. 의회는 1916년 연방 아동 노동법을 통과시켰지만 2년 후 대법원에서 위헌이라는 판결을 받았다. 1919년에 다시 한 번 시도했지만 결과는 마찬가지였다. 아동 노동을 금지하는 연방법의 도입은 1938년에 공정 근로 기준법Fair Labour Standard Act이 통과될 때까지 기다려야 했다.[140]

표 2.5는 지금까지 살펴본 19세기 말부터 20세기 초 현 선진국들의 아동 노동 관련 규제의 역사를 요약한 것이다. 표에서 볼 수 있는 정보가 불충분하고 연도 또한 추정에 의지할 수밖에 없었지만 1870년대 중반 이전까지는 표에 나온 15개국의 과반수 이상이 아동 노동 규제법의 외형조차 제대로 갖추지 못했다는 것을 알 수 있다. 선진국의

---

138 Dechesne 1932, pp.494-495; Blanpain 1996, pp.180-182 (벨기에); Clark 1996, p.137 (이탈리아); Serrao 1979, p.413 (포르투갈).

139 Engerman 2001, table 5.

140 Garraty and Carnes 2000, pp.607, 764. 개인적 서신을 통해 1919년 입법 시도에 대해 내게 알려 준 스탠리 엥거먼Stanley Engerman에게 감사한다.

표 2.5 선진국들의 아동 노동 규제법 도입 연도

	최초의 규제 시도 (대부분 효과 없었음)	최초의 '진지한' 규제 도입	비교적 포괄적이고 시행도 잘 된 규제 조치 도입
오스트리아	1787	1842(?)	(?)
영국	1802	1833	1878
프로이센	1839	1853~54	1878
프랑스	1841	(?)	(?)
미국	1842*	1904~14	1938
스웨덴	1846	1881	1900
작센	1861	(?)	(?)
덴마크	1873	1925	(?)
스페인	1873	1900	(?)
네덜란드	1874	(?)	(?)
스위스	1877	(?)	(?)
벨기에	1878	1909	1914(?)
노르웨이	1892	(?)	(?)
이탈리아	1902	(?)	(?)
포르투갈	1913	(?)	(?)

출처: 본문

*매사추세츠주에서 주법이 채택된 연도.

대다수가 '그래도 진지한' 수준의 아동 노동 규제법을 갖춘 것은 20
세기 초에 들어서야 가능해진 일이었다.

6.3 성인 노동 시간과 노동 환경에 관한 제도

성인 노동자의 노동 시간과 여건을 규제하는 제도는 아동 노동만큼
열띤 논쟁의 대상은 아니다. 그러나 이 제도의 시행과 관련된 실질적
인 문제는 아동 노동을 둘러싸고 일어났던 문제와 다를 바가 없다.

대부분의 선진국에서 19세기 내내 긴 노동 시간은 보편적 현상이었다. 1844년 공장법이 제정되기 전 영국에서는 하루 노동 시간이 12시간을 넘는 것이 일반적이었다. 1890년대 말까지도 매우 선진적인 일부 고용주들을 제외하고는 일일 10시간이라는 관례 이하로 노동 시간을 줄일 의향을 가진 고용주는 별로 없었다. 19세기 내내 이주 노동자들은 하루 16시간을 일했다.[141] 독일에서는 1850년부터 1870년 기간 동안 주당 평균 노동 시간이 75시간이었다가 1890년에 66시간, 1914년에 54시간으로 점점 줄었다. 한편 1870년대와 1880년대 노르웨이의 제빵사들은 하루에 16시간 일하는 날이 많았다. 1880년대까지 스웨덴의 일일 평균 노동 시간은 11~12시간이었고, 1900년대까지도 직종에 따라서는 특히 제빵 업계에서는 하루에 17시간까지 일하는 사람들도 있었다. 1880년 덴마크의 노동자들은 일주일에 평균 6일 반 동안 총 70시간 일을 했다고 뫼르크Mørch는 추산한다.[142]

이렇게 극도로 긴 노동 시간인데도 19세기 중반까지는 성인의 노동 시간을 규제하는 법이 도입되지 않았다(일부 국가에서는 아동 노동을 규제하려는 시도가 18세기 말, 19세기 초부터 시작되었다는 점과 비교가 된다). 성인 노동 시간을 규제하려는 최초의 노력은 1844년 영국에서 통과된 공장법이었다. 이 법은 무엇보다 18세 이상 여성의 노동 시간을 12시간으로 제한하고, 이들의 야간 근무를 금지했다.[143] 법적으로 명

141 Cochran and Miller 1942, p.245.
142 Lee 1978, pp.483-484 (독일); Pryser 1985, pp.194-195 (노르웨이); Hadenius et al. 1996, p.250 (스웨덴); Mørch 1982 (덴마크).

시된 것은 아니지만 이 법이 제정된 후부터는 성인 남성의 노동 시간
도 12시간을 넘지 않는 것이 사회적 분위기가 되었다. 다음 해에 통과
된 1847년 공장법에서는 여성과 아동의 근무 시간을 10시간으로 제
한했다. 그러나 많은 고용주가 법의 허점을 이용해 이 법의 효력을 최
소화하는 노력을 기울였다. 아침 9시부터 저녁 7시까지 계속되는 근
무 시간 중 식사 시간을 허용하지 않는 고용주들이 많았던 것도 그 예
이다.[144]

미국에서는 근무 시간 규제 조치가 주 단위로 먼저 시도되었다. 매
사추세츠주는 1874년에 여성과 아동의 노동 시간을 10시간으로 제
한하는 선구적인 법안을 통과시켰다.[145] 그러나 이런 법안이 미국 전
역에 보편화된 것은 1890년대에 들어와서였다. 19세기 말 20세기 초
즈음 일부 주에서는 피로로 인한 대형 사고를 막기 위해 특정 산업 부
문(철도나 탄광과 같은)에서 일일 노동 시간 또한 제한하기 시작했다. 그
러나 1900년 전에는 "그런 법안의 전반적인 효과는 인상적이지 않았
다." 특히 보수 성향의 판사들이 이 법의 효력을 제한하는 판결을 내
린 것도 일조를 했다. 그 한 예로 1905년 미국 대법원은 유명한 로크
너 대 뉴욕주 사건에서 제빵업자들의 하루 노동 시간을 10시간으로
제한한 뉴욕주의 법이 위헌이라는 판결을 내렸다. "제빵사들이 원하
는 시간만큼 일할 자유를 박탈했기 때문"이라는 것이 그 이유였다.
1908년에는 세탁소에서 일하는 여성들의 노동 시간을 10시간 이하

143 Marx 1976, p.394.
144 Marx 1976, pp.395, 398-399; Hobsbawm 1999, p.102.
145 Garraty and Carnes 2000, p.607, 문단의 다른 모든 정보는 같은 책 pp.607-608에서.

로 제한한 오리건주 법의 합헌 여부를 두고 대법원까지 간 일도 있었다. 결국 대법원은 합헌이라는 판결을 내렸다.

산업 재해 면에서도 미국 대부분의 주가 "노동자는 근무 도중에 일어날 수 있는 사고 위험을 근무 여건의 일부로 받아들이고, 다칠 경우 고용주의 부주의라는 것을 증명하지 못하는 한 보상을 받지 못한다"라는 관습법이 1910년에 이르러서야 수정되었다.[146] 그러나 당시는 안전 법규가 거의 시행되지 않았고, 연방 차원의 산업 재해 보험도 1930년까지 확립되지 않은 상황이었다(표 2.4 참조).

다른 선진국들의 정보는 더 단편적이지만 다수의 선진국에서 성인 노동 시간과 노동 여건에 대한 최소한의 규제 조치마저 19세기 말까지는 도입되지 않았고, 일부 경우에는 20세기 초에서야 관련 법이 제정되기 시작했다고 말해도 큰 무리는 없을 듯하다.

프랑스는 이미 1848년에 여성 노동자의 일일 노동 시간을 11시간으로 제한하는 법을 제정했지만, 지배 계층은 20세기 초까지 성인 남성의 노동을 규제하는 법을 도입하는 것은 강하게 반대했다. 스칸디나비아에는 1차 대전이 시작되기 전까지 성인 여성의 노동 시간을 규제하는 법을 도입한 나라도 한 군데도 없었다. 이탈리아에서는 여성 일일 노동 시간을 11시간으로 제한하는 법은 1902년에 제정되었지만 주 1일 의무 휴무 규정은 1907년에야 도입되었다. 스페인에서는 1904년에 의무 휴무일(일요일)이 정해졌고, 벨기에에서는 산업 및 상

146 Garraty and Carnes 2000, p.607.

업 시설에서 휴무일을 1905년에야 도입했다.[147]

　20세기에 들어서고도 한참 지난 후에야 노동 시간에 관한 '현대적' 개념의 규제가 보이기 시작한다. 스페인에서는 8시간 근무 규정이 1902년에 지역 정부 수준에서나마 도입되어 경제 개발 단계에 비해 빠른 진보를 보였지만 1919년까지는 널리 확산되지 않았다. 스웨덴에서는 1920년에 주당 48시간 근무제가 도입되었다. 덴마크는 1920년에 일일 8시간 근무제를 의무화했지만 노동 인구의 3분의 1을 고용하는 농업과 수산업 분야는 예외를 인정받았다. 벨기에는 1921년에 주당 48시간 근무제를, 1936년에 40시간 근무제를 도입했다. 미국에서 주당 최대 근무 시간이 40시간으로 제한된 것은 공정 근로 기준법이 채택된 1938년이었다.[148]

---

147 Kuisel 1981, p4 (프랑스); Engerman 2001, appendiz 1 (스칸디나비아 국가들); Clark 1996, p.137 (이탈리아); Soto 1989, p.591 (스페인); Dechesne 1932, p.496 (벨기에).

148 Soto 1989, pp.585-586 (스페인); Norborg 1982, p.61 (스웨덴); Mørch 1982, pp.17-18 (덴마크); Blanpain 1996, pp.180-182 (벨기에); Garraty and Carnes 2000, p.764 (미국).

2장

과거와 현재 개발도상국의 제도 발전 역사

Kicking away the Ladder

지금까지 2부에서 살펴본 내용을 바탕으로 현재 선진국이 된 나라들이 과거에 이룬 제도 발전에 대해 어떤 평가를 내릴 수 있을까? 사실 일반화를 하는 것은 역사적 자료의 부족(특히 규모가 작은 나라들)과 각국의 차이점을 감안할 때 위험이 따르는 일이다. 그런데도 이 책의 목표를 위해서는 어느 정도 필요한 일반화를 조심스럽게 하면서 이 질문의 답을 찾는 시도를 하려 한다.

그러기 위해 먼저 선진국들의 개발 역사의 단계를 대표할 만한 세 시기의 상황을 살펴보고자 한다. (1) 가장 먼저 산업화를 시작한 현 선진국도 산업화의 초기 단계에 불과했던 1820년, (2) 산업화 단계가 더 진행된 선진국은 산업화의 절정에 달했고, 덜 발달된 선진국은 산업화를 시작한 시기인 1875년, (3) 더 발달된 선진국에서는 산업 발달이 성숙 단계에 접어들고 덜 발달된 선진국은 산업화의 절정에 달했던 1913년이 그것이다. 그 뒤를 이어 선진국의 제도 발전 과정이 더디고 고르지 못한 과정이었음을 지적하고, 과거 선진국의 제도 발전 단계와 현재 개발도상국이 밟고 있는 제도 발전 단계를 비교해 볼 것이다. 그리고 현 개발도상국이 유사한 발전 단계에 있던 과거의 선진국보다 훨씬 높은 수준의 제도 발전을 이루었다는 결론을 내릴 것이다.

1 선진국의 제도 발전 역사 조감도

1.1 1820년, 산업화 초기

1820년 당시 선진국 중 어느 나라도 남성 보통 선거제를 시행하고 있지 않았다. 설령 투표권이 확대된다고 하더라도 그것은 상당한 재산을 보유한 남성, 그것도 30세 이상의 남성만 포함되었다. 모든 선진국에서 관직 임명은 연고주의, 엽관제, 이름만 있고 업무는 없는 관직, 관직 매매 등으로 얼룩져 있었다. 관직을 공식적으로 사유 재산으로 여기는 경우도 많았고, 대부분의 나라에서 봉급을 받는 현대적 개념의 전문 공무원은 존재하지 않았다(프로이센을 비롯한 몇몇 독일 주들은 이례적인 경우에 속한다).

새로운 재산권을 형성할 여지를 만들기 위해 기존 재산권의 침해를 밥먹듯 하는 경우도 많았는데, 이런 관행은 미국과 같은 신생국에서 더 두드러졌다. 특허법을 도입한 나라는 다섯 손가락 안에 꼽을 정도(영국, 미국, 프랑스, 오스트리아)였고, 특허권이 청원된 발명품의 독창성을 확인하는 장치가 전혀 없는 등 특허법이 있다 하더라도 그 질이 매우 낮았다. '현대적' 개념에 근접이라도 한 특허법이 나온 것은 15년여가 지난 1836년, 미국에서 특허법을 개정하고 난 후였다.

근대적 기업의 발달에 핵심 조건으로 꼽히는 유한 책임 제도는 어느 나라에서도 일반화되지 않았기 때문에 권리라기보다는 특권으로 인식되었다. 기업 재무 면에서 가장 선진적인 제도를 갖춘 나라에서도 외부 감사나 정보 완전 공시가 의무화되지 않았다. 파산법이 존재하더라도 매우 제한된 기업가 계층에게만 적용되는 불완전한 상태였고, 파산한 사람들이 '파산의 불운을 완전히 떨치고 새 출발을 할' 수 있도록 '위험을 사회적으로 분산'하는 기능은 제한적이었다. 경쟁법도 거의 존재하지 않았다고 할 수 있을 정도이다. 제한적이고 시행도 제대로 되지 않은 1810년 프랑스 형법 제419조가 그나마 찾을 수 있는 예이다.

이탈리아의 일부 지역(베니스와 제노아 등지)과 영국, 그리고 그들만큼은 아닌 미국을 제외하고는 은행은 여전히 생소한 제도였다. 그러나 독점적 화폐 발행권과 공식적인 최종 대부자 역할을 담당할 본격적인 중앙은행을 보유한 나라는 어디에도 없었다. 극소수 국가가 증권 시장법을 채택하기는 했지만 불완전하기 그지없었고, 그나마 시행도 잘 되지 않았다. 전쟁 기간 동안 '비상' 대책으로 소득세를 부과한 예(1799~1816년의 영국과 나폴레옹 전쟁 중의 덴마크)를 제외하고는 소득세 제도를 갖춘 나라도 없었다.

여기에 더해 선진국 중 어느 나라도 사회 복지 제도나 노동 시간, 아동 노동, 근무 환경의 안전 및 위생 등에 관한 노동 관련 법규를 갖추고 있지 않았다. 유일한 예외는 영국의 몇몇 섬유 사업 부문에서 아동 노동을 규제하는 한두 가지 법규(1802년, 1819년 법 제정)와 오스트리아에서 1787년 법 제정을 통해 법정 노동 가능 연령을 9세 이상으로 제한한 사례가 있지만 모두 그다지 실효성이 없었다.

1.2 1875년, 본격적인 산업화 진행

1875년에 접어들 무렵 현 선진국들은 산업화의 진행과 함께 상당한 제도 발전을 이루어 냈다. 그러나 그들과 비슷한 발전 단계에 있는 현 개발도상국들이 갖추고 있는 제도에 비하면 그 질은 여전히 비교할 수 없을 만큼 열등했다(2부 2장 '3 과거와 현재의 개발도상국들을 비교해 보자' 참조).

어느 나라도 보통 선거권을 갖춘 곳은 없었다. 고작해야 프랑스, 덴마크, 미국 등 소수 국가가 적어도 이론적으로는 남성 보통 선거권은 갖고 있었지만 그나마 미국은 그 후 선거권 범위를 더 제한하는 후퇴를 겪었다. 더욱이 이 나라들에서조차 비밀 투표와 같은 민주주의의 기초적 제도도 존재하지 않았고, 선거 부정이 만연했다. 관료 체제 부문에서 선구적이었던 프로이센이나 영국 같은 나라도 실력 위주의 채용과 징계 제도 같은 근대적 요소를 겨우 도입하기 시작한 수준이었고(미국은 아니었다), 엽관제가 여전히 만연해 있었다.

이 시기에는 현 선진국들 대부분이 특허법을 제도화한 후였지만(스위스와 네덜란드는 제외), 법의 질적 수준이 무척 낮았다. 외국인의 지적 재산권에 대한 보호가 특히 미흡했는데, 이는 부분적으로 국제적인 지적 재산권 체제가 형성되지 않았기 때문이기도 하다. 예를 들어 국제 특허 제도를 강력히 옹호하는 미국도 외국인의 저작권은 인정하지 않았고, 다수의 독일 기업들은 가짜 영국 상품을 만들어 내기에 바빴다.

상당수의 나라(스웨덴, 영국, 포르투갈, 프랑스, 벨기에)에서 유한 책임제가 법제화되었지만 이 나라들도 유한 책임 회사의 회계 감사와 정보 공시에 관한 규정을 마련하지 않은 상태였다. 이 시기는 영국에서 상대적으로 '현대적'인 파산법이 마련되어서(1849년) 파산자들이 어느 정도나마 '새 출발'의 기회를 얻게 된 지 30년이 채 지나지 않은 때였고, 미국은 여전히 연방 파산법을 제정하지 않았다. 대기업이 늘어나고 기업 간 담합 행위가 급속도로 확산되고 있었는데도 경쟁법을 갖춘 나라는 하나도 없었다(이즈음에는 1810년에 제정되었던 프랑스의 형법 제419조도 전혀 실행되지 않고 있었다).

많은 선진국에서 은행은 여전히 생소한 제도였고 이탈리아, 스위스, 미국 등 몇몇 나라에는 중앙은행마저 존재하지 않았다. 명목상의 중앙은행을 갖춘 포르투갈, 스웨덴, 독일 등의 나라에서도 독점적인 화폐 발행권을 확보하지 못했기 때문에 중앙은행은 효율적인 역할을 수행해 내는 데 큰 제한을 받았다. 은행에 대한 규제는 여전히 아주 드문 일이었고, '인맥'에 의존한 대부와 은행의 파산이 빈번했다. 가장 발달한 증권 시장을 갖추고 있었던 영국에서조차 적절한 증권 법규가 부재해서 내부자 거래와 가격 조작이 만연했다. 1842년 영국에서 최초로 도입된 '비상 조치가 아닌 상시적' 소득세는 매우 새로운 제도였다.

현 선진국들 중 이 기간에 현대적 사회 복지 제도를 갖춘 나라는

1871년 산업 재해 보험을 도입한 독일을 제외하고는 한 곳도 없었다. 아동 노동을 규제하는 제도는 영국, 프로이센, 스웨덴 등 여러 나라에서 법제화되어 있었지만 실행은 거의 되지 않고 있었다. 많은 나라에서 상대적으로 어린 아동, 즉 9세에서 12세 사이의 아동을 고용하는 것이 여전히 합법적이었다. 그런가 하면 벨기에, 이탈리아, 노르웨이 등의 나라에서는 이 시기까지도 아동 노동에 대한 어떠한 규제도 존재하지 않았다. 어느 선진국도 성인 남성의 노동 시간에 대해 제한을 두지 않았다. 일부 국가에서는 여성의 노동 시간을 제한하는 법을 통과시켰지만 이것도 하루 10~12시간으로 비교적 긴 시간이었다. 일터의 안전에 관한 규정은 혹 있었다 하더라도 실제로 시행되지는 않았다.

1.3 1913년, 산업화의 성숙 초기

현대의 개발도상국들 중 부유한 편에 속하는 브라질, 타이, 터키, 멕시코, 콜럼비아 등은 '국제적 기준'에 부합하는 제도를 갖추어야 한다는 요구를 받고 있다. 그러나 현재의 선진국 중 가장 부유한 나라들이 이 나라들의 수준에 도달했을 당시 시행하고 있던 제도에 현재의 기준을 적용하면 질적으로 매우 낮다는 결론을 내릴 수밖에 없다.

보통 선거권은 여전히 생소한 개념이었고(노르웨이와 뉴질랜드만 보통 선거권을 갖추고 있었다), '1인 1표'라는 기준을 적용한 진정한 의미의 남성 보통 선거권조차 보편적이지 않았다. 예를 들어 미국과 오스트레일리아에서는 인종에 따라 선거권에 차별을 두었고 독일에서는 재산, 교육, 나이에 따라 투표수를 달리 했다. 프랑스는 1913년에야 비밀 투표제를 도입했고 독일은 여전히 시행하지 않고 있었다. 관료 체제의 현대화는 특히 독일 같은 나라에서 상당한 진척을 보였다. 그러나 많은 나라 특히 미국과 스페인 같은 나라에서는 여전히 엽관제가 널리 퍼져 있었다. 미국 같은 곳에서는 전문 관료 체제가 이제 막 등장하고 있었다. 미국에서 연방 관료 채용에 최소한의 경쟁 체제가 도입된 해가 1883년이니 30년이 채 지나지 않은 초기 단계였다.

기업 지배 제도는 영국과 미국에서도 현대적 기준을 적용할 수조차 없을 정도로 미흡했다. 영국은 약 10여 년 전(1900년)에 유한 책임 회사에 대한 의무 회계 감사 제도를 도입했지만, 법의 허점으로 말미암아 제출하는 대차대조표가 최신 것일 필요가 없었다. 영국, 미국 모두 주식 공모 시 투자자들에게 기업 정보를 완전 공시하는 것이 의무화되지 않았다. 경쟁법은 거의 존재하지 않았다고 말할 수 있을 정도여서 미국에서는 1890년에 셔먼 법이 도입되었지만 1914년 클레이턴 법이 제정되기 전까지는 이렇다 할 독과점 금지법이 시행되지 않고 있었다. 유럽에서 최초의 경쟁법이 도입된 것은 이로부터 10년이 더 흐른 시점으로 1923년 독일의 카르텔 법 제정이 시초였다.

은행의 발전은 여전히 지지부진했다. 예를 들어 미국에서는 아직 지점 설립이 허용되지 않았다. 대부분의 국가에서 은행업 관련 규제는 엉성하기 짝이 없었다. 중앙은행이 보편화되었지만 그 수준은 요즘 기대하는 것보다 훨씬 뒤떨어져 있었다. 이를테면 미국에서는 중앙은행이 이제 막 설립되었고(1913년), 미국 내 은행 중 30퍼센트 가량만 중앙은행의 관할권 안에 들어 있었다. 이탈리아 중앙은행은 아직도 독점적 화폐 발행권을 확보하기 위해 분투하고 있었다. 내부자 거래와 증권 가격 조작은 여전히 제대로 규제되지 않았다. 당시 가장 발달된 증권 시장을 갖추고 있었던 영국과 미국조차 증권 규제가 제도화되어 있지 않았다(영국에서는 1939년, 미국에서는 1933년에야 증권 규제법이 도입되었다). 소득세는 여전히 드문 일이었다. 미국에서는 20여 년에 걸친 정쟁과 법률적 논쟁 끝에 1913년에야 소득세가 도입되었고, 후에 소득세를 폭넓게 활용한 스웨덴에서도 당시까지는 소득세 징수를 시작하지 않은 상태였다.

현재의 개발도상국들과 비교해서 선진국들이 그와 유사한 개발 단계에서 더 잘한 일이 있다면 사회 복지 제도일 것이다. 사회 복지 제도는 1880년대 이후 인상적인 발전을 거듭해서 1913년 무렵에는 캐나다, 미국, 포르투갈을 제외한 대부분의 선진국이 비록 매우 불완전한 형태로나마 어느 정도 수준의 복지 제도를 갖추었다. 산업 재해 보험, 건강 보험(네덜란드, 뉴질랜드, 스페인, 핀란드, 오스트레일리아 제외), 국가 연금(노르웨이, 핀란드, 스위스, 스페인 제외) 등이 그 예이다. 그러나 실업 보험은 여전히 드물어서 1905년 프랑스에 처음 도입된 것을 필두로 1913년까지는 아일랜드, 영국, 덴마크, 노르웨이에 도입되었다. 그러나 노르웨이나 스웨덴 등의 나라에서는 사회 보장 제도의 수혜자들에게는 투표권을 박탈했다.

노동 시간, 일터의 안전성, 여성 노동 및 아동 노동에 대한 법률의 대부분이 이즈음에는 도입되어 있었다. 그러나 그 기준이 상당히 낮았고, 적용 범위 또한 제한적이었을뿐더러 시행도 미흡했다. 예를 들어 미국에서는 하루 노동 시간을 10시간으로 제한하는 조치가 고용주와 보수적인 판사들의 극렬한 저항에 부딪혔고, 연방 수준에서 아동 노동이 금지(1938년)되기까지는 약 25년이 더 흘러야만 했다. 당시까지 주 40시간 근무는 말할 것도 없고 주 48시간 근무 규정을 마련한 나라는 한 곳도 없었다.

2 제도 발전을 향한 멀고도 험한 여정

1장('선진국의 제도 발전 역사')의 자세한 논의와 2장('1 선진국의 제도 발전 역사 조감도')에서 제시된 조감도를 통해 제일 먼저 배울 수 있는 사실은 현재의 선진국들이 어떤 제도가 필요하다는 사실을 인식한 시점부터 그 제도를 개발하기까지는 수백 년까지는 아니더라도 수십 년은 걸렸다는 점이다. 또 한 가지 간과하면 안 되는 사실은 현재의 선진국들이 이 과정에서 여러 차례 후퇴를 경험했다는 점이다. 이 부분을 더 자세히 설명하기 위해 예를 몇 가지 들어보자.

민주주의는 오랜 시간의 우여곡절을 거쳐 발달했다. 예를 들어 프랑스와 스위스에서는 남성 보통 선거권에서 남녀 모두를 포함한 보통 선거권으로 옮아가기까지는 100여 년이 걸렸다(프랑스는 1848년에서 1946년, 스위스는 1879년에서 1971년). 근대적인 전문 관료 체제가 필요하다는 인식은 일찍이 18세기부터 생겼지만, 실제로 그런 체제가 대부분의 선진국에서 확립된 것은 19세기 초에 이르러서였다. 유한 책임 제도가 중요하다는 인식은 이미 16세기가 끝나갈 무렵 확립되어 있었고, (영국의 동인도 회사처럼) 위험도가 높은 대규모 사업에는 유한 책임을 허락하는 왕의 특령이 내려지기 시작했다. 하지만 제일 선진적인 나라에서조차 유한 책임 회사가 일반화된 것은 19세기 중반에 접어들어서였다. 중앙은행이 필요하다는 사실은 사회 일부에서나마 17세기 초반부터 인정하고 있었지만 최초의 '제대로 된' 중앙은행인 뱅크 오브 잉글랜드는 1844년까지 설립되지 않았다. 미국은 건국 초기부터 모종의 중앙은행이 필요하다는 사실을 감지하고 1791년 제1미합중국 은행을 설립했지만 얼마 가지 않아 폐지했고, 결국 1913년에 이르러서야 연방 준비 제도가 설립되었다. 그러나 초기에는 연방 준비 제도의 역할이 매우 제한되어 있었다.

혁신적인 나라들의 새로운 제도가 주변 선진국으로 확산되는 데에도 상당한 시간이 걸렸다. 표 2.6에서는 가능한 범위 내에서 각 제도가 최초로 생겨난 국가, 그 제도를 현 선진국들의 과반수가 채택한 시기와 모든 선진국이 받아들인 시기를 정리해 보았다. 표를 살펴보면 '전근대적인' 특허법과 같은 예외적 사례를 제외한다고 해도 제도 혁신이 시작된 때부터 과반수의 선진국이 그 제도를 채택하기까지는 짧게는 국가 연금이나 실업 보험처럼 20년 정도 걸린 제도에서부터 길게는 현대적 중앙은행처럼 150년까지 걸렸다는 것을 알 수 있다. 여기에 더해 제도 혁신이 이루어진 시점부터 그 제도를 현재의 선진국들이 '국제 표준'으로 채택하기까지는, 다시 말해 대다수 선진국이 이를 지지하는 상태까지는 몇십 년 정도가 아니라 심지어 몇 세대가 걸렸다는 것도 분명하다. 현재의 선진국들에서 이렇게 제도 발달이 더디게 진행된 데는 다양한 이유가 있다.

첫째, 특히 발전 초기 단계에서는 도입되지 않은 제도도 많았고, 도

표 2.6 선진국들의 제도 발달 역사

	최초로 채택	대다수 채택	마지막으로 채택	영국	미국
민주주의 관련 제도					
남성 보통 선거권	*1848(프랑스)*	*1907[a]*	*1925(일본)[a]*	*1918*	*1870*
보통 선거권	1907(뉴질랜드)	1946[a]	1971(스위스)[a]	1928	1965
현대적 관료 제도	19세기 초(프로이센)			1800년대 중반	1900년대 초반
현대적 사법권 관련 제도				1930년대(?)	
지적 재산권 관련 제도					
특허법	*1474(베니스)*	*1840년대[b]*	*1912(네덜란드)[b]*	*1623*	*1793*
'현대적' 특허법[1]	1836(미국)	1960년대[b]	1990년대 (스페인, 캐나다)[b]	1852	1836
'현대적' 저작권법[2]					1891(1988)[3]
상표법	1862(영국)			1862	
기업 지배 구조 관련 제도					
유한 책임 제도	1844(스웨덴)			1856(1862)[4]	
파산법				*1542*	*1800*
'현대적' 파산법[5]				1849	1898
'현대적' 회계 감사 및 공시[6]				1948	1933
경쟁법	1890(미국)			*1919*	*1890*
효율적인 경쟁법	1914(미국)			1956	1914
공공 재정 제도					
'현대적' 은행[7]	1920년대 중반(영국)			1920년대 중반	
중앙은행	*1688(스웨덴)*	*1847[c]*	*1913(미국)[c, 9]*	*1694*	*1913*
'현대적' 중앙은행[8]	1844(영국)	1891[c]	1929(미국)[c, 9]	1844	1929
증권 시장 규제	*1679(영국)*			*1679*	*1800년대 중반*
'현대적' 증권 시장 규제[10]				1939	1933
소득세	1842(영국)			1842	1913
사회복지 및 노동 관련 제도					
산업재해보험	1871(독일)	1898[d]	1930(미국, 캐나다)[d]	1897	1930
의료보험	1883(독일)	1911[d]	미국에는 여전히 없음[d]	1911	여전히 없음
연금 제도	1889(독일)	1909[d]	1946(스위스)[d]	1908	1946
실업보험	1905(프랑스)	1920[d]	1945(오스트레일리아)[d]	1911	1935
아동 관련 노동 제도	*1787(오스트리아)*	*1873[e]*	*1913(포르투갈)[e]*	*1802*	*1904*
'현대적' 아동 관련 노동 제도[11]		1878(미국, 프로이센)		1878	1938

출처: 본문

*이탤릭체로 표시된 제도는 '전근대적'으로 간주되는 제도들이다. 적용 범위와 시행 면에서 현대적 기준에 크게 미달하기 때문에 거기서 유래한 '현대적 제도'와는 다른 범주로 구분했다.

a. 자료가 존재하는 19개국(오스트레일리아, 오스트리아, 벨기에, 캐나다, 덴마크, 핀란드, 프랑스, 독일, 이탈리아, 일본, 네덜란드, 뉴질랜드, 노르웨이, 포르투갈, 스페인, 스웨덴, 스위스, 영국, 미국) 중 과반수.

b. 자료가 존재하는 17개국(오스트레일리아, 오스트리아, 벨기에, 캐나다, 덴마크, 핀란드, 프랑스, 독일, 이탈리아, 일본, 네덜란드, 노르웨이, 포르투갈, 스페인, 스웨덴, 스위스, 영국, 미국) 중 과반수. 당시 독일에서 특허법을 보유한 주는 프로이센, 바이에른, 뷔르템베르크, 작센이었다. 이탈리아에서는 사르디니아, 바티칸이 특허법을 보유하고 있었다.

c. 자료가 존재하는 11개국(벨기에, 프랑스, 독일, 이탈리아, 네덜란드, 포르투갈, 스페인, 스웨덴, 스위스, 영국, 미국) 중 과반수.

d. 자료가 존재하는 17개국(오스트레일리아, 오스트리아, 벨기에, 캐나다, 덴마크, 핀란드, 프랑스, 독일, 아일랜드, 이탈리아, 네덜란드, 뉴질랜드, 노르웨이, 스웨덴, 스위스, 영국, 미국) 중 과반수.

e. 자료가 존재하는 15개국(오스트리아, 벨기에, 덴마크, 프랑스, 네덜란드, 이탈리아, 노르웨이, 포르투갈, 프로이센, 작센, 스페인, 스웨덴, 스위스, 영국, 미국) 중 과반수.

1. 발명품의 독창성을 엄격하게 확인하는 조항과 외국인의 발명에 대한 동등한 보호, 화학 및 의약품에 대한 물질 특허 조항 등을 갖춰야 '현대적' 특허법이라 규정할 수 있다.
2. '현대적' 저작권법은 무엇보다 외국인의 저작권에 대한 동등한 보호를 제공하는 것으로 규정된다.
3. 1988년까지 미국은 미국 내에서 인쇄되지 않은 한 외국인의 저작권을 인정하지 않았다.
4. 은행이 유한 책임제를 누릴 수 있게 된 것은 1857년, 보험회사는 1862년에 이르러서였다.
5. '현대적' 파산법은 자산 분기점 없이 모든 이에게 적용되고, 파산자에게 재기의 기회를 제공하는 요소를 갖춘 법이다.
6. '현대적' 회계 감사 및 정보 공시 기준은 외부 회계 감사, 가장 최근의 대차대조표 보고, 자세한 정보 공시를 갖춘 것으로 규정한다.
7. '현대적' 은행은 광범위한 영업 범위를 갖추고 내부자 대출이 거의 없으며, 전 지역에 동등한 이자율을 적용하는 것을 특징으로 한다.
8. '현대적' 중앙은행은 독점적 화폐 발행권, 최종 대부자 역할, 모든 은행에 대한 통제 기능 등으로 규정한다.
9. 미국은 1913년 연방 준비 제도를 설립했지만 1915년에도 은행의 30퍼센트(총 은행 자산의 50퍼센트)에만 영향력을 행사할 수 있었다. 1929년까지도 연방 준비 제도의 재량권 안에 들어오지 않은 은행이 65퍼센트나 되었다(그러나 이 은행들의 자산은 총 은행 자산의 20퍼센트에 지나지 않았다).
10. '현대적' 증권법은 정보를 정확히, 완전히 공시할 의무와 중개인 면허제, 규제 기관의 조사권 등을 확보한 법을 말한다.
11. '현대적' 아동 노동법은 포괄적 적용 범위와 효과적 시행을 갖추고 있어야 한다.

입되었다 하더라도 효과를 발휘하지 못하는 경우가 많았다. 이는 그 제도를 시행할 '비용을 감당할 수 없었기' 때문이다. 사회 복지 제도와 노동 법규의 부재는 이와 관련된 가장 눈에 띄는 예일 것이다. 그 밖에도 초기에 기업 지배 제도나 금융 관련 여타의 제도들이 효과적이지 않았던 것도 이를 관리하고 시행할 만한 재원이 충분하지 못했기 때문이다.

둘째, '비용을 감당할 수 있게' 된 후에도 제도를 채택하지 않은 경우가 많았던 이유는 그런 제도로부터 (적어도 단기적으로나마) 손해를 볼 수 있는 세력의 저항 때문이었다. 민주주의, 노동 법규, 소득세 등이 유산 계급의 반대에 부딪혔던 것이 대표적인 사례이다.

셋째, 어떤 제도는 그 제도의 기초가 되는 경제 논리가 당대에 제대로 이해되지 않았기 때문에 도입이 늦어지기도 했다. 예를 들어 유한 책임이나 중앙은행은 그 제도로 혜택을 볼 수 있는 사람들마저 반대를 했다.

넷째, 명백히 그 '비용을 감당할 수 있고' 기초가 되는 경제 논리에 대한 충분한 이해가 형성된 후에도 '시대적 편견' 때문에 도입이 늦어진 경우도 있다. 미국에서 전문 관료 체제가 늦게 도입된 것은 전문가에 대한 잭슨파의 편견 때문이었고, 스위스에 여성 참정권이 늦게 도입된 것도 그런 시대적 편견의 좋은 예이다.

다섯째, 특정 제도들 사이의 상호 의존성 때문에 제도의 발달이 늦어지는 경우도 있다. 따라서 관련 제도를 동시에 발달시키는 것이 필요하다. 예를 들어 조세를 거두어들일 공공 재정 제도의 발전 없이는 근대적 전문 관료들에게 적절한 보수 지급이 불가능하고, 발전된 조세 관료 체제가 없이는 공공 재정 제도를 제대로 발전시킬 수가 없다. 근대적 관료 제도와 국가의 재정력이 함께 발전한 것은 우연의 일치가 아니다.

특정 제도가 특정 국가에서 특정 시기에 왜 채택되지 않았는지를 설명하기 위해서는 각 나라의 상세한 역사 지식이 필요한데, 불행하게도 이 책에서는 거기까지 파고들 여유가 없다. 그러나 지금까지의 분석으로 분명해진 것은 어떤 제도가 발전하는 데는 보통 수십 년에서 수 세대가 걸린다는 사실이다. 이런 맥락에서 현재 개발도상국들에게 '국제 기준'에 부합하는 제도를 즉각 혹은 5년에서 10년 사이에 도입하지 않으면 처벌을 면치 못할 것이라고 요구하는 것은 그런 요구를 하는 선진국들의 역사적 경험과 상반되는 행위이다.

3 과거와 현재의 개발도상국들을 비교해 보자

지금까지 현 선진국들의 제도 발전 과정은 길고도 험난한 과정이었다는 것을 살펴보았다. 그보다 더 주목해야 할 부분은 일반적으로 현 선진국들이 현재의 개발도상국들과 비슷한 발전 단계였을 당시에는 현재의 개발도상국들보다 제도적으로 훨씬 뒤처져 있었다는 사실일 것이다.

이 점을 입증하기 위해 먼저 선진국이 개발도상국이었던 당시의 발전 정도와 현재 개발도상국의 발전 정도를 비교해 볼 필요가 있다. 표 2.7에서는 현 선진국들의 19세기와 20세기 초의 1인당 소득과 현

표 2.7 현 선진국들이 개발 단계에 있을 때는 상황이 어땠을까? (수치는 1990년 미국 달러 기준)

1인당 소득	1750년의 선진국들	1820년의 선진국들	1875년의 선진국들	1913년의 선진국들	1992년의 개발도상국들
1000 미만	프랑스 (921)	일본 (704) 핀란드 (759) 캐나다 (893) 아일랜드 (954)			에티오피아 (300) 방글라데시 (720) 미얀마 (748)
1000~1499	영국 (1328)	노르웨이 (1002) 스페인 (1063) 이탈리아 (1092) 독일 (1112) 스웨덴 (1198) 프랑스 (1218) 덴마크 (1225) 미국 (1287) 벨기에 (1291) 오스트리아 (1295)	핀란드 (1176) 노르웨이 (1469)	일본 (1334) 포르투갈 (1354)	가나 (1007) 케냐 (1055) 코트디부아르 (1134) 나이지리아 (1152) 인도 (1348)
1500~1999		오스트레일리아 (1528) 네덜란드 (1561) 영국 (1756)	이탈리아 (1516) 캐나다 (1690) 스웨덴 (1835) 오스트리아 (1986)	그리스 (1621)	파키스탄 (1642) 이집트 (1927)
2000~2999			덴마크 (2031)	핀란드 (2050)	필리핀 (2213)

1인당 소득	1750년의 선진국들	1820년의 선진국들	1875년의 선진국들	1913년의 선진국들	1992년의 개발도상국들
			프랑스 (2198)	스페인 (2255)	모로코 (2327)
			독일 (2198)	노르웨이 (2275)	인도네시아 (2749)
			미국 (2599)	이탈리아 (2507)	
			벨기에 (2800)	아일랜드 (2733)	
			네덜란드 (2829)		
3000~3999			뉴질랜드 (3707)	스웨덴 (3096)	페루 (3232)
			영국 (3511)	프랑스 (3452)	중국 (3098)
				오스트리아 (3488)	
				덴마크 (3764)	
				독일 (3833)	
				네덜란드 (3950)	
4000~4999			오스트레일리아 (4433)	벨기에 (4130)	타이 (4422)
				스위스 (4207)	터키 (4422)
				캐나다 (4231)	브라질 (4862)
5000~5999				영국 (5032)	멕시코 (5098)
				뉴질랜드 (5178)	콜롬비아 (5359)
				미국 (5307)	
				오스트레일리아 (5505)	

출처: 매디슨 1995. 1750년의 통계는 1820년의 자료를 토대로 영국과 프랑스 모두 연간 성장률 0.4퍼센트로 계산해서 추정했다. 0.4퍼센트라는 수치는 경제사학자들이 당시 영국의 경제 성장률이라고 추정하는 수치에 대한 가중 평균치이다(de Vries 1984). 당시 프랑스와 영국의 경제 성장률이 유사했을 것이라는 것은 대다수 경제사학자들 사이에 합의된 사항이다(Cruzet 1967).

개발도상국들의 1992년 1인당 소득을 비교했다(1990년 국제 달러 기준으로 환산). 물론 소득 수준으로 그 나라의 발전 단계를 측정하는 데에 따르는 잘 알려진 문제들이 존재하고, 거기에 더해 200년에 걸친 역사적 통계를 사용해야 한다는 점에서 이 방법은 임시변통이고 조악하기 짝이 없기는 하다. 그러나 현재의 개발도상국들과 비교해서 선진국들이 과거 어느 정도의 발전 단계에 있었는지를 대충이나마 짐작하는 데는 도움이 될 것이다.

비교에 따르면 대략적으로 말해서 1820년대에는 대부분의 현 선진국들이 현재의 방글라데시(1인당 소득 720달러)와 이집트(1인당 소득 1927달러) 사이의 발전 단계에 있었다고 할 수 있다. 여기에 해당하는 나라로는 미얀마, 가나, 코트디부아르, 케냐, 나이지리아, 인도, 파키스탄 등이 있다. 1875년에 접어들 무렵 대부분의 현 선진국들은 나이지리아나 인도의 1인당 소득 수준을 넘어섰지만 가장 부자 나라(영국, 뉴질랜드, 오스트레일리아)도 현재의 중국(3098달러)이나 페루(3232달러)와 비슷한 단계였다. 미국, 독일, 프랑스를 포함한 나머지 나라들은 현재의 파키스탄(1642달러), 인도네시아(2749달러) 수준이었다. 1913년에는 가장 부유한 현 선진국들(영국, 미국, 오스트레일리아, 뉴질랜드)이 현재 개발도상국들 중 잘사는 나라들의 수준(브라질, 멕시코, 콜롬비아, 타이)에 이르렀다. 그러나 핀란드, 프랑스, 오스트리아 등을 비롯해 대부분의 나라는 현재의 개발도상국들 중 중간 소득을 기록하는 나라들(필리핀, 모로코, 인도네시아, 중국, 페루) 등과 비슷했다.

이 소득 비교치를 앞에서 살펴본 3개의 역사적 시점들과 맞추어 보면 현 선진국들이 현재의 개발도상국들과 비슷한 발전 단계였을 때 제도 발전 수준이 상대적으로 낮았었다는 것을 알 수 있다. 예를 들어 1820년 영국은 현재의 인도보다 경제 발전이 더 진행된 상황이었지만 보통 선거권(당시 영국은 남성 보통 선거권도 갖추고 있지 않았다), 중앙은행, 소득세, 법제화된 유한 책임 회사, 전문 관료, 효과적인 증권 규제법과 같이 현재 인도에 존재하는 가장 '기본적인' 제도 중에서도 없는 것들이 많았다. 거의 실행도 되지 않는 최소한의 아동 노동에 관한 규제를 몇몇 산업 분야에 적용한 것을 제외하면 1820년 당시 영국은 최소한의 노동 관련법도 갖추고 있지 않았다.

이와 비슷하게 1875년 이탈리아는 현재의 파키스탄과 비슷한 발전 단계에 있었다. 그러나 당시 이탈리아에는 남성 보통 선거권, 직업적 전문 관료 제도는 물론 전문성을 조금이라도 갖춘 독립적인 사법부나 화폐 독점 발행권을 가진 중앙은행, 경쟁법이 존재하지 않았다. 파키스탄에는 이 모든 제도가 지난 수십 년 동안 존재해 왔다는 사실은 두말할 여지도 없다. (눈에 띄는 예외는 민주주의이다. 그러나 선거를 통한 정치 참여가 중단되는 사태가 빈번하게 반복되었음에도 불구하고 선거가 있을 때는 항상 전 국민에게 투표권이 주어지는 보통 선거가 실시되어 왔다.)

또 다른 예를 들어보자. 1913년 당시 미국은 현재의 멕시코와 비슷한 발전 단계에 있었지만 제도 면에서는 많이 뒤처져 있었다. 여성은 여전히 공식적으로 투표권이 주어지지 않았고, 많은 지역에서 흑인과 소수 인종 또한 사실상 투표를 할 수 없었다. 연방 파산법(1898년)이 도입된 지 10여 년밖에 지나지 않았고, 외국인의 저작권(1891년)을 인정한 지도 20년이 채 되지 않은 시점이었다. 게다가 당시 미국은 중앙은행 제도가 매우 미비했고, 소득세(1913년)는 막 도입되었고, 실효성을 갖춘 경쟁법은 1914년 클레이턴 법이 제정될 때까지 조금 더 기다려야 했다. 연방 증권 거래나 아동 노동에 대한 연방 법규가 전혀 없었고, 이 부문에 대한 주 법규도 혹 존재한다고 하더라도 질이 낮고 시행이 거의 되지 않았다.

이런 예를 통해 우리는 현 선진국들이 경제 개발 초기에는 그와 비슷한 단계에 있던 현재의 개발도상국들보다 훨씬 뒤떨어진 제도적 구조로 운용되고 있었다는 결론을 내릴 수 있다. 당시 현 선진국들이 갖추고 있던 제도의 수준이 현 개발도상국들에게 강요하는 턱없이 높은 수준의 '국제 기준'에 못 미친다는 점은 더 말할 필요도 없을 것이다.

3부

현대를 사는 우리가 얻을 수 있는 교훈

지금까지의 논의를 통해 현 선진국들이 경제 개발 초기에 활용했던 정책과 제도는 그들이 사용했을 것이라고 흔히 생각하는 내용과 상당히 달랐고, 심지어 현재의 개발도상국들에게 지침으로 제시하거나 혹은 빈번히 요구하는 조건들과는 더 차이가 크다는 사실을 알게 되었다.

여기서는 1부와 2부에서 얻은 주요 결론을 요약하고, 선진국이 개발도상국에게 '바람직한 정책'과 '바람직한 제도'라는 미명 아래 받아들일 것을 강요하는 행위가 실제로 '사다리 걷어차기'에 해당하는지를 논의할 것이다. 그러고 나서 이 책의 주장에 대해 제기할 수 있는 몇몇 이견을 검토한 다음, 마지막 부분에서는 최종 결론과 함께 이 연구를 통해 열린 새로운 연구 방향을 제시해 볼 것이다.

1장

경제 개발 정책을 다시 생각하다

Kicking away the Ladder

1부에서는 14세기 영국부터 20세기 후반 동아시아 신흥공업국에 이르기까지 현재의 선진국이 과거 경제 개발을 할 때 사용한 정책들을 살펴보았다.

이 논의를 통해 우리는 리스트가 150년 전에 한 말이 놀라울 정도로 들어맞았음을 확인할 수 있었다. 당시는 두 세대 안에 독일이 영국을 경제적으로 위협하게 될 것이고, 미국은 세계 최고의 산업 국가가 될 것이라고 말하면 웃음거리가 되었을 때였다. 역사를 주의깊게 살펴보면 리스트가 나오기 전부터 일관된 패턴이 있었다는 것을 알 수 있다. 따라잡기를 하는 모든 나라는 적극적인 산업 무역 기술 정책을 사용해서 경제 발전을 촉진해 왔다는 사실이다.—여기에 더해 단순한 보호 관세만 사용한 것이 아니라는 점은 책 전체를 통해 반복적으로 지적해 왔다. 경제 발전을 촉진하기 위해 운용되는 정책 도구들은 리스트 시대 이후 더 복잡 다양하고 유효해졌을지는 모르지만 전체를 아우르는 패턴은 놀라울 정도로 판에 박은 듯하다.

사용되는 정책 수단이 정확히 어떤 것이든 간에 14세기 에드워드 3세에서 시작해 18세기 로버트 월폴과 프리드리히 대왕, 알렉산더 해밀턴을 거쳐 19세기 미국, 독일, 스웨덴의 정책 입안자들과 20세기 동아시아와 프랑스의 경제 지도자들이 사용한 개발 전략에는 그 기저를 관통하는 공통의 원칙이 존재한다.

　지난 수 세기 동안 반복적으로 드러난 바와 같이 따라잡기를 하는 나라들이 공통적으로 봉착하는 문제는 경제 발전 과정의 핵심적 단계인 고부가가치 산업으로 전환이 '자연스럽게 혹은 저절로' 일어나지 않는다는 사실이다.[1] 이는 다양한 이유로 인해 따라잡기 경제에서는 고부가가치 산업이나 유치산업에 대한 사회적 투자와 개인적 투자의 수익률에 차이가 생기기 때문이다.[2]

　이와 같은 격차가 존재하기 때문에 그런 산업에 투자하는 데 따르는 위험을 사회적으로 분산하는 메커니즘을 확립해야 할 필요가 생긴다. 흔히 생각하는 것처럼 이것이 꼭 보호 관세나 보조금과 같은 직

[1] 물론 어떤 고부가가치 산업을 선택해야 할지는 국가에 따라, 시대에 따라 다를 것이다. 극단적인 예를 들어보자. 14세기와 15세기 유럽에서는 '대표적' 고부가가치 산업이었던 모직 섬유 제조업이 이제는 저부가가치 산업의 하나가 되었다. 더욱이 고부가가치 산업이 '유치산업 보호 정책'이라는 말이 연상시키는 관습적 의미의 '(제조) 산업' 부문일 필요도 굳이 없다. 기술 발전이 어디서 발생하는가에 따라 고부가가치 산업은 공식적으로 '서비스업'으로 분류되는 산업 부문일 수도 있다.

[2] 이 같은 불일치가 일어난 이유는 Chang (1994, chapter 3), Stiglitz (1996), Lall (1998) 참조. 손익 관계가 유리하도록 정부가 신경을 써도 아예 민간 기업가가 참여하지 않는 경우가 많다는 것이 문제다. 바로 이런 이유에서 프리드리히 대왕이 소수의 관료-기업가들을 통해 실레지아의 산업을 (성공적으로) 일으키는 데 힘썼고, 2차 대전 후 독립한 다수의 개발도상국에서도 (많은 경우 성공적으로) 공기업을 통해 경제 개발을 도모했다.

접적 정책 개입을 통해서만 가능한 것이 아니라, 그런 프로젝트를 수행하는 데 따르는 위험을 사회적으로 분산하는 제도를 만드는 것으로도 해결이 가능하다(이 문제는 뒤에서 더 자세히 다룬다). 그러나 제도적 해결책에는 상당한 제약이 따른다. 첫째, 제도는 본질적으로 일반적인 규칙을 구현한 것이기 때문에 특정 산업에만 해당하는 문제를 해결하는 데는 효과적이지 않을 수 있다. 둘째, 2부에서 살펴보았듯이 새 제도가 뿌리를 내리기까지는 오랜 시간이 걸릴 수 있으므로 한 나라가 새로운 문제에 신속하게 대처할 수 있는 능력을 제한하기도 한다. 따라서 많은 경우 제도로 해결하려는 것보다 신속하고 집중적인 정책 개입이 더 나은 답일 수 있다.

그러나 직접적 정부 개입 특히 산업 무역 기술 정책을 통한 정부의 개입이 유치산업 개발에 따르는 위험을 사회적으로 분산하는 데 필요한 경우가 많다고 해서 한 가지 방법 즉 보호 관세만을 사용해야 한다는 뜻은 전혀 아니다.[3] 1부의 논의를 통해 알 수 있듯이 이 목적을 위해 여러 국가에서는 다양한 정책 도구를 사용했다. 기술의 후진성 정도가 서로 다르고, 국제 환경과 각국이 보유한 인적 자원도 서로 달랐기 때문이다. 말할 것도 없이 같은 나라 안에서도 경제 진흥책의 초점은 시간이 흐르면서 국내 환경과 국제 상황이 변함에 따라 변화해 왔고 또 그래야만 한다. 성공적으로 경제 발전을 한 나라들은 늘 변화하는 조건에 따라 정책의 초점을 능숙하게 바꾸어 나간 나라들이었다.

적극적인 산업 무역 기술 정책을 사용하는 것이 필수적이라고 해

---

[3] 샤파딘Shafaeddin은 리스트도 관세와 보조금을 산업 개발을 위한 여러 가지 정책 중 두 가지로 간주했을 뿐이라고 지적한다 (2000, pp.9-10).

서 그런 정책을 택한 모든 나라가 경제적 성공을 보장 받는 것도 물론 아니다. 2차 대전 후 여러 개발도상국의 경험에서 알 수 있듯이 그런 정책이 성공을 거두려면 정책의 세부 사항과 더불어 그 정책을 실행에 옮기고자 하는 정부의 능력과 의지가 모두 필요하다.[4]

역사적 고찰을 통해 얻을 수 있는 그림은 명백하다. 가장 앞서가는 경제를 따라잡는 과정에서 현재의 선진국들은 개입주의적 산업 무역 기술 정책을 사용해서 유치산업을 촉진했다. 나라에 따라 이 정책의 형태와 주안점은 다양했지만 그런 정책을 적극적으로 사용했다는 사실은 부인할 수 없다. 상대적으로 볼 때 (다시 말해 더 앞서간 국가들과의 생산성 격차를 감안할 때) 현 선진국들 중 많은 수가 현재의 개발도상국들이 사용한 것보다 사실상 훨씬 더 강력하게 자국의 산업을 보호했다.

사실이 이렇다면 자유 무역을 비롯한 기타 자유방임주의적 산업 무역 기술 정책이 주는 혜택을 강조하면서 개발도상국들에게 '바람직한 정책'이라고 권장하는 정책은 역사적 경험과 모순된 내용을 담고 있는 듯하다. 한두 건의 예외를 제외하고 (네덜란드와 스위스 같은) 현 선진국들은 그런 정책을 토대로 성공을 거둔 것이 아니다. 선진국이 현재의 그 자리를 도달하는 데 사용한 정책, 즉 적극적인 산업 무역 기술 정책은 경제 개발에 부정적 효과를 가져온다는 이유로 개발도상국에게 쓰지 말라고 그들이 주장하는 바로 그 정책들이다.

그렇다면 현 선진국들과 그들이 막대한 영향력을 끼치는 국제 개발 정책 주도 세력은 개발도상국들보다는 자신들에게 이로운 정책을

4 더 자세한 내용은 Evans (1995), Stiglitz (1996), Chang and Cheema (2002) 참조.

권고하는 것일까? 이 현상은 19세기 영국이 보호주의적 정책을 내세워 자국의 뒤를 추격하던 미국과 다른 현 선진국들에게 자유 무역을 수용하도록 압력을 넣었던 것과 일맥상통하는 부분일까? 개발도상국들이 적극적인 산업 무역 기술 정책을 추진하는 것에 제한을 가하는 WTO 협정은 영국을 비롯한 선진국들이 반半독립국가들에게 강요했던 '불평등 조약'을 현대판 다자간 협정으로 둔갑시킨 것일 뿐이라는 견해가 타당하지 않을까? 다시 말해 선진국들은 자신들이 정상으로 올라갈 때 사용했던 '사다리를 걷어차'서 개발도상국들이 사용하지 못하도록 하는 것이 아닐까? 이 질문들에 대한 답은, 불행하게도, 모두 '그렇다'이다.

선진국들이 '사다리 걷어차기'를 한다는 비난에다 대고 유일하게 할 수 있는 해명은 '시대가 달라졌다'는 논리일 것이다. 자신들이 추구했던 산업 무역 기술 정책은 과거에는 경제 개발에 도움이 되었지만 이제는 더 이상 그렇지 않다는 것이다. 과거의 '바람직한 정책'은 더 이상 현재의 '바람직한 정책'이 아니라는 것이다.

이 논리가 타당하다는 것을 뒷받침해 줄 만한 근거가 부족한 것은 접어두더라도,[5] 지난 20년간 개발도상국들이 보인 저조한 성장 기록

5 O'Rourke (2000, pp.474-475)는 이에 대한 타당성 있는 주장을 펼친다. 그는 자본재가 거의 거래되지 않던 19세기에 보호 관세는 자본재의 상대적 가격을 낮춤으로써 투자를 증가시켰다는 윌리엄슨Jeffrey Williamson과 그의 동료들의 연구를 인용한다. 이어서 그는 20세기에는 자본재가 더 널리 거래되었고, 보호 관세가 자본재의 상대적 가격을 높여서 투자를 감소시켰다는 증거가 있다고 주장한다. 그러나 동시에 그는 19세기의 결과는 표본에 따라 달라질 수 있으며, (흔히 쓰이는 솔로 성장 모델의 확장판을 쓸 때) 투자와 성장 사이에 역관계가 있다는 믿기 힘든 결과가 나온다고 인정한다. 그는 그 주장이 아무리 좋게 해석해도 애매하다고 시인한다.

을 고려하면 선진국들의 이런 논리는 성립하지 않는 듯하다. 이 기간 동안 대부분의 개발도상국은 '정책 개혁'을 추진하고 이른바 성장 촉진에 '바람직한' 혹은 적어도 '더 나은' 정책들을 시행했다. 그러나 간단히 말하면 결과는 매우 실망스러웠다.

분명한 사실은 신자유주의적 '정책 개혁'이 약속했던 가장 중요한 결실인 경제 성장을 이루지 못했다는 것이다. 그들은 우리가 이 정책을 시행하면 '개혁 조치들'로 인해 단기적으로, 어쩌면 장기적으로도 불평등이 증가할 수 있지만 더 빠른 성장을 이루어서 결국 2차 대전 직후에 사용됐던 개입주의적 정책들보다 더 효과적으로 모든 사람의 생활을 향상시켜 줄 것이라고 단언했다. 하지만 지난 20년 동안의 기록에 따르면 이 예측의 부정적 측면만 현실이 되었다. 소득 불평등은 예측한 대로 증가했지만, 약속했던 성장의 가속화는 어디에서도 찾아볼 수 없었기 때문이다. 사실 1960년부터 1980년 사이 '바람직하지 못한' 정책이 널리 운용되던 시기와 비교할 때 최근 20년 동안 성장은 특히 개발도상국들에서 눈에 띄게 둔화되었다.

와이스브롯Weisbrot 연구팀이 제공한 (선진국과 개발도상국을 포함한) 116개국에 대한 자료에 따르면 1960년부터 1980년 사이 1인당 GDP는 3.1퍼센트씩 성장했지만 1980년부터 2000년 사이에는 1.4퍼센트에 그쳤다. 또 두 기간 사이에 연 0.1퍼센트 이상 더 높은 성장률을 기록한 나라는 116개국 중 15개국—개발도상국 88개국 중에서는 단 13개국[6]—에 불과했다.[7]

보다 자세히 말하자면 와이스브롯 연구팀은 1960~1980년 기간에 라틴아메리카에서는 1인당 GDP가 2.8퍼센트 성장했지만 1980~1998

년 기간 동안에는 연간 0.3퍼센트에 그치는 침체를 보였다고 지적했다. 한편 사하라 이남 지역 아프리카 국가들은 1980~1998년 기간에 15퍼센트 감소(연간 -0.8퍼센트)를 보여서, 1960~1980년 사이 36퍼센트 증가(연간 1.6퍼센트)한 것과 대조를 보였다. 구 공산권 국가들(체제 전환 경제)의 기록은—신자유주의적 권고를 받아들이지 않은 중국과 베트남은 제외—심지어 이보다 더 비참하다. 스티글리츠Stiglitz는 동유럽과 구 소비에트 연방에 속했던 19개 체제 전환 경제[8] 중에서 전환 과정이 시작되었던 1989년의 국내총생산GDP보다 1997년의 국내총생산이 더 높은 나라는 폴란드가 유일하다고 지적한다. 나머지

---

[6] Weisbrot et al. (2000)은 '개발도상국'을 하나의 범주로 규정하지 않는다. 그러나 저자는 (상당히 자의적인 기준을 적용해서) 1999년 달러화 환산 기준 1인당 소득 1만 달러 이하를 개발도상국으로 규정한다. 이 기준에 따르면 키프로스, 대만, 그리스, 포르투갈, 몰타 (순위 24위에서 28위까지) 등은 선진국에 포함되는 반면에 바베이도스, 한국, 아르헨티나, 세이셸, 사우디아라비아 (순위 29위에서 33위까지) 등은 개발도상국으로 분류된다.

[7] 이 두 기간 사이에 성장이 가속화된 유일한 선진국은 룩셈부르크와 아일랜드뿐이었다. 성장이 가속화된 13개 개발도상국은 칠레, 모리셔스, 타이, 스리랑카, 중국, 인도, 방글라데시, 모리타니, 우간다, 모잠비크, 차드, 부르키나파소, 부룬디 등이었다. 그러나 부룬디의 경우 실제로 성장을 했다기보다는 신고된 소득 감소율이 줄어들었을 뿐이다(25퍼센트 감소에서 7퍼센트 감소로). 또 우간다, 모잠비크, 차드를 포함한 적어도 3개국의 성장 가속화는 내전의 종식(혹은 상당한 약화) 때문이지 정책의 변화 때문이 아니다. 이런 맥락에서 볼 때 이론적으로 '바람직한 정책' 덕분에 성장이 가속화되었다고 할 수 있는 나라는 9개국뿐이다. 거기에 더해 이 9개국 중 가장 큰 두 나라인 중국(연간 2.7퍼센트에서 8.2퍼센트)과 인도(연간 0.7퍼센트에서 3.7퍼센트)의 향상된 경제 성적은 워싱턴 합의에서 규정한 '바람직한 정책' 덕분이라 할 수 없다.

[8] Stiglitz 2001b. 성장률이 낮은 국가부터 높은 국가 순으로 (혹은 폴란드를 제외하고 수축률 순으로) 그루지야, 아제르바이잔, 몰도바, 우크라이나, 라트비아, 카자흐스탄, 러시아, 키르기스스탄, 불가리아, 리투아니아, 벨로루시, 에스토니아, 알바니아, 루마니아, 우즈베키스탄, 체코 공화국, 헝가리, 슬로바키아, 폴란드.

18개국 중 그루지야(현 조지아), 아제르바이젠, 몰도바, 우크라이나 등 4개국은 1997년 1인당 GDP가 1989년의 40퍼센트에도 못 미쳤다. 1997년의 1인당 GDP가 1989년 수준의 80퍼센트를 넘은 나라는 루마니아, 우즈베키스탄, 체코, 헝가리, 슬로바키아 등 5개국에 불과했다.

우리는 이 부분에서 명백한 역설에 직면하지 않을 수 없다. 적어도 신자유주의 경제학자라면 말이다. 모든 나라, 특히 개발도상국들이 '바람직한 정책'을 사용한 1980~2000년 기간보다 '바람직하지 못한' 정책을 썼던 1960~1980년 기간에 더 빠른 성장을 보였다. 이 역설을 해결하는 가장 쉬운 방법은 '바람직한' 정책이라는 것이 실제로는 개발도상국들에게 이롭지 않고, '바람직하지 못한' 정책이 효율적으로 시행되었을 경우 그들에게 더 큰 혜택을 주었다는 것을 인정하는 일일 것이다.

흥미로운 사실은 이 '바람직하지 못한' 정책이 기본적으로 현 선진국들이 과거 경제 개발을 할 때 사용했던 정책이라는 점이다. 이런 점을 고려하면 소위 '바람직한' 정책을 권고하는 것은 현 선진국이 자기들이 지금의 정상 자리에 오르는 데 사용한 '사다리를 걷어차'는 것과 다름없다는 결론을 내리지 않을 수 없다.

2장
제도 발전을 다시 생각하다

Kicking away the Ladder

제도 발전 과정 및 제도가 경제 발전 전반에서 하는 역할은 여전히 제대로 된 이해가 부족한 주제이다. 명확한 결론에 도달하기 위해서는 경제 발전에서 제도가 하는 역할에 대한 더 많은 연구가 필요하고, 그런 연구는 이 책의 범위를 벗어난 것이지만 2부에서 한 논의에서 우리는 다음과 같은 몇 가지 사항을 정리할 수 있다.

개발도상국들에게 현재 '바람직한 통치 제도'의 일부로 권고되는 제도들은 현 선진국들이 이룬 경제 발전의 원인이 아니라 결과물인 경우가 대부분이다. 이런 의미에서 오늘날의 개발도상국들에게 추천하는 제도들 중 실제로 '필요한' 것은 얼마나 될지 명확하지 않다. 이 제도들이 국제 개발 정책을 주도하는 세력의 주장대로 강력한 양자간 혹은 다자간 외부 압력을 통해 개발도상국들에게 강요될 정도로 필수적인 것일까?

그뿐만 아니라 특정 제도가 '바람직'하거나 '필요하'다는 데 동의

한다 하더라도 정확히 어떤 형태로 그 제도를 도입할 것인지에 관해서는 조심스러운 접근이 필요하다. 2부에서 우리는 어떤 제도이건 그 제도가 정확히 어떤 형태를 띠어야 하는지에 대한 논쟁이 여전히 존재한다는 것을 살펴본 바 있다. 어떤 형태의 관료 체제가 경제 개발에 유리할까? 재산권 제도는 현재 존재하는 재산권을 얼마나 강력하게 보호해 주어야 바람직할까? 파산법은 어느 수준까지 채무자 편을 들어주어야 할까? 중앙은행은 어느 정도 독립적이어야 할까? 이런 질문은 끝없이 이어질 수 있다. 어떤 종류의 나라에 정확히 어떤 조합의 제도가 필요한지를 결정하는 것은 이 책의 범위를 넘어서는 일이다. 그러나 2부의 논의에서 현재 주류를 이루고 있는 견해 즉 모두가 받아들여야 하는 '최고의 관행'—보통 영미식 제도를 의미—이 존재한다는 견해에는 문제가 많다는 사실이 충분히 설명되었기를 바란다.

그러나 현재 '바람직한 통치 제도'에 관한 담론에서 제시되는 많은 제도가 개발도상국에게 필요하지 않거나 이롭지 않은 것일 수도 있다는 주장이, 제도가 전혀 상관이 없다거나 개발도상국의 제도를 개선할 필요가 없다는 주장으로 해석되어서는 절대 안 된다. 오히려 과거 역사와 현재 얻을 수 있는 증거들을 보면 제도의 질을 개선하는 것이 더 나은 성장 실적과 깊은 연관이 있음은 명백하다.

표 3.1에서 볼 수 있듯이 1820~1875년 사이 기간에 자료를 얻을 수 있는 현 선진국 11개 나라의 1인당 소득 성장률은 0.6퍼센트(이탈리아)부터 2퍼센트(오스트레일리아) 범위이고, 비가중 평균값 및 중앙값

표 3.1 과거 현 선진국들의 연간 1인당 소득 성장률 (퍼센트)

	1820~1875	1875~1913
오스트레일리아	2.0	0.6
오스트리아	0.8	1.5
벨기에	1.4	1.0
캐나다	1.2	2.4
덴마크	0.9	1.6
핀란드	0.8	1.5
프랑스	1.1	1.2
독일	1.2	1.5
이탈리아	0.6	1.3
네덜란드	1.1	0.9
노르웨이	0.7	1.2
스웨덴	0.8	1.4
영국	1.3	1.0
미국	1.3	1.9
비가중 평균값	1.1	1.7
중앙값	1.1	1.4

출처: 매디슨 (1995) 논문을 근거로 계산.

은 모두 1.1퍼센트였다. 표에서는 또 1875~1913년 사이 기간의 1인
당 소득 성장률은 0.6퍼센트(오스트레일리아)부터 2.4퍼센트(캐나다) 범
위이고 비가중 평균값 및 중앙값은 각각 1.7퍼센트, 1.4퍼센트였다.
현 선진국들의 제도가 19세기 중반 이후 상당히 발전했다는 점(2부 2
장 '1 선진국의 제도 발전 역사 조감도' 참조)을 감안하면, 제도의 질이 향상
된 것이 성장 가속화의 부분적 원인이었을 것이라고 볼 수도 있다.

이른바 '자본주의의 황금기'라고 부르는 1950~1973년 기간 동안
현 선진국들이 보인 눈부신 성장 실적을 그 기간의 전후와 비교해 보
면 경제 성장 및 안정을 가져오는 데 제도가 얼마나 중요한 역할을 하

는지가 뚜렷하게 드러난다. 황금기 동안 선진국의 1인당 소득은 보통 연간 3~4퍼센트 증가해서 이전의 1~2퍼센트(표 3.1참조)와 그 이후 2~2.5퍼센트(표 3.3 참조. 더 자세한 사항은 나중에)보다 월등히 좋은 성적을 보였다. 매디슨(1989년)의 추정에 따르면 규모가 가장 큰 16개 선진국의 1인당 소득은 이 기간 동안 3.8퍼센트 성장했다. 그 중 일본(8퍼센트), 독일과 오스트리아(모두 4.9퍼센트), 이탈리아(4.8퍼센트) 등은 이전까지는 상상할 수 없었던 높은 성장률을 기록했다.[9] 대부분의 논평가들은 선진국들이 누린 이 황금기의 원인이 2차 대전 후 도입된 더 나은 제도들에 있다고 분석한다. 그런 제도들에는 적극적인 (케인스식) 재정 제도, 성숙한 복지 제도, 더 엄격해진 금융 시장 규제책, 조합주의적 임금 협상 제도, 투자 조정 장치, 일부 국가에서 채택된 산업 국유화(특히 프랑스와 오스트리아) 등이 있다. 이 제도들이 더 나은 거시 경제 및 금융 안정, 효율적 자원 배분, 사회의 평화를 가져옴으로써 선진국의 빠른 성장에 기여를 했다는 사실은 보편적으로 받아들여지고 있다.[10] 과거 선진국들의 성장 실적을 2차 대전 후 개발도상국들의 성적과 비교해 보는 작업으로도 정책 및 제도와 경제 성장 사이의 관계에 대한 중요한 통찰을 얻을 수 있다.

　개발도상국들은 2차 대전 직후(1960~1980) 현 선진국들이 과거 동일한 개발 단계에 있을 때보다 더 빠른 성장을 했다. 개발도상국들이 당시의 선진국들보다 훨씬 더 나은 제도를 보유한 것도 부분적인 이

---

[9] 16개국은 오스트레일리아, 오스트리아, 벨기에, 캐나다, 덴마크, 핀란드, 프랑스, 독일, 이탈리아, 일본, 네덜란드, 노르웨이, 스웨덴, 스위스, 영국, 미국 등이다.
[10] Marglin and Schor 1990; Armstrong et al. 1991; Cairncross and Cairncross 1992.

표 3.2 1960~1980년 개발도상국들의 1인당 국민총생산GNP 성장률 (퍼센트)

	1960~1970	1970~1980	1960~1980
저소득 국가들	1.8	1.7	1.8
사하라 이남의 아프리카	1.7	0.2	1.0
아시아	1.8	2.0	1.9
중소득 국가들	3.5	3.1	3.3
동아시아 및 태평양	4.9	5.7	5.3
라틴아메리카 및 카리브 지역	2.9	3.2	3.1
중동부 및 북부 아프리카	1.1	3.8	2.5
사하라 이남의 아프리카	2.3	1.6	2.0
남부 유럽	5.6	3.2	4.4
모든 개발도상국	3.1	2.8	3.0
선진국들	3.9	2.4	3.2

출처: 세계 은행 (1980, appendix table to part I.)

주: 1979년과 1980년 수치는 최종적인 것이 아니라 세계 은행의 추정치이다. 추정치를 낙관적으로 잡는다는 점을 감안할 때 1970~1990년과 1960~1980년 기간의 실제 성장 수치는 이 표에 나온 것보다 약간 낮을 수 있다.

유 중 하나이다(2부 2장 '3 과거와 현재의 개발도상국들을 비교해 보자' 참조).[11] 표 3.2를 살펴보면 1960~1980년의 기간 동안 현재의 개발도상국들은 1인당 소득이 연간 3퍼센트 가량 성장한 것을 알 수 있다. 이 수치는 표 3.1에 정리된 바와 같이 현 선진국들이 그들의 '발전의 세기'(1820~1913)에 이룬 연간 평균 1~1.5퍼센트의 실적보다 월등한 성적이다.

[11] 이러한 빠른 성장의 또 다른 이유는 세계 경제의 큰 부분을 차지하는 선진국들의 활발한 성장으로 인해 세계 경제가 전반적으로 빠른 성장을 경험하고 있었기 때문이다. 이 점을 필자에게 지적해 준 존 그리브 스미스John Grieve Smith에게 감사한다. 그러나 위에서 지적한 바와 같이 선진국들의 빠른 성장 또한 그들이 보유한 제도의 질적 향상 덕분이라는 사실을 잊어서는 안 된다. 1960년대와 1970년대 세계 수요가 개발도상국의 성장에 미친 영향에 관해서는 Kravis (1970), Lewis (1980) 참조.

이 표의 수치는 모두 경제 성장과 개발의 가속화를 원하는 개발도 상국이라면 제도의 질을 개선하는 것이 중요하다는 점을 시사하고 있다. 그러나 여기에는 중요한 두 가지 전제가 필요하다.

첫째, 우리는 개발도상국들에게 제도 개선의 압력을 가할 때 그것이 오랜 시간이 걸리는 과정이라는 점을 받아들이고 더 참을성을 가지고 지켜봐야 할 필요가 있다. 2부에서 이미 현 선진국들이 제도를 발전시키는 데 수백 년까지는 아닐지 몰라도 적어도 수십 년이 걸렸고, 그 과정에서 잦은 후퇴와 좌절을 경험했다는 것을 살펴보았다. 이런 맥락에서 개발도상국들에게 5~10년 사이에 '국제 기준'에 부합하는 제도를 갖추라고 요구하는 것은 매우 부적절하다. 더욱이 현 선진국들이 유사한 개발 단계에 있을 때보다 더 진보한 제도를 갖춘 개발도상국에게 단기간에 '국제 기준'에 부합하는 수많은 새로운 제도를 마련하라고 요구하는 것은 비현실적이기도 하다. 물론 그렇다고 해서 개발도상국들이 19세기적 제도의 기준을 채택해야 한다는 의미도 아니고, '아직 준비가 되지 않았다'는 개발도상국의 주장을 선진국이 모두 받아들여야 한다는 의미도 아니다(이 문제는 3부 3장에서 더 자세히 다룬다). 그러나 개발도상국에서 제도를 발전시키는 데 필요한 속도—혹은 속도의 부재—에 대한 더 깊은 이해가 필요한 것은 명백하다.

둘째, '바람직한' 제도가 성장으로 이어지기 위해서는 '바람직한' 정책이 겸비되어야 한다는 사실이다. 아마 독자들도 이미 짐작했겠지만 여기서 '바람직한' 정책이라고 하는 것은 현 선진국이 개발도상국에게 추천하는 정책이 아니라 그들이 과거 경제 개발을 하던 당시

표 3.3 '제도 개혁 시기'에 개발도상국들의 연간 1인당 국내총생산GDP 성장률 (퍼센트)

	1980~1990	1990~1999	1980~1999
개발도상국	1.4	1.7	1.5
동아시아 태평양	6.4	6.1	6.3
유럽 및 중앙아시아	1.5	-2.9	-0.6
라틴아메리카 및 카리브해 지역	-0.3	1.7	0.6
중동 및 북부 아프리카	-1.1	0.8	-0.2
남아시아	3.5	3.8	3.6
사하라 사막 이남 아프리카	-1.2	-0.2	-0.7
선진국	2.5	1.8	2.2

주: 자료의 출처는 세계 은행 (2001)이다. 수치들은 GDP 성장률에서 인구 증가율을 차감한 것으로 근사치에 불과하다. 세계 은행이 《1998 세계 개발 보고서World Development Report 1998》를 출간한 이후 10년 주기의 1인당 GDP 성장률을 발표하는 것을 중단했기 때문에 이런 계산을 거칠 수밖에 없었다. 국가 구분은 보고서의 334쪽 참조.

에 실제로 사용했던 정책을 말한다. 제도의 질을 개선하는 작업이 끊임없이 이어지고 가속화되기까지 하는데도 최근 20년 사이 개발도상국들의 성장이 둔화되고 있는 것이 현실이다(3부 1장 참조). 이것은 그 기간 동안 시행된 '정책 개혁'으로 인해 이 나라들이 '(진정으로) 바람직한' 제도를 추구할 능력을 상당 부분 상실했기 때문이라는 것이 필자의 견해이다.

표 3.3을 보면 개발도상국의 1인당 성장률이 1960~1980년의 평균 3퍼센트(표 3.2 참조)에서 1980~1999년에는 연간 1.5퍼센트로 감소했다는 것을 알 수 있다.[12] 연간 1.5퍼센트의 성장률은 현 선진국이 19세

12 두 표에 나오는 '개발도상국'은 서로 약간 다르기 때문에 엄밀한 의미에서 일대일 비교는 불가능하다.

기 말에서 20세기 초에 현재의 개발도상국보다 열악한 제도적 조건을 감수해야 했던 때 거둔 실적과 비슷하다(표 3.1 참조). 1980~1990년 기간에 그 수준보다 더 높은 성장률을 기록한 나라는 중국과 인도의 고속 성장이 주도한 동아시아(와 태평양) 및 남아시아 지역뿐이다. 흥미로운 사실은 이 두 나라 모두 국제 개발 정책의 주도 세력들로부터 제도와 정책의 질이 낮다는 비난을 상습적으로 받는다는 점이다. 개발도상국의 성장률을 산출할 때 이 두 나라를 제외하면 심지어 현재보다 훨씬 더 낮은 수치가 나올 것이다.[13]

따라서 1960~1980년 기간에 개발도상국들은 현 선진국들이 비슷한 발전 단계에 있을 때와 비교해서 더 나은 제도적 기초를 갖추고 있었는 데다가 '바람직하지 않은 정책들'을 추진할 수 있었기 때문에 당시 선진국들보다 훨씬 더 빠른 속도로 성장할 수 있었다는 결론을 내리는 것이 타당해 보인다. 그러나 1980년대에 그런 정책들의 운용을 중단하고 난 후에는 더 나은—그리고 계속 개선되었을 것이라 추정할 수 있는—제도만으로는 1960~1980년 기간에 개발도상국들이 이루었던 성장률은 말할 것도 없고, 현 선진국들의 초기 발전 단계에 이룬 실적을 능가하기에도 역부족이었다.[14]

13 이 성장률은 현 선진국이 19세기 말부터 20세기 초반(다양한 제도들이 큰 향상을 거친 후)에 기록한 성장률보다 19세기 초반부터 중반 사이(현재 국제 개발 정책 주도 세력들이 권유하는 제도가 거의 부재한 상태)에 기록한 성장률과 더 유사하다.
14 '바람직한 제도'만으로는 성장을 창출하기에 충분하지 않다는 또 하나의 증거는 아시아의 주요 개발도상국들이 20세기 초반에 경제 성장을 거의 하지 못하고 제자리걸음을 했다는 사실이다. 이 나라들에는 공식적이든 비공식적이든 식민 정책을 통

이 모든 사실은 '사다리 걷어차기'라는 주장의 맥락에서 어떤 의미를 가지는 것일까? 현실적인 접근법을 사용하고 적절한 정책이 존재할 경우, 제도를 개선하라는 국제적 압력이 한 나라의 경제 발전에 긍정적인 역할을 할 수 있다는 데에는 필자도 동의한다. 그러나 현재 개발도상국들에게 가해지는 제도 개선의 압력은 이런 식으로 진행되지 않고 있어서 또 다른 '사다리 걷어차기' 행위가 되어 버릴 가능성이 높다.

현 선진국들이 지금의 개발도상국들과 유사한 개발 단계에 있을 때는 꿈도 꾸지 못했던 제도적 기준을 개발도상국들에게 요구하는 것은 사실상 이중 잣대를 갖다 대는 것과 다르지 않고, 개발도상국들에게 필요하지도 않고 그 비용을 감당할 수도 없는 수많은 제도를 강요함으로써 오히려 해를 끼치는 결과를 낳는다.[15] 예를 들어 개발도상국들이 '국제 기준'의 재산권과 기업 지배 구조 제도를 유지하려면 국제적 수준의 수많은 법률가와 회계사를 양성하거나 심지어 외국에

해 다양한 근대식 제도가 도입되었는데도 말이다. Maddison (1989)의 추산에 따르면 1900~1950년 사이 아시아 주요 9개국(방글라데시, 중국, 인도, 인도네시아, 파키스탄, 필리핀, 한국, 대만, 타이)의 1인당 GDP 성장률은 연간 0퍼센트였다. 이 기간 동안 대만과 필리핀은 각각 연간 0.4퍼센트, 한국과 타이는 각각 0.1퍼센트, 중국은 연간 -0.3퍼센트의 성장률을 기록했다. 그러나 1950~1987년 사이 이 나라들의 1인당 GDP 성장률은 연간 평균 3.1퍼센트였다. 물론 제도 개선도 부분적 이유이기는 하지만 가장 중요한 변화는 이 나라들이 '올바른' 정책, 즉 적극적 산업 무역 기술 정책을 운용했다는 사실이다. 이 주장에 대한 더 자세한 설명은 Amsden (2001) 참조.

15 필자의 주장을 뒷받침하는 조금 슬픈 일화가 있다. 몽고에서 사회주의가 몰락한 직후 미국 정부는 하버드 대학에 거액의 돈을 주고 젊고 유능한 수십 명의 몽고인들을 주식 거래인으로 양성하는 프로그램을 마련했다. 그 정도 규모의 지원금이면 다양한 경제 개발 프로그램에 더 유익하게 사용되었을 수도 있었을 것이다.

서 데려와야 한다. 그렇게 되면 그 나라의 개발 단계에 더 필요할 수도 있는 학교 교사들, 혹은 산업 엔지니어들에게 돌아갈 돈이 (자국의 돈이든 지원금으로 생긴 돈이든) 줄어드는 것은 불가피하다. 이런 의미에서 선진국들은 정책의 영역뿐 아니라 제도의 영역에서까지 '사다리를 걷어차'고 있다.

그러나 제도와 관련된 상황은 정책과 관련된 상황보다 더 복잡하다. 정책을 추천할 때와는 달리 개발도상국에게 권유하는 제도는 그 정확한 형태가 중요하기는 하지만 많은 경우 혜택을 가져오기도 한다. 그러나 이런 잠재적 혜택은 오직 '적절한' 정책과 함께 할 때에만 완전히 현실화할 수 있다. 그리고 제도 개선에는 진정으로 비용 또한 따른다. 따라서 '바람직한 제도'를 채택하라는 압력이 '사다리 걷어차기'일지 아닐지 여부는 요구하는 제도의 정확한 형태와 질, 그리고 제도 개선에 주어진 시간에 달려 있다. 이 모든 면에서 현재 개발도상국들에게 가하는 제도 개혁의 압력은 그다지 긍정적으로 보이지 않는다.

3장

있을 수 있는 반론에 대해

Kicking away the Ladder

이 책에서 필자가 한 주장에 적어도 세 가지 반론이 제기될 수 있다. 처음 나올 반론이자 가장 뻔한 주장은 개발도상국은 선진국이 권유하는 제도와 정책을 좋든 싫든 받아들여야 한다는 주장이다. 세상은 강자가 명령을 하고 약자는 그 명령에 따르는 식으로 돌아가기 때문이다.

어떤 면에서는 이 주장에 담긴 강한 설득력을 거부하기가 힘들다. 사실 1부 2장에서 살펴보았던 현 선진국들이 과거에 사용했던 '후발 주자와 거리 늘리기pulling away' 전략(예를 들어 식민 정책, 불평등 조약, 기계류 수출 금지 등)은 이 주장을 강력히 지지하는 증거들이다. 심지어 식민 정책과 불평등 조약이 더 이상 용납되지 않는 요즘에도 선진국은 개발도상국에게 엄청난 영향력을 행사할 수 있다는 증거가 넘쳐난다. 선진국은 원조금과 무역 정책을 통해 직접적으로 양자간 영향력을 행사할 수도 있고, 그들의 통제하에 있고 개발도상국이 의존하지 않을 수 없는 국제 금융 기관을 통해 집단적 영향력을 행사할 수도 있다. 선진국은 또 다양한 국제기구의 운영에 불균형하게 큰 영향력을 갖고 있기도 하다. 1국 1표의 원칙에 따라 운영되기 때문에 겉으로는 '민주적'이라고 하는 세계 무역 기구WTO에서도 예외가 아니다. (이와 달리 UN은 상임이사국들이 거부권을 쥐고 있고, 세계 은행과 국제 통화 기금은 출연 기금의 액수에 비례하는 영향력이 생긴다.) 더욱이 최근 20여 년 사이에 선진국의 영향력 행사를 다소 견제하는 기능을 했던 소비에트 연방이 무너지고, 개발도상국들을 중심으로 형성되었던 '비동맹' 운동마저 힘을 잃으면서 개발도상국의 교섭력은 더욱 약화되었다.

그러나 다른 각도에서 생각해 보면 선진국과 국제 개발 정책의 주도 세력이 원한다는 이유로 개발도상국이 세계 경제의 '새로운 규칙'을 따라야 한다는 논리는 논의의 초점을 흐리는 주장이다. 이 '새로운 규칙'을 변화시켜야 한다는 것이 이 책의 주장이기 때문이다. 물론 가까운 장래에 이 규칙이 변할 가능성은 매우 희박하다는 데에도 동의한다. 그렇다고 해서 그 규칙이 어떻게 변화해야 할지를 논의할 가치도 없다는 의미는 아니다. 규칙을 바꿔야 할 필요가 있다는 데 동의한다면 그럴 수 있는 가능성이 아무리 낮더라도 어떻게 바꿔야 하는지에 대한 토론이 이루어져야 한다. 현 선진국이 과거에 어떤 '규칙'에 따라 경제 발전을 이루었는지를 밝혀내서 이 논의에 기여하고자 하는 것이 바로 이 책의 목적이기도 하다.

두 번째, 국제 개발 정책의 주도 세력이 권유하는 정책과 제도가 국제 투자자들이 원하는 것이므로 개발도상국은 이를 수용해야 한다는 반론이 있을 수 있겠다. 개발도상국이 그 '새로운 규칙'을 좋아하는지 여부나 국제 개발 정책 주도 세력이 그 규칙을 바꿀 용의가 있는지 여부는 상관이 없다. 우리가 사는 세계화 시대에는 국제 투자자들이 무엇을 원하는지가 제일 중요하기 때문이라는 주장이다. 이런 주장을 하는 사람들은 국제 투자자들이 원하는 정책과 제도를 수용하지 않는 나라는 투자자들로부터 외면당해서 결국 피해를 입을 것이라는 논리이다.

그러나 이 주장에는 문제가 많다. 첫째, 무엇보다도 국제 투자자들이 현재 권유되는 정책과 제도에 큰 관심이 있는지 여부도 확실치가 않다. 예를 들어 중국은 이른바 '바람직하지 못한 정책'과 '열악한 제도'가 만연한데도 엄청난 액수의 외국 투자를 유치하는 데 성공해 왔다. 이는 투자자들이 진정으로 원하는 것은 민주주의와 법치처럼 자기들이 원한다고 말하는 것, 혹은 국제 개발 정책 주도 세력이 투자자가 원한다고 말하는 것과는 전혀 다른 경우가 많다는 사실을 시사한다. 국제 투자자들의 결정은 대부분의 제도적 변수보다 시장의 규모나 성장 전망에 더 큰 영향을 받는다는 실증적 연구도 나와 있다.[16]

둘째, 정책과 제도를 국제 기준에 맞추는 것이 외국인 투자로 이어진다 하더라도, 외국인 투자는 대부분 국가의 성장 메커니즘에서 핵심 요소가 아니다. 다시 말해 어떤 정책이나 제도가 특정 나라에서 발휘할 수 있는 잠재적 가치는 국제 투자자들이 어떻게 생각하는지보다 국내 개발 촉진에 얼마만큼 기여할 것인가를 기준으로 평가되어야 한다는 의미이다. 이 책에서는 '바람직한 통치 제도'라는 틀을 주장하는 사람들이 지지하는 다수의 제도가 개발에는 꼭 필요한 것이

16 Chang 1998a.

아닐 수도 있다는 점을 강조했다. 그 중 일부(예를 들어 특정 재산권의 보호)는 개발에 이롭지 않을 수도 있다. 특히 제도를 수립하고 유지하는 데 드는 비용을 감안하면 그런 제도의 확립이 외국인 투자로 이어진다 하더라도 전체적으로는 부정적인 효과를 초래할 수도 있다.

셋째, 특히 제도와 관련해서 필자는 특정 '바람직한' 제도가 국제적 압력에 의해 채택된다 하더라도 효과적으로 시행되지 않으면 기대한 결과를 내지 않을 수도 있다는 점을 강조하고 싶다. 개발도상국 정부가 명백히 '감당할 수 있고' 그 사회의 정치적 문화적 규범에 부합되는데도 어떤 제도의 도입에 저항할 때는 어느 정도의 외부 압력이 있는 것이 좋다는 주장도 가능하다. 그러나 제도를 받아들일 '준비가 되어 있지 않은' 나라에 특정 제도를 강요해서 수립해 놓으면 그 제도가 잘 기능하지 않을 수도 있고, 완전히 훼손될 수도 있다는 사실을 잊지 말아야 한다. 군부 쿠데타, 선거 부정, 매표 등으로 민주주의를 훼손한다든가 혹은 부자들이 상습적이고 공개적으로 소득세 탈세를 한다든가 하는 것이 예가 될 것이다. 또 외부 압력으로 감행된 제도적 변화는 요즘 유행어로 '주인 의식'이 없다는 문제가 있다. 그런 경우 현명한 국제 투자자는 서류상으로 특정 제도를 갖춘 것이 진정으로 그 제도가 확립된 것과 같은 의미가 아니라는 것을 알아차릴 테고, 결국 이것은 형식적으로 '국제 기준'의 제도를 도입하는 것이 외국인 투자자들의 관심을 끄는 데 별다른 영향을 주지 못한다는 것을 뜻한다.

넷째, 국제 개발 정책 주도 세력이 '바람직한 정책'과 '바람직한 제도'를 규정하고 해석하고 권고하는 데 영향력을 미치는 한 어느 개발도상국에게 어떤 정책과 제도를 요구해야 하는지에 대한 논의는 계속되어야 하고 그럴 가치가 있다. '국제 기준을 따르지 않으면 몰락한다'는 식의 주장에는 국제 개발 정책 주도 세력이 마치 국제 투자자들의 감정이라는 바람에 따라 이리저리 움직이는 풍향계에 불과한 듯한 인상을 준다. 그러나 그들은 어떤 특정 정책이나 제도를 얼마만큼 강하게 요구할지를 능동적으로 결정할 수 있고, 대부분의 경우 그렇게 하고 있는 것이 현실이다.

이 책의 주장에 대해 있을 수 있는 세 번째 반론은 특히 제도 발전 문제와 관련된 것으로, 제도에 관한 '국제 기준'이 지난 100여 년 사이에 높아졌고, 따라서 현재의 개발도상국들은 100년에서 150년 전의 현 선진국들을 기준으로 삼아서는 안 된다는 지적이다.

사실 이 주장에 대해서는 진심으로 동감한다. 어떻게 생각하면 동의하지 않는 것이 더 말이 안 된다. 1인당 소득으로 볼 때 인도는 1820년 미국과 비슷한 수준의 개발 단계에 있다고 할 수 있다. 그렇다고 해서 노예 제도를 도입하고 보통 선거권이나 전문적 관료 제도, 유한 책임 회사 제도, 중앙은행, 소득세, 경쟁법을 모두 철폐해야 하는 것은 아니다.

사실 여러 면에서 제도에 대한 국제 기준이 높아졌다는 것은 개발도상국 혹은 개발도상국 내의 개혁론자들에게는 좋은 일이다. 과거의 선진국과는 달리 현재 개발도상국 내의 개혁론자들은 여성 참정권, 소득세, 노동 시간 제한, 사회 복지 제도 등을 도입하면 문명의 종말이라도 올 것처럼 생각하는 사람들과 싸우느라 고생하지 않아도 된다. 그들은 또 중앙은행, 유한 책임제 등 과거의 선진국 사람들이 그 원리를 이해하지 못해서 고민했던 제도들을 처음부터 다시 발명해 내느라 골몰하지 않아도 된다.

따라서 개발도상국들은 이러한 후발 주자의 이점을 최대한 활용해서 가능한 한 최고 수준의 제도를 확립하는 데 힘써야 한다. 이 3부의 앞부분(1장)에서 지적했던 것처럼 현재의 개발도상국들이 1960년대와 1970년대에 '바람직하지 못한' 정책을 쓰는 것이 가능했을 때 현 선진국들이 비슷한 수준의 개발 단계에 있었을 때보다 훨씬 높은 성장률을 이루어 낼 수 있었던 것은 더 선진화된 제도 때문이었을 가능성이 높다.

그러나 한 나라에 어떤 제도를 확립하는 것이 단순히 선택의 문제이기 때문에 모든 나라가 당장 혹은 아주 짧은 이행기를 거친 후 (상당히 높게 설정된) '최소한도의 국제 기준'에 이르도록 해야 한다는 견해에 대해서는 우려하지 않을 수 없다. 후발 주자들은 제도를 새로 만들어 나가야 했던 나라들만큼 오랜 시간을 들일 필요는 없다는 사실은 인정하지만, 과거의 선진국들이 필요하다고 인식한 제도마저도 그 제도를 수립하기까지 몇십 년 혹은 때로 몇 세대가 걸렸다는 사실을 잊어서는 안 된다. 그리고 그 제도가 원활하게 작동하도록 하기 위해 운영 절차를 개선하고, 허점을 메꾸고, 시행을 강화하기까지 추가로 몇십 년이 더 걸렸다. 여기에 더해 우리는 과거의 선진국들과 비교할 때 현재의 개발도상국들은 이미 높은 수준으로 발전한 제도가 있고, 이 제도들이 1960년대와 1970년대에 상당히 높은 경제 성장률을 가능케 할 정도의 기능을 갖추고 있다는 것을 잊지 말아야 한다. 이 모든 점을 고려할 때 제도의 질을 짧은 시간 내에 극적으로 향상시키라고 개발도상국들에게 요구하는 것은 비합리적일 수 있다.

4장

경제 발전을 위해 무엇을 해야 하는가

Kicking away the Ladder

국제 개발 정책의 주도 세력과 그들을 조종하는 선진국은 왜 경제 개발에 가장 성공한 나라들이 지난 수 세기에 걸쳐 사용한 정책을 권장하지 않는 것일까? 왜 현재의 개발도상국에게는 자신들이 그들과 유사한 개발 수준에 있을 때는 전혀 사용하지 않았던 '가장 바람직한' 정책과 제도를 강요하려 하는 것일까?

선진국은 왜 자신들의 개발 역사에 그토록 무지한 것일까? 이것은 현재의 지적 정치적 아젠다의 시각으로 과거를 해석하려 해서 역사적 관점을 흐려 놓곤 하는 사람의 본능적 성향 때문일까? 아니면 늘 반복되는 것처럼 정작 자신들이 개발을 할 때는 사용하지 않은 정책과 제도이지만 일단 기술적 선두 자리를 점한 지금에 와서는 그것을 개발도상국들에게 강요하는 것이 자신들에게 이익이 된다는 계산 때문일까? 단도직입적으로 말하자면, 자신들이 경제 개발을 할 때는 사용하지 않았던 정책과 제도를 개발도상국에게 강요함으로써 '사다리를 걷어차'려는 것이 아닐까?

이 책에서 지금까지 논의한 바에 따르면 선진국이 하는 행동은 바로 '사다리 걷어차기'에 다름없다는 결론에 도달하지 않을 수 없다. 이 '사다리 걷어차기'가 (잘못된 정보에 기초하고 있기는 하지만) 진정한 호의에서 나온 행동일 수도 있다는 점은 인정한다. 그런 권고를 하는 현 선진국의 정책 입안자들과 학자들 중 일부는 정말로 본의 아니게 잘못된 정보에 근거한 의견을 가지고 있을 수도 있다. 자기 나라가 정말로 자유 무역을 비롯한 기타 자유방임주의적 정책을 바탕으로 발전했다고 믿고, 현재의 개발도상국도 그 같은 정책에서 혜택을 누리기를 원하는 것이다. 그러나 이유나 동기가 순수하다고 해서 그런 행동이 개발도상국에게 끼치는 피해가 줄어드는 것은 아니다. 사실 이것은 노골적으로 자국의 이익을 추구하기 위해 '사다리를 걷어차'는 것보다 더 위험할 수도 있다. 스스로 옳다고 믿는 사람은 이기적인 사람보다 훨씬 더 완고할 수 있기 때문이다.

이러한 '사다리 걷어차기' 저변에 깔린 의도가 무엇이든 간에 지난 20여 년 동안 국제 개발 정책 주도 세력이 적극적으로 권고해 온 '바람직한' 정책과 제도는 그들이 약속한 역동적 성장을 실현하는 데 실패했다. 사실 많은 개발도상국에서는 성장이 아예 멈추고 말았다.

그렇다면 무엇을 해야 하는가? 세부적인 행동 강령을 일일이 설명하는 것은 이 책의 범위를 벗어나는 일이지만 다음 몇 가지는 지적하고 넘어가는 것이 좋을 듯하다.

먼저 선진국들의 개발 역사에 대한 정확한 사실과 정보가 더 널리 알려져야만 한다. 이것은 '역사를 바로잡는' 문제일 뿐 아니라 개발도상국들이 제대로 된 정보에 입각해서 자국에 맞는 정책과 제도를 선택할 수 있도록 하기 위함이다. 경제 개발에서 정책과 제도가 하는 역할, 특히 제도의 역할을 더 잘 이해하기 위한 학계의 노력이 필요하다. 이를 위해 많은 이론가와 정책 입안자들의 눈을 가리는 잘못된 역사적 통념과 과도하게 추상적인 이론을 벗어 던져야 할 것이다.

정책 면에서 더 자세히 말하자면 선진국과 그들이 조종하는 국제 개발 정책 주도 세력은 대부분의 현 선진국들이 경제 개발을 할 때 그토록 효과적으로 사용했던 '바람직하지 못한' 정책을 개발도상국들이 사용하는 것을 장려하지는 않더라도 적어도 금지하지는 말아야 한다. 적극적인 산업 무역 기술 정책들이 간혹 불필요한 관료적 요식 행위나 부정부패로 변질될 수 있는 것도 사실이지만, 그렇다고 그런 정책을 절대 사용해서는 안 된다는 의미는 아니다. 비행기 사고가 날 확률이 있다고 해서 비행기 운행을 전면 금지한다거나, 알레르기 반응으로 사망하는 아이들이 소수 있다고 해서 모든 예방 주사 프로그램을 폐지하지는 않는 것과 마찬가지 논리이다.

결론적으로 우리는 현재 선진국과 국제 개발 정책 주도 세력이 추구하는 것과는 전혀 다른 방식으로 국제 개발 정책을 입안할 필요가 있다.

정책에 관해서는 첫째, 국제 통화 기금과 세계 은행 혹은 선진국 정부가 제공하는 금융 지원에 항상 따라오는 정책 관련 조건을 근본적으로 바꾸어야 한다고 주장하고 싶다. 변화된 새로운 조건은 '바람직하지 않다'고 간주되는 정책들이 사실은 그렇지 않고, 모든 국가가 따라야 하는 오직 하나의 '가장 바람직한 관행'은 존재하지 않는다는 인식에 기초해서 만들어져야 할 것이다. 둘째, WTO의 규칙과 기타 다자간 무역 협정은 더 활발한 유치산업 보호를 위한 정책 도구(예를 들어 관세와 보조금)의 사용을 허용하는 방향으로 수정해야 한다.

제도의 개선은 늘 권장되어야 한다. 특히 (실제로) 바람직한 정책과 바람직한 제도가 겸비되었을 때 생길 수 있는 엄청난 성장 잠재력을 고려하면 당연한 일이다. 그러나 이것은 특정한 현대 영미식 제도를 모든 나라에 강요하는 것과는 다른 이야기이다. 이와 더불어 개발 단계와 특정 경제적 정치적 사회적 심지어 문화적 조건을 고려해서 각 나라에 어떤 형태의 제도가 필요하고 이로운지를 정확히 판별할 수 있는 더 많은 시도가 학문적, 실증적으로 진지하게 이루어져야 한다. 또 개발도상국들에게 지나치게 빨리 제도 개선을 하라는 압력을 넣지 않도록 특히 주의를 기울여야 한다. 현 개발도상국들이 유사한 발전 단계에 있었던 현 선진국들보다 상당히 선진화된 제도를 갖추고 있고, 새로운 제도를 확립하고 운영하는 데 매우 큰 비용이 든다는 점을 감안하면 더욱 그렇다.

개발도상국들이 각국의 발전 단계를 비롯해 기타 조건과 상황에 더 적합한 정책과 제도를 채택할 수 있도록 하면 1960년대와 1970년대에 그랬던 것처럼 더 빠른 성장을 할 수 있을 것이다. 이는 개발도상국에게만 유익한 것이 아니라, 장기적으로 볼 때 무역과 투자 기회가 넓어지는 효과를 가져오기 때문에 선진국에게도 유익한 일이다.[17]

---

17 물론 그렇다고 해서 모든 사람이 반드시 혜택을 볼 것이라는 의미는 아니다. 예를 들어 자체적인 소득 이전 장치가 마련되어 있지 않는 한 개발도상국에 투자 기회가 커지면 특정 생산 활동이 개발도상국으로 옮겨 감에 따라 일부 선진국 노동자들이 피해를 볼 수 있을 것이다.

선진국이 이 점을 인식하지 못한다는 것이 바로 우리 시대의 비극이다. 동양식 속담을 빌리면 '소탐대실'의 우를 범하고 있는 형국인 것이다. 이제 현 개발도상국들이 더 빨리 경제 개발을 하는 데 도움이 되는 정책과 제도에 대해 다시 생각할 때가 되었다. 그렇게 하는 것이 선진국들에게도 더 큰 혜택이 될 것이다.

Abramovitz, M. 1986, "Catching Up, Forging Ahead, and Falling Behind", *Journal of Economic History*, vol. 46, no. 2.

————, 1989, "Thinking about Growth", in *Thinking About Growth*, Cambridge, Cambridge University Press.

Agarwala, A.N. and Singh, S.P. 1958, *The Economics of Underdevelopment*, Delhi, Oxford University Press.

Akyuz, Y., Chang, H-J and Kozul-Wright, R. 1998, "New Perspectives on East Asian Development", *Journal of Development Studies*, vol. 34, no. 6.

Allen, G.C. 1981, *A Short Economics History of Modern Japan*, 4th edition, London and Basingstoke, Macmillan.

Amsden, A. 1989, *Asia's Next Giant*, New York, Oxford University Press.

————, 2000, "Industrialisation under New WTO Law", a paper presented at the UNCTAD X meeting, 12-19 February, 2000, Bangkok, Thailand.

————, 2001, *The Rise of 'the Rest'—Challenges to the West from Late-Industrialising Economies*, Oxford, Oxford University Press.

Amsden, A. and Singh, A. 1994, "The Optimal Degree of Competition and Dynamic Efficiency in Japan and Korea", *European Economic Review*, vol. 38, nos. 3/4.

Amsler, C., Bartlett, R. and Bolton, C. 1981, "Thoughts of Some British Economists on Early Limited Liability and Corporate Legislation", *History of Political Economy*, vol. 13, no. 4.

Anderson, E. and Anderson, P. 1978, "Bureaucratic Institutionalisation in 19th Century Europe", in A. Heidenheimer et. al., *Political Corruption: A Handbook*, New Brunswick, Transaction Publishers.

Armstrong, J. 1973, "The European Administrative Elite", Princeton, Princeton University Press.

Armstrong, P., Glyn, A. and Harrison, J. 1991, *Capitalism since 1945*, Oxford, Blackwell.

Aron, J. 2000, Growth and Institutions: A Review of the Evidence, *The World Bank Research Observer*, vol. 15, no. 1.

Atack, J. and Passell, P. 1994, *A New Economic View of American History*, 2nd ed., New York, Norton.

Baack, B. and Ray, E. 1985, "Special Interests and the Adoption of the Income Tax in the United States", *Journal of Economic History*, vol. 45, no. 3.

Bairoch, P. 1993, *Economics and World History—Myths and Paradoxes*, Brighton, Wheatsheaf.

Balabkins, N. 1988, *Not by Theory Alone...: The Economics of Gustav von Schmoller and Its Legacy to America*, Berlin, Duncker and Humblot.

Banner, S. 1998, *Anglo-American Securities Regulation: Cultural and Political Roots, 1690-1860*, Cambridge, Cambridge University Press.

Bardhan, P. 1993, "Symposium on Democracy and Development", *Journal of Economic Perspectives*, vol. 7, no. 3.

Basu, K. 1999a, "Child Labor: Cause, Consequence and Cure with Remarks on International Labor Standards", *Journal of Economic Literature*, vol. 37, no. 3.

———, 1999b, "International Labor Standards and Child Labor", *Challenge*, September/October 1999, vol. 42, no. 5.

Baudhuin, F. 1946, *Histoire Economique de la Belgique, 1914-39*, vol. 1, 2nd edition, Bruxelles, Etablissements Emile Bruylant.

Baumol, W., Wolff, E. and Blackman, S. 1989, *Productivity and American Leadership*, Cambridge, Massachusetts, The MIT Press.

Benson, G. 1978, *Political Corruption in America*, Lexington, Lexington Books.

Berg, M. 1980, *The Machinery Question and the Making of Political Economy, 1815–1848*, Cambridge, Cambridge University Press.

Bhagwati, J. 1985, *Protectionism*, Cambridge, Massachusetts, The MIT Press.

————, 1998, "The Global Age: From Skeptical South to a Fearful North", in *A Stream of Windows—Unsettling Reflections on Trade, Immigration, and Democracy*, Cambridge, Massachusetts, The MIT Press.

Bhagwati, J. and Hirsch, M. (eds.) 1998, *The Uruguay Round and Beyond—Essays in Honour of Arthur Dunkel*, Ann Arbor, The University of Michigan Press.

Bils, M. 1984, "Tariff Protection and Production in the Early US Cotton Textile Industry", *Journal of Economic History*, vol. 44, no. 4.

Biucchi, B. 1973, "The Industrial Revolution in Switzerland", in C. Cipolla, 1973, (ed.), *The Fontana Economic History of Europe, vol. 4: The Emergence of Industrial Societies—Part Two*, Glasgow, Collins.

Blackbourn, D. 1997, *The Fontana History of Germany, 1780–1918*, London, Fontana Press.

Blanpain, R. 1996, *Labour Law in Belgium*, Rotterdam, Kluwer Law International Publishers.

Blaug, M. 1958, "The Classical Economists and the Factory Acts: A Re-examination", *Quarterly Journal of Economics*, vol. 72, no. 2.

Bohlin, J. 1999, "Sweden: The Rise and Fall of the Swedish Model", in J. Foreman-Peck and G. Federico (eds.), *European Industrial Policy—The Twentieth-Century Experience*, Oxford, Oxford University Press.

Bollen, K. 1995, "Measuring Democracy", *The Encyclopaedia of Democracy*, London, Routledge.

Bonney, R. 1995, *Economic Systems and State Finance*, Oxford, Clarendon Press.

Borit, G. 1966, "Old Wine Into New Bottles: Abraham Lincoln and the Tariff Reconsidered", *The Historian*, vol. 28, no. 2.

Boxer, C. 1965, *The Dutch Seaborne Empire, 1600-1800*, London, Hutchinson.

Briggs, R. 1998, *Early Modern France 1560-1715*, 2nd ed., Oxford, Oxford University Press.

Brisco, N. 1907, *The Economic Policy of Robert Walpole*, New York, The Columbia University Press.

Brogan, H. 1985, *The Penguin History of the United States of America*, London, Penguin.

Bruck, W. 1962, *Social and Economic History of Germany from William II to Hitler, 1888-1938*, New York, Russell and Russell.

Bruland, K. (ed.) 1991, *Technology Transfer and Scandinavian Industrialisation*, New York, Berg.

Bury, J. 1964, *Napoleon III and the Second Empire*, London, The English University Presses Ltd..

Cairncross, F. and Cairncross, A. (eds.), 1992, *The Legacy of the Golden Age—The 1960s and Their Economic Consequences*, London, Routledge.

Cameron, R. 1953, "The Crédit Mobilier and the Economic Development of Europe", *Journal of Political Economy*, vol. 61, no. 6.

————, 1993, *A Concise Economic History of the World*, 2nd ed., Oxford, Oxford University Press.

Carr, R. 1980, *Modern Spain, 1875-1980*, Oxford, Oxford University Press.

Carruthers, B. and Halliday, T. 1998, *Rescuing Business—The Making of Corporate Bankruptcy Law in England and the United States*, Oxford, Oxford University Press.

Carruthers, B. 2000, "Institutionalising Creative Destruction: Predictable and Transparent Bankruptcy Law in the Wake of the East Asian Financial Crisis", a paper presented at the UNRISD (United Nations Research Institute for Social Development) conference, "Neoliberalism and Institutional Reform in East Asia", 12-13 May, 2000, Bangkok, Thailand.

Carson, C. 1991, "Income Tax", in E. Foner and J. Garraty (eds.), *The Reader's Companion to American History*, Boston, Houghton Mifflin Company.

Chang, H-J. 1993, "The Political Economy of Industrial Policy in Korea", *Cambridge Journal of Economics*, vol. 17, no. 2.

———, 1994, *The Political Economy of Industrial Policy*, London, Macmillan Press.

———, 1997, "Luxury Consumption and Economic Development", a report prepared for UNCTAD, *Trade and Development Report*, 1997.

———, 1998a, "Globalization, Transnational Corporations, and Economic Development", in D. Baker, G. Epstein, and R. Pollin (eds.), *Globalisation and Progressive Economic Policy*, Cambridge, Cambridge University Press.

———, 1998b, Korea—The Misunderstood Crisis, *World Development*, vol. 26, no. 8.

———, 2000, "The Hazard of Moral Hazard—Untangling the Asian Crisis", *World Development*, vol. 28, no. 4.

———, 2001a, "Intellectual Property Rights and Economic Development—Historical Lessons and Emerging Issues", *Journal of Human Development*, vol. 2, no. 2.

———, 2001b, "Rethinking East Asian Industrial Policy—Past Records and Future Prospects", in P-K. Wong and C-Y. Ng (eds.), *Industrial Policy, Innovation and Economic Growth: The Experience of Japan and the Asian NIEs*, Singapore, Singapore University Press.

———, forthcoming (2002), "Breaking the Mould—An Institutionalist Political Economy Alternative to the Neo-Liberal Theory of the Market and the State", *Cambridge Journal of Economics*, vol. 26, no. 5.

Chang, H-J. and Cheema, A. 2002, "Economic, Political and Institutional Conditions for Effective Technology Policy in Developing Countries", *Journal of Economic Innovation and New Technology*.

Chang, H-J. and Kozul-Wright, R. 1994, "Organising Development: Comparing the National Systems of Entrepreneurship in Sweden and South Korea", *Journal of Development Studies*, vol. 30, no. 4.

Chang, H-J., Park, H-J. and Yoo, C.G. 1998, "Interpreting the Korean Crisis: Financial Liberalisation, Industrial Policy, and Corporate", *Cambridge Journal of Economics*, vol. 22, no. 6.

Chang, H-J. and Rowthorn, B. (eds.) 1995, *The Role of the State in Economic Change*, Oxford, Oxford University Press.

Chang, H-J. and Singh, A. 1993, "Public Enterprises in Developing Countries and Economic Efficiency—A Critical Examination of Analytical, Empirical, and Policy Issues", *UNCTAD Review*, no. 4.

Clark, M. 1996, *Modern Italy, 1871-1995*, 2nd ed., London and New York, Longman.

Clarke, P. 1999, "Joseph Chamberlain: The First Modern Politician", in *A Question of Leadership—From Gladstone to Blair*, London, Penguin Books.

Cochran, T. and Miller, W. 1942, *The Age of Enterprise: A Social History of Industrial America*, New York, The Macmillan Company.

Cohen, S. 1977, *Modern Capitalist Planning: The French Model*, 2nd edition, Berkeley, University of California Press.

Coleman, P. 1974, *Debtors and Creditors in America*, Madison, State Historical Society of Wisconsin.

Conkin, P. 1980, *Prophets of Prosperity: America's First Political Economists*, Bloomington, Indiana University Press.

Corden, M. 1974, *Trade Policy and Economic Welfare*, Oxford, Oxford University Press.

Cornish, W. 1979, "Legal Control over Cartels and Monopolisation, 1880-1914: A Comparison", in N. Horn and J. Kocka (eds.), *Law and the Formation of Big Enterprises in the 19th and the Early 20th Centuries*, Göttingen, Vandenhoeck and Ruprecht.

Cottrell, P. 1980, *Industrial Finance, 1830-1914*, London, Methuen.

Cox, A. (ed.) 1986, *State, Finance, and Industry in Comparative Perspective*, Brighton, Wheatsheaf Books.

Crafts, N. 2000, "Institutional Quality and European Development before and after the Industrial Revolution", a paper prepared for World Bank Summer Research Workshop on Market Institutions, 17-19 July, 2000, Washington, D.C..

Crouzet, F. 1967, "England and France in the 18th Century: A Comparative

Analysis of Two Economic Growths", as reprinted in P.K. O'Brien (ed.) 1994, *The Industrial Revolution in Europe, vol. 2,* Oxford, Blackwells.

Dahl, B. 1981, "Antitrust, Unfair Competition, Marketing Practices, and Consumer Law", in H. Gammeltoft-Hansen, B. Gomard and A. Phillips, 1981, (eds.), *Danish Law: A General Survey,* Copenhagen, G.E.C. Gads Publishing House.

Daunton, M. 1998, *Progress and Poverty,* Oxford, Oxford University Press.

Davids, K. 1995, "Openness or Secrecy?—Industrial Espionage in the Dutch Republic", *The Journal of European Economic History,* vol. 24, no. 2.

Davies, N. 1999, *The Isles—A History, London and Basingstoke,* Macmillan.

Davis, R. 1966, "The Rise of Protection in England, 1689-1786", *Economic History Review,* vol. 19, no. 2.

De Clercq, W. 1998, "The End of History for Free Trade?", in J. Bhagwati and M. Hirsch (eds.), 1998, *The Uruguay Round and Beyond—Essays in Honour of Arthur Dunkel,* Ann Arbor, The University of Michigan Press.

De Soto, H. 2000, *The Mystery of Capital,* London, Bantam Books.

De Vries, J. 1984, "The Decline and Rise of the Dutch Economy, 1675-1900", *Research in Economic History,* Supplement 3, pp. 149-89.

De Vries, J. and Van der Woude, A. 1997, *The First Modern Economy—Success, Failure, and Perseverance of the Dutch Economy, 1500-1815,* Cambridge, Cambridge University Press.

Deane, P. 1979, *The First Industrial Revolution,* 2nd ed., Cambridge, Cambridge University Press.

Dechesne, L. 1932, *Histoire Economique et Sociale de la Belgique depuis les Origines jusqu'en 1914,* Paris, Librairie du Recueil Sirey.

Defoe, D. 1728, *A Plan of the English Commerce,* published by C. Rivington: reprinted by Basil Blackwell, Oxford, in 1928.

Dhondt, J. and Bruwier, M. 1973, "The Low Countries", in C. Cipolla (ed.), 1973, *The Fontana Economic History of Europe, vol. 4: The Emergence of Industrial Societies-Part One,* Glasgow, Collins.

di John, J. and Putzel, J. 2000, "State Capacity Building, Taxation, and Resource

Mobilisation in Historical Perspective", a paper presented at the conference, "New Institutional Economics, Institutional Reform, and Poverty Reduction", 7–8 September, 2000, Development Studies Institute, London School of Economics and Political Science.

Doi, T. 1980, *The Intellectual Property Law of Japan*, The Netherlands: Sijthoff and Noordhoff.

Dore, R. 1986, *Flexible Rigidities: Industrial Policy and Structural Adjustment in the Japanese Economy 1970–80*, London, The Athlone Press.

———, 2000, *Stock Market Capitalism: Welfare Capitalism—Japan and Germany versus the Anglo-Saxons*, Oxford, Oxford University Press.

Dorfman, J. and Tugwell, R. 1960, *Early American Policy—Six Columbia Contributors*, New York, Columbia University Press.

Dorfman, J. 1955, "The Role of the German Historical School in American Economic Thought", *American Economic Review*, vol. 45, no. 1.

Dormois, J.-P. 1999, "France: The Idiosyncrasies of Volontarisme", in J. Foreman-Peck and G. Federico (eds.), 1999, *European Industrial Policy—The Twentieth-Century Experience*, Oxford, Oxford University Press.

Dorwart, R. 1953, *The Administrative Reforms of Frederick William I of Prussia*, Cambridge, Massachusetts, Harvard University Press.

Duffy, I. 1985, *Bankruptcy and Insolvency in London during the Industrial Revolution*, New York, Garland Publishing.

Edquist, C. and Lundvall, B-A. 1993, "Comparing the Danish and Swedish Systems of Innovation", in R. Nelson (ed.), *National Innovation Systems*, New York, Oxford University Press.

Edwards, J. 1981, *Company Legislation and Changing Patterns of Disclosure in British Company Accounts, 1900–1940*, London, Institute of Chartered Accountants in England and Wales.

Elections since 1945, London, Longman.

Elton, G. 1997, *England under the Tudors*, London, The Folio Society.

Elkins, S. and McKitrick, E. 1993, *The Age of Federalism*, New York and Oxford,

Oxford University Press.

Engerman, S. 2001, "The History and Political Economy of International Labour Standards", mimeo., Department of Economics, University of Rochester.

Engerman, S. and Sokoloff, K. 2000, "Technology and Industrialisation, 1790–1914", in S. Engerman and R., Gallman (eds.), 2000, *The Cambridge Economic History of the United States?, vol. 2: The Long Nineteenth Century*, Cambridge, Cambridge University Press.

Evans, P. 1995, *Embedded Autonomy—States and Industrial Transformation*, Princeton, Princeton University Press.

Falkus, M. (ed.) 1968, *Readings in the History of Economic Growth—A Study of Successful and Promising Beginnings, of Special Relevance for Students in Underdeveloped Countries*, Nairobi, Oxford University Press.

Fei, J. and Ranis, G. 1969, "Economic Development in Historical Perspective", *American Economic Review*, vol. 59, no. 2.

Feuchtwanger, E. 1970, *Prussia: Myth and Reality—The Role of Prussia in German History*, London, Oswald Wolff.

Fielden, K. 1969, "The Rise and Fall of Free Trade", in C. Bartlett (ed.), 1969, *Britain Pre-eminent: Studies in British World Influence in the Nineteenth Century*, London, Macmillan.

Finer, S. 1989, "Patronage and Public Service in Britain and America", in A. Heidenheimer et. al. (eds.), 1989, *Political Corruption: A Handbook*, New Brunswick, Transaction Publishers.

Fohlen, C. 1973, "France" in C. Cipolla (ed.), 1973, *The Fontana Economic History of Europe, Vol. 4: The Emergence of Industrial Societies-Part One*, Glasgow, Collins.

Foner, E. 1998, *The Story of American Freedom*, New York, W.W. Norton and Company.

Fransman, M. and King, K. (eds.) 1984, *Technological Capability in the Third World*, London and Basingstoke, Macmillan.

Fraysse, O. 1994, *Lincoln, Land, and Labour*, translated by S. Neely from the original French edition published in 1988 by Paris, Publications de la Sorbonne, Urbana and Chicago, University of Illinois Press.

Freeman, C. 1989, "New Technology and Catching-Up", *European Journal of Development Research*, vol. 1, no. 1.

Gallagher, J. and Robinson, R. 1953, "The Imperialism of Free Trade", *Economic History Review*, vol. 6, no. 1.

Garraty, J. and Carnes, M. 2000, *The American Nation—A History of the United States*, 10th edition, New York, Addison Wesley Longman.

Geisst, C. 1997, *Wall Street: A History*, Oxford, Oxford University Press.

Gerber, D. 1998, *Law and Competition in the 20th Century Europe*, Oxford, Clarendon Press.

Gerschenkron, A. 1962, *Economic Backwardness in Historical Perspective*, Cambridge, Mass., Harvard University Press.

Gillman, M. and Eade, T. 1995, "The Development of the Corporation in England, with emphasis on Limited Liability", *International Journal of Social Economics*, vol. 22, no. 4.

Glasgow, G. 1999, "The Election of County Coroners in England and Wales, c. 1800–1888", *Legal History*, vol. 20, no. 3, pp. 75–108.

Gothelf, R. 2000, "Frederick William I and the Beginning of Prussian Absolutism, 1713–1740 (chapter 2)", in P. Dwyer (ed.), 2000, *The Rise of Prussia, 1700–1830*, Harlow, Longman.

Grabel, I. 2000, "The Political Economy of 'Policy Credibility': The New-classical macroeconomics and the Remaking of Emerging Economies", *Cambridge Journal of Economics*, vol. 24, no. 1.

Gunn, S. 1995, *Early Tudor Government, 1485–1558*, Basingstoke, Macmillan.

Gustavson, C. 1986, *The Small Giant: Sweden Enters the Industrial Era*, Athens, OH, Ohio State University Press.

Hadenius, S., Nilsson, T. and Aselius, G. 1996, *Sveriges Historia*, Stockholm, Bonnier Alba.

Hall, P. 1986, *Governing the Economy—The Politics of State Intervention in Britain and France*, Cambridge, Polity Press.

Hammond, J. and Hammond, B. 1995, *The Town Labourer*, Oxford, Alan Sutton Publishing.

Hannah, L. 1979, "Mergers, Cartels, and Cartelisation: Legal Factors in the US and European Experience", in N. Horn and J. Kocka (eds.), 1979, *Law and the Formation of Big Enterprises in the 19th and the Early 20th Centuries*, Göttingen, Vandenhoeck and Ruprecht.

Harnetty, P. 1972, *Imperialism and Free Trade: Lancashire and India in the Mid-Nineteenth Century*, Vancouver, University of British Columbia Press.

Heckscher, E. 1954, *An Economic History of Sweden*, Cambridge, MA, Harvard University Press.

Helleiner, E. 2001, "The South Side of Embedded Liberalism: The Politics of Postwar Monetary Policy in the Third World", mimeo., Department of Political Science, Trent University, Canada.

Henderson, W. 1963, *Studies in the Economic Policy of Frederick the Great*, London, Frank Cass and Co., Ltd..

———, 1972, *Britain and Industrial Europe, 1750–1870*, 3rd edition, Leicester, Leicester University Press.

———, 1983, *Friedrich List—Economist and Visionary, 1789–1846*, London, Frank Cass.

Hens, L. and Solar, P. 1999, "Belgium: Liberalism by Default in Model", in J. Foreman-Peck and G. Federico (eds.), 1999, *European Industrial Policy—The Twentieth-Century Experience*, Oxford, Oxford University Press.

Hirschman, A. 1958, *The Strategy of Economic Development*, New Haven, Yale University Press.

Hobsbawm, E. 1999, *Industry and Empire*, new edition, London, Penguin Books.

Hodgson, G. 2001, *How Economics Forgot History: The Problem of Historical Specificity in Social Science*, London, Routledge.

Hodne, F. 1981, *NorgeØkonomiske Historie, 1815–1970*, Oslo, J.W. Cappelen Forlag.

Hood, C. 1995, "Emerging Issues in Public Administration", *Public Administration*, vol. 73, Spring, 1995.

———, 1998, *The Art of the State: Culture, Rhetoric and Public Management*, Oxford, Clarendon Press.

Hoppit, J. 1987, *Risk and Failure in English Business, 1700–1800*, Cambridge, Cambridge University Press.

Hou, C-M. and Gee, S. 1993, "National Systems Supporting Technical Advance in Industry: The Case of Taiwan", in R. Nelson (ed.), 1993, *National Innovation Systems*, New York, Oxford University Press.

Howe, J. 1979–80, "Corruption in British Elections in the Early 20th Century", *Midland History*, vol. V.

Hughes, O. 1994, *Public Management and Administration*, New York, St. Martin's Press.

Hutchison, T. 1988, "Gustav Schmoller and the Problem of Today", *Journal of Institutional and Theoretical Economics*, vol. 144, no. 3.

Hutton, W. 1995, *The State We're In*, London, Jonathan Cape Ltd..

Irwin, D. 1993, "Free Trade and Protection in Nineteenth-Century Britain and France Revisited: A Comment on Nye", *Journal of Economic History*, vol. 53, no. 1.

Irwin, D. and Temin, P. 2000, "The Antebellum Tariff on Cotton Textiles Revisited", mimeo., Cambridge, Massachusetts, National Bureau of Economic Research.

Johnson, C. 1982, *The MITI and the Japanese Miracle*, Stanford, Stanford University Press.

———, (ed.) 1984, *The Industrial Policy Debate*, San Francisco, Institute for Contemporary Studies.

Jonker, J. 1997, "The Alternative Road to Modernity: Banking and Currency, 1814–1914", in M.T. Hart, J. Jonker, J. van Zanden (eds.), 1997, *A Financial History of The Netherlands*, Cambridge, Cambridge University Press.

Kaplan, A. 1931, *Henry Charles Carey—A Study in American Economic Thought*, The Johns Hopkins Press.

Kapur, D. and Webber, R. 2000, "Governance-related Conditionalities of the IFIs",

G-24 Discussion Paper Series, no. 6, Geneva, UNCTAD.

Kaufmann, D., Kraay, A. and Zoido-Lobaton, P. 1999, "Governance Matters", Policy Research Working Paper, no. 2196, Washington, D.C., World Bank.

Kennedy, W. 1987, *Industrial Structure, Capital Markets, and the Origins of British Economic Decline*, Cambridge, Cambridge University Press.

Kent, S. 1939, *Electoral Procedure under Louis Philippe*, New Haven, Yale University Press.

Kim, L. 1993, "National System of Industrial Innovation: Dynamics of Capability Building in Korea", in R. Nelson (ed.), 1993, *National Innovation Systems*, New York, Oxford University Press.

Kindleberger, C. 1958, *Economic Development*, New York, McGraw-Hill.

————, 1964, *Economic Growth in France and Britain, 1851–1950*, Cambridge, Massachusetts, Harvard University Press.

————, 1975, "The Rise of Free Trade in Western Europe, 1820–1875", *Journal of Economic History*, vol. 35, no. l.

————, 1978, "Germany's Overtaking of England, 1806 to 1914", (chapter 7) in *Economic Response: Comparative Studies in Trade, Finance, and Growth*, Cambridge, MA, Harvard University Press.

————, 1984, *A Financial History of Western Europe*, Oxford, Oxford University Press.

————, 1990a, "Commercial Policy between the Wars", in *Historical Economics*, Hemel Hempstead, Harvester Wheatsheaf.

————, 1990b, "America in Decline?—Possible Parallels and Consequences", in *Historical Economics*, Hemel Hempstead, Harvester Wheatsheaf.

————, 1996a, *World Economic Primacy: 1500 to 1990*, New York, Oxford University Press.

————, 1996b, *Manias, Panics, and Crashes—A History of Financial Crises*, New York, John Wiley and Sons Ltd..

Korpi, W. 1983, *The Democratic Class Struggle*, London, Routledge and Kegan Paul.

Kossmann, E. 1978, *The Low Countries, 1780–1940*, Oxford, Clarendon Press.

Kozul-Wright, R. 1995, "The Myth of Anglo-Saxon Capitalism: Reconstructing the History of the American State", in H-J. Chang and R. Rowthorn (eds.), 1995, *Role of the State in Economic Change*, Oxford, Oxford University Press.

Kravis, I. 1970, "Trade as a Handmaiden of Growth: Similarities between the Nineteenth and Twentieth Centuries", *Economic Journal*, vol. 80, no. 6.

Kreuzer, M. 1996, "Democratisation and Changing Methods of Electoral Corruption in France from 1815 to 1914", in W. Little and E. Posada-Carbo (ed.), 1996, *Political Corruption in Europe and Latin America*, London and Basingstoke, Macmillan.

Kruman, M. 1991, "Suffrage", in E. Foner and J. Garraty (eds.), 1991, *The Reader's Companion to American History*, Boston, Houghton Mifflin Company.

Kuisel, R. 1981, *Capitalism and the State in Modern France*, Cambridge, Cambridge University Press.

Kuznets, S. 1965. *Economic Growth and Structure*, London, Heinemann Educational Books.

———, 1973, *Population, Capital, and Growth—Selected Essays*, London, Heinemann Educational Books.

Lall, S. 1992, "Technological Capabilities and Industrialisation", *World Development*, vol. 20, no. 2.

———, 1994, "Does the Bell Toll for Industrial Policy?", *World Development*, vol. 22, no. 4.

Lall, S. and Teubal, M. 1998, "Market stimulating Technology Policies in Developing Countries: A Framework with Examples from East Asia", *World Development*, vol. 26, no. 8.

Lamoreaux, N. 1996, *Insider Lending*, Cambridge, Cambridge University Press.

Landes, D. 1965, "Japan and Europe: Contrasts in Industrialisation", in W. Lockwood (ed.), 1965, *The State and Economic Enterprise in Japan*, Princeton, Princeton University Press.

———, 1969, *The Unbound Prometheus—Technological Change and Industrial Development in Western Europe from 1750 to the Present*, Cambridge,

Cambridge University Press.

Landes, D. 1998, *The Wealth and Poverty of Nations*, New York, W.W. Norton and Company.

Larsson, M. 1993, *En Svensk Ekonomisk Historia, 1850-1985*, 2nd edition, Stockholm, SNS Folag.

Lee, J. 1978, "Labour in German Industrialisation", in P. Mathias and M. Postan (eds.), 1978, *Cambridge Economic History of Europe, Volume II*, Cambridge, Cambridge University Press.

Lewis, W.A. 1955, *Theory of Economic Growth*, London, George Allen and Unwin Ltd..

―――, 1980, "The Slowing Down of the Engine of Growth", *American Economic Review*, vol. 70, no. 4.

Linz, J. 1995, "Spain", *The Encyclopaedia of Democracy*, London, Routledge.

Lipsey, R. 2000, "U.S. Foreign Trade and the Balance of Payments", in S. Engerman and R., Gallman (eds.), 2000, *The Cambridge Economic History of the United States, vol. 2: The Long Nineteenth Century*, Cambridge, Cambridge University Press.

List, F. 1885, *The National System of Political Economy*, translated from the original German edition published in 1841 by Sampson Lloyd, London, Longmans, Green, and Company.

Little, I., Scitovsky, T. and Scott, M. 1970, *Industry in Trade in Some Developing Countries—A Comparative Study*, London, Oxford University Press.

LO (Landsorganisationen i Sverige) 1963, *Economic Expansion and Structural Change*, edited and translated by T. Johnston, London, George Allen and Unwin.

Luedde-Neurath, R. 1986, *Import Controls and Export-Oriented Development; A Reassessment of the South Korean Case*, Boulder and London, Westview Press.

Luthin, R. 1944, Abraham Lincoln and the Tariff, *The American Historical Review*, vol. 49, no. 4.

Machlup, F. and Penrose, E. 1950, "The Patent Controversy in the Nineteenth Century", *Journal of Economic History*, vol. 10, no. 1.

Maddison, A. 1989, *The World Economy in the 20th Century*, Paris, OECD.

——, 1995, *Monitoring the World Economy*, Paris, OECD.

Magone, J. 1997, *European Portugal: The Difficult Road to Sustainable Democracy*, London, Macmillan Press.

Marglin, S. and Schor, J. (eds.) 1990, *The Golden Age of Capitalism*, Oxford, Oxford University Press.

Marriner, S. 1980, "English Bankruptcy Records and Statistics before 1850", *Economic History Review*, vol. 33, no. 3.

Marx, K. 1976, *Capital, vol. 1*, London, Penguin Books.

Mata, E. and Valerio, N. 1994, *Historia Economica de Portugal: Uma Perspectiva Global*, Lisbon, Editorial Presenca.

Mata, E. 1987, *Pobreza y Asistencia Social en España, siglos XVI al XX: Aproximación Histórica*, Valladolid, Secretriado de Publicaciones Universidad de Valladolid.

Mathias, P. 1969, *The First Industrial Nation*, London, Methuen and Co..

McCusker, J. 1996, "British Mercantilist Policies and the American Colonies", in S. Engerman and R., Gallman (eds.), 1996, *The Cambridge Economic History of the United States, Vol. 1: The Colonial Era*, Cambridge, Cambridge University Press.

McLeod, C. 1988, *Inventing the Industrial Revolution: the English Patent System, 1660-1800*, Cambridge, Cambridge University Press.

McPherson, W.J. 1987, *The Economic Development of Japan, 1868-1941*, London and Basingstoke, Macmillan Press (Cambridge University Press edition, 1995).

Mercer, H. 1995, *Constructing a Competitive Order: The Hidden History of British Antitrust Policy*, Cambridge, Cambridge University Press.

Milward, A. and Saul, S. 1977, *The Development of the Economies of Continental Europe, 1850-1914*, London, George Allen and Unwin.

——, 1979, *The Economic Development of Continental Europe, 1780-1870*, 2nd edition, London, George Allen and Unwin.

Montgomery, G. 1939, *The Rise of Modern Industry in Sweden*, London, P.S. King and Son Ltd..

Mørch, S. 1982, *Den Ny Danmarkshistorie: 1880-1960*, Copenhagen, Gyldendal.

Morishima, M. 1982, *Why Has Japan Succeeded?*, Cambridge, Cambridge University Press.

Mowery, D. and Rosenberg, N. 1993, "The U.S. National Innovation System", in R. Nelson (ed.), 1993, *National Innovation Systems—A Comparative Analysis*, Oxford, Oxford University Press.

Munn, C. 1981, "Scottish Provincial Banking Companies: An Assessment", *Business History, vol. 23*, pp. 19-41.

Musson, A. 1978, *The Growth of British Industry*, London, B.T. Batsford Ltd..

National Law Centre for Inter-American Free Trade, 1997, "Strong Intellectual Property Protection Benefits the Developing Countries", http://www.natlaw.com/pubs/spmxip11.htm

Nerbørvik, J. 1986, *Norsk Historie, 1870 -1905: Frå jordbrukssamfunn mot organisasjonssamfunn*, Oslo, Det Norske Samlaget.

Newton, M. and Donaghy, P. 1997, *Institutions of Modern Spain: A Political and Economic Guide*, Cambridge, Cambridge University Press.

North, D. 1965, "Industrialisation in the United States", in H. Habakkuk and M. Postan (eds.), 1965, *The Cambridge Economic History of Europe, vol. VI. The Industrial Revolutions and After: Incomes, Population and Technological Change (II)*, Cambridge, Cambridge University Press.

Nye, J. 1991, "The Myth of Free-Trade Britain and Fortress France: Tariffs and Trade in the Nineteenth Century", *Journal of Economic History*, vol. 51. no. 1.

————, 1993, "Reply to Irwin on Free Trade", *Journal of Economic History*, vol. 53, no.1.

O'Leary, C. 1962, *The Elimination of Corrupt Practices in British Elections, 1868-1911*, Oxford, Clarendon Press.

O'Rourke, K. 2000, "Tariffs and Growth in the Late 19th Century", *Economic Journal*, vol. 110, no. 4.

O'Rourke, K. and Williamson, J. 1999, *Globalization and History: The Evolution of Nineteenth-Century Atlantic Economy*, Cambridge, Massachusetts, The MIT

Press.

Ocampo, J. 2001, "Rethinking the Development Agenda", a paper presented at the American Economic Association annual meeting, 5–7 January 2001, New Orleans, USA.

Ohnesorge, J. 2000, "Asia's Legal Systems in the Wake of the Financial Crisis: Can the Rule of Law Carry any of the Weight?", a paper presented at the UNRISD (United Nations Research Institute for Social Development) conference on "Neoliberalism and Institutional Reform in East Asia", 12–14 May, 2000, Bangkok.

Owen, G. 1966, *Industry in the U.S.A.*, London, Penguin Books.

Palacio, V. 1988, *Manual de Historia de España 4: Edad Contemporánea I (1808–1898)*, 2nd edition, Madrid, Espasa Calpe.

Patel, S. 1989, "Intellectual Property Rights in the Uruguay Round—A Disaster for the South?", *Economic and Political Weekly*, 6 May, 1989.

Pekkarinen, J., Pohjola, M., and Rowthorn, B. (eds.) 1992, *Learning from Corporatist Experiences*, Oxford, Clarendon Press.

Pennington, R. 1990, *The Law of the Investment Markets*, Oxford, Basil Blackwell.

Penrose, E. 1951, *The Economics of the International Patent System*, Baltimore, The Johns Hopkins Press.

Perelman, M. 2000, *The Invention of Capitalism—Classical Political Economy and the Secret History of Primitive Accumulation*, Durham, Duke University Press.

Pérez, S. 1997, *Banking on Privilege: The Politics of Spanish Financial Reform*, Ithaca, NY, Cornell University Press.

Pierson, C. 1998, *Beyond the Welfare State—The New Political Economy of Welfare*, 2nd edition, Cambridge, Polity Press.

Plessis, A. 1994, "The History of Banks in France", in M. Pohl (ed.), *Handbook of the History of European Banks*, Aldershot, Edward Elgar.

Polanyi, K. 1957 (1944), *The Great Transformation*, Boston, Beacon Press.

Pomeranz, K. 2000, *The Great Divergence—China, Europe and the Making of the Modern Western Europe*, Princeton, Princeton University Press.

Pontusson, J. 1992, *The Limits of Social Democracy—Investment Politics in Sweden*, Ithaca, Cornell University Press.

Pryser, T. 1985, *Norsk Historie, 1800–1870: Fraå standssamfunn mot dlassesamfunn*, Oslo, Det Norske Samlaget.

Przeworkski, A. and Limongi, F. 1993, "Political Regimes and Economic Growth", *Journal of Economic Perspectives*, vol. 7, no. 3.

Ramsay, G. D. 1982, *The English Woolen Industry, 1500–1750*, London and Basingstoke, Macmillan.

Rauch, J. and Evans, P. 2000, "Bureaucratic Structure and Bureaucratic Performance in Less Developed Countries", *Journal of Public Economics*, vol. 75, no. 1.

Reinert, E. 1995, "Competitiveness and Its Predecessors—a 500-year Cross-national Perspective", *Structural Change and Economic Dynamics*, vol. 6, no. 1, pp. 23–42.

———, 1996, "Diminishing Returns and Economic Sustainability: The Dilemma of Resource-based Economies under a Free Trade Regime", in H. Stein et al. (eds.), *International Trade Regulation, National Development Strategies and the Environment—Towards Sustainable Development?*, Centre for Development and the Environment, University of Oslo.

———, 1998, "Raw Materials in the History of Economic Policy—Or why List (the protectionist) and Cobden (the free trader) both agreed on free trade in corn", in G. Cook (ed.), 1998, *The Economics and Politics of International Trade—Freedom and Trade, vol 2*, London, Routledge.

Rodrik, D. 1999, "Institutions for High-Quality Growth: What They Are and How to Acquire Them", a paper prepared for the IMF conference on Second-Generation Reform, Washington, D.C., 8–9 November, 1999.

Rosenberg, N. and Birdzell, L. 1986, *How the West Grew Rich*, London, I.B. Tauris and Co. Ltd..

Rosenstein-Rodan, P. 1943, "Problems of Industrialisation of Eastern and South-Eastern Europe", *Economic Journal*, vol. 53, no. 3.

Rostow, W.W. 1960, *The Stages of Economic Growth*, Cambridge, Cambridge University Press.

Rueschemeyer, D., Stephens, E. and Stephens, J. 1992, *Capitalist Development and Democracy*, Cambridge, Polity Press.

Ruggiero, R. 1998, "Whither the Trade System Next?", in J. Bhagwati and M. Hirsch (eds.), 1998, *The Uruguay Round and Beyond—Essays in Honour of Arthur Dunkel*, Ann Arbor, The University of Michigan Press.

Sachs, J. and Warner, A. 1995, "Economic Reform and the Process of Global Integration", *Brookings Papers on Economic Activity*, 1995, no. 1.

Samuelsson, K. 1968, *From Great Power to Welfare State*, London, Allen and Unwin.

Schiff, E. 1971, *Industrialisation without National Patents—the Netherlands, 1869-1912 and Switzerland, 1850-1907*, Princeton, Princeton University Press.

Schmoller, G. 1884, *The Mercantile System and Its Historical Significance*, English translation published in 1897 by the Macmillan Company, New York, and reprinted in 1989 by Augustus M. Kelley Publishers, Fairfield, New Jersey.

Searle, G. 1987, *Corruption in British Politics, 1895-1930*, Oxford, Clarendon Press.

Semmel, B. 1970, *The Rise of Free Trade Imperialism: Classical Political Economy, the Empire of Free Trade, and Imperialism, 1750-1850*, Cambridge, Cambridge University Press.

Senghaas, D. 1985, *The European Experience—A Historical Critique of Development Theory*, translated from the original German edition published in 1982 by K. H. K. Kimmig, Leamington Spa, Berg Publishers.

Serrao, J. 1979, *Historia de Portugal, vol. 9*, Lisbon, Editorial VERBO.

Shafaeddin, M. 2000, "What did Frederick List Actually Say?—Some Clarifications on the Infant Industry Argument", Discussion Paper, no. 149, Geneva, UNCTAD.

Shapiro, H. and Taylor, L. 1990, "The State and Industrial Strategy", World Development, vol. 18, no. 6.

Shell, S. 1998, *Power and Ideas*, Albany, State University of New York Press.

Shin, K. 1994, *An International Comparison of Competition Policy: USA, Japan, and Germany* (in Korean), Seoul, Korea Development Institute.

Shonfield, A. 1965, *Modern Capitalism*, Oxford, Oxford University Press.

Silbey, J. 1995, "United States of America", *The Encyclopaedia of Democracy*, London, Routledge.

Singh, A. 1994, "'Openness' and the 'Market-friendly' Approach to Development: Learning the Right Lessons from Development Experience", *World Development*, vol. 22, no. 12.

————, 1997, "Financial Liberalisation, the Stockmarket and Economic Development", *Economic Journal*, vol. 107, no. 442.

Singh, A. and Dhumale, R. 1999, "Competition Policy, Development, and Developing Countries", T.R.A.D.E. Working Paper, no. 7, Geneva, South Centre.

Smith, A. 1937 [1776], *An Inquiry into the Nature and Causes of the Wealth of Nations*, edited with an introduction, notes, marginal summary and an enlarged index by Edwin Cannan, with an introduction by Max Lerner, originally published in 1776, New York, Random House.

Smith, T. 1955, *Political Change and Industrial Development in Japan: Government Enterprise, 1868–1880*, Stanford, Stanford University Press.

Sokoloff, K. and Kahn, B.Z. 2000, "Intellectual Property Institutions in the United States: Early Development and Comparative Perspective", a paper prepared for World Bank Summer Research Workshop on Market Institutions, 17–19 July, 2000, Washington, D.C., USA.

Soto, A. 1989, *El Trabajo Industrial en la España Contemporánea, 1874–1936*, Barcelona, Editorial Anthropos.

Spiegel, H. 1971, *The Growth of Economic Thought*, Englewood Cliffs, NJ, Prentice Hall.

Stiglitz, J. 1996, "Some Lessons from the East Asian Miracle", *World Bank Research Observer*, August, 1996.

————, 2001a, "More Instruments and Broader Goals: Moving Toward the Post-Washington Consensus", in H-J. Chang (ed.) 2001, *The Rebel Within: Joseph Stiglitz at the World Bank*, London, Anthem Press.

————, 2001b, "Whither Reform?—Ten Years of the Transition", in H-J. Chang (ed.) 2001, *The Rebel Within: Joseph Stiglitz at the World Bank*, London, Anthem Press.

Supple, B. (ed.) 1963, *The Experience of Economic Growth*, New York, Random House.

'T Hart, M. 1997, "The Merits of a Financial Revolution: Public Finance, 1550–1700", in M. 'T Hart, J. Jonker, J. van Zanden (eds.), 1997, *A Financial History of The Netherlands*, Cambridge, Cambridge University Press.

'T Hart, M., Jonker, J. and van Zanden, J. 1997, "Introduction", in M. 'T Hart, J. Jonker, J. van Zanden (eds.), 1997, *A Financial History of The Netherlands*, Cambridge, Cambridge University Press.

Taussig, F. 1892, *The Tariff History of the United States*, New York, G. Putnam.

Taylor, A.J.P. 1955, *Bismarck—The Man and the Statesman*, London, Penguin Books.

Therborn, G. 1977, "The Rule of Capital and the Rise of Democracy", *New Left Review*, no. 103, May-June.

Thompson, G. (ed.) 1989, *Industrial Policy: US and UK Debates*, London, Routledge.

Tilly, R. 1991, "Germany", in R. Sylla and G. Toniolo (eds.), *Patterns of European Industrialisation—The Nineteenth Century*, London, Routledge.

————, 1994, "A Short History of the German Banking System", in M. Pohl (ed.), *Handbook of the History of European Banks*, Aldershot, Edward Elgar.

————, 1996, "German Industrialisation", in M. Teich and R. Porter (eds.), *The Industrial Revolution in National Context—Europe and the USA*, Cambridge, Cambridge University Press.

Toye, J. 2000, "Fiscal Crisis and Fiscal Reform in Developing Countries", *Cambridge Journal of Economics*, vol. 24, no. 1.

Trebilcock, C. 1981, *The Industrialisation of the Continental Powers, 1780-1914*, London and New York, Longman.

Tribe, K. 1995, *Strategies of Economic Order: German Economic Discourse, 1750-1959*, Cambridge, Cambridge University Press.

Upham, F. 2000, "Neoliberalism and the Rule of Law in Developing Societies", a paper presented at the UNRISD (United Nations Research Institute for Social

Development) conference on "Neoliberalism and Institutional Reform in East Asia", 12-14 May, 2000, Bangkok.

Van der Wee, H. 1987, "The Economic Challenge Facing Belgium in the 19th and 20th Centuries", in Van der Wee et al. (eds.), 1987, *The Economic Development of Modern Europe since 1870*, vol. 8, Cheltenham, Edward Elgar.

———, 1996, "The Industrial Revolution in Belgium", in M. Teich and R. Porter (eds.), 1996, *The Industrial Revolution in National Context—Europe and the USA*, Cambridge, Cambridge University Press.

Van Zanden, J. 1996, "Industrialisation in the Netherlands", in M. Teich and R. Porter (eds.), 1996, *The Industrial Revolution in National Context—Europe and the USA*, Cambridge, Cambridge University Press.

———, 1999, "The Netherlands: The History of an Empty Box", in J. Foreman-Peck and G. Federico (eds.), 1999, *European Industrial Policy: The Twentieth Century Experience*, Oxford, Oxford University Press.

Voltes, P. 1979, *Historia de la Empresarial Española, la Evolución Empresairal dentro de la Economía Española*, Barcelona, Editorial Hispano Europea.

Wade, R. 1990, *Governing the Market*, Princeton, Princeton University Press.

———, 1996, "Japan, the World Bank, and the Art of Paradigm Maintenance: The East Asian Miracle in Political Perspective", *New Left Review*, no. 217, May/June 1996.

Weber, M. 1968 (originally 1904-1911), *Economy and Society*, edited by Gηnter Roth and Claus Wittich, New York, Bedminster Press.

Weisbrot, M., Naiman, R. and Kim, J. 2000, "The Emperor Has No Growth: Declining Economic Growth Rates in the Era of Globalization", Briefing Paper, September 2000, Washington, D.C., Center for Economic and Policy Research.

Weiss, L. and Hobson, J. 1995, *States and Economic Development—A Comparative Historical Analysis*, Cambridge, Polity Press.

Westney, E. 1987, *Imitation and innovation: The Transfer of Western Organizational Patterns to Meiji Japan*, Cambridge, Massachusetts, Harvard University Press.

Westphal, L. 1978, "The Republic of Korea's Experience with Export-Led Industrial Development", *World Development*, vol. 6, no. 3.

―――, 1990, "Industrial Policy in an Export-Propelled Economy: Lessons from South Korea's Experience", *Journal of Economic Perspectives*, vol. 4, no. 3.

Wiarda, H. 1977, *Corporatism and Development: The Portugese Experience*, Amherst, University of Massachusetts Press.

Williams, E. 1896, *Made in Germany's*, London: William Henemann, the 1973 edition with an introduction by Austen Albu, Brighton: The Harvester Press.

Williamson, J. 1990, "What Washington Means by Policy Reform", in J. Williamson (ed.), *Latin American Adjustment: How Much Has Happened?*, Washington, D.C., Institute for International Economics.

Wilson, C. 1984, *England's Apprenticeship, 1603-1763*, 2nd ed., London and New York, Longman.

World Bank, 1991, *World Development Report, 1991―The Development Challenge*, New York, Oxford University Press.

―――, 1993, *The East Asian Miracle*, New York, Oxford University Press.

―――, 1997, *World Development Report, 1997―The State in a Changing World*, New York, Oxford University Press.

―――, 2001, *World Development Report, 2001/2002―Attacking Poverty*, New York, Oxford University Press.

―――, 2002, *World Development Report, 2001/2002―Institutions for Markets*, New York, Oxford University Press.

Wright, H. 1955, *Free Trade and Protectionism in the Netherlands, 1816-1830: A Study of the First Benelux*, Cambridge, Cambridge University Press.

You, J. and Chang, H-J. 1993, "The Myth of Free Labour Market in Korea", *Contributions to Political Economy*, vol. 12.

Zysman, J. 1983, *Governments, Markets, and Growth*, Oxford, Martin Robertson.

317